罪，红尘

杨波律师解析刑事案件20例

杨波◎著

中国出版集团公司
中国民主法制出版社
全国百佳图书出版单位

2017·北京

图书在版编目（CIP）数据

罪，红尘：杨波律师解析刑事案件20例／杨波著
.—北京：中国民主法制出版社，2017.9

ISBN 978-7-5162-1625-5

Ⅰ.①罪… Ⅱ.①杨… Ⅲ.①刑事犯罪—案例—中国
Ⅳ.①D924.115

中国版本图书馆CIP数据核字（2017）第232934号

图书出品人：刘海涛
出版统筹：赵卜慧
责任编辑：董　理　周冠宇

书名／罪，红尘——杨波律师解析刑事案件20例
作者／杨　波　著

出版·发行／中国民主法制出版社
地址／北京市丰台区玉林里7号（100069）
电话／63055259（总编室）　63057714（发行部）
传真／63055259
http：//www.npcpub.com
E-mail：mzfz@npcpub.com
经销／新华书店
开本／16开　710毫米×1000毫米
印张／14　**字数**／193千字
版本／2017年10月第1版　2017年10月第1次印刷
印刷／北京中兴印刷有限公司

书号／ISBN 978-7-5162-1625-5
定价／29.00元

序

2009年8月底，我到《法律讲堂》第一次审片，兄弟们一下拿来7期节目要我审。从下午15:30开始，连审了五期，时间已到19:40。当我忍着疲惫和饥饿打开第六期节目时，一位气场强大、敦厚帅气的男主讲人让我精神一振：流畅的表达、稳重的台风、精彩严谨的案例、通俗深入的法点解读，这些让我期待已久的感受随着节目的推进一一呈现在他的讲述中。看完节目后，我问："这位主讲人是谁?"编导告诉我，他是上海律师协会的律师，叫杨波，刚刚登上讲堂。

杨波律师的出现，让我非常兴奋，因为当时《法律讲堂》一直处于"阴盛阳衰"的状态。那时，《法律讲堂》有很多优秀的"美女主讲人"，如王芳、余婧、徐阳等，她们个个相貌出众，思维敏捷，口齿伶俐，文采飞扬且法律知识渊博，深受观众喜爱，有几位在全国的媒体和律师界都已经有了相当的名气。相比较，《法律讲堂》男主讲人却星光黯淡，不但人数少，而且他们节目的收视率也总比女主讲人差几个点。于是，有喜欢动脑筋的哥们儿就为此现象找到了理论依据，说："据某某专家研究结果表明，女性在语言表达能力上先天比男性强。"这一"研究结果"害惨了热爱《法律讲堂》的律师兄弟们，在选拔主讲人时，基于竞争的压力，编导们更加关注女律师，好像谁选的女律师多谁将来的收视率就更有竞争优势。于是，《法律讲堂》主讲人"阴盛阳衰"的程度就更加严重了。当时有一位媒体同行甚至调侃说，照这样下去，你们《法律讲堂》的名字以后要改为"法律女讲堂"了。那时，我对《法律讲堂》的认识和思考并不多，但凭直觉判断，《法律讲堂》讲法，不能缺失男主讲人的深邃、逻辑、厚重和理性。因此，第一次看到杨波的节目，我很兴奋，因为他让我看到了扭转这种局面的机会和可能。果然，节目播出后，杨波一上来就夺得了栏目单期周收视率第一，后来还陆续取得月第一、季度第一的不俗成绩。再后来姜志强、冯涛、刘宏辉等一批优秀男律师陆续加盟，他们凭借自己的才华与智慧，学识和经验，在《法律讲堂》这个舞台上绽放出了迷人的风采，《法律讲堂》这个品牌日趋“阴阳平衡”了。

《法律讲堂》的形式看起来非常简单，“一人、一桌、一台”，即“一个主讲人、一个讲桌、一个道具台”。节目一开始，主讲人走到讲桌后，站在那儿滔滔不绝，中间偶尔来到道具台旁，拿起几张写着黑粗大号字的厚纸，讲些法条，讲完法条再走回讲桌继续讲，加上后期编辑穿插几个小片，30 分钟的节目就这样一期期地播出了。其实，这个看上去的“简单”只是播出状态的“简”，它背后聚集了很多人的辛勤劳作，它是经过大量的淬炼凝聚而来的“化繁为简”。单以主讲人为例，我们来看看他们背后的繁杂劳动，体味他们为一期期节目的辛苦付出。节目在《法律讲堂》播出，主讲人要经过三道难关，概括一下叫“闯三关”。

一、选题关

《法律讲堂》的选题要求是，既要在一定程度上去新闻化，不围观重大热点新闻，不和其他兄弟栏目“撞车”，又要引起观众的共鸣和关注。要求选择的案例是寻常百姓身边值得说的事儿，有的说的事儿，里面蕴含的法律点也一定是观众真真切切碰得着、实实在在用得到的“法”。以上要求看似不起眼，但透露一个数据给大家：据栏目组近三年统计，《法律讲堂》选题通过率是 30%，也就是说，主讲人报 10 个选题，平均只有 3 个能通过，全年共 365 期节目，需要报的选题基数是上千个，平均到 60 多个主讲人身上，他们每人一年平均要报的案例数量是 200 个左右。

二、组稿关

写《法律讲堂》的稿子对大多数律师朋友们来说绝对是一件很难的事儿，难就难在写这个稿子和他们擅长写的法律文书完全是两个路子。法律文书运用的是法言、法语，注重的是法律逻辑，有分析、说理、论证的过程，专业性强，严谨、缜密，专业外的人看起来往往会感到很枯燥。而《法律讲堂》作为一档电视栏目，内容故事性强，它要求语言要口语化，文字追求实在、精准、简洁，表达要流畅、生动、直指人心，法律点的讲解要深入浅出、通俗易懂。因此，电视人和法律人在各自的专业文稿写作上，存在一个巨大的思维习惯差异。设身处地地想一下，如果让我写个法律文书，我一定会很抓狂。同样，让律师朋友们写出优秀的电视稿，他们没疯掉绝对是内心强悍、“武功”超群。

三、录像关

费了九牛二虎之力，终于过了选题关、组稿关，恭喜主讲人，现在可以准备录像了。但是，稿子写得好不代表能说得好，栏目组人员首先会很认真地寻找主讲人的小毛病，比如：说话时有没有左摇右摆的习惯、有没有舔嘴唇的习惯、有没有目光游离的习惯、有没有兰花指，等等。再请形象顾问崔茜女士在发型、服饰、颜色上量体设计，挖掘讲者潜在的个性，为他（她）的形象做合适的定型。然后是残酷地要求主讲人背稿子，尽管演播室里有提示器，但栏目组一般不主张大家用，因为看提示器会让人感觉主讲人眼睛发直，表情僵化不自然。脱稿讲的效果则好得多，讲者的声音是从心中发出的，讲的状态会自信、自然、投入、流畅。然而，一篇稿子6000多字，录像前要熟练地一路背下来是件很不容易的事儿。一位优秀的女主讲人曾跟我说，她第一次录像前，一篇稿子背了半个多月，那段时间，她一回家就对着镜子背稿子，边背边比画，边比画边背，后来练得不仅自己快吐了，家人也快疯掉了，简直比参加高考还折磨人。可以说，每位镜头前光鲜亮丽的主讲人，每期精彩流畅的节目，都是经过下大量苦功艰苦“背”出来、反反复复“练”出来的。

从以上所述可以看出，“闯三关”需要花费大量的时间和精力，如果主讲人没有超强的精力、坚强的毅力和一颗火热的普法公益心，是不可能坚持下来的。

杨波是上海一家律师事务所的执行合伙人，另外还身兼市、区律师协会、司法机关和社会团体等多项职务，平时事务非常繁忙。即使这么忙碌，杨波几乎每个月都能坚持来中央电视台录节目，6年中，他录制播出的节目累计已达200多期，是目前《法律讲堂》第一高产的男主讲人。周围的人很奇怪，他“本职工作”就已经很忙了，怎么还会在《法律讲堂》有这么大“产量”，据杨波的总编导刘念说，他的时间是硬“挤”出来的。合作的几年中，刘念最感动的是，给杨波打电话谈选题、谈稿子，有很多都是他在出差途中接听的。杨波的稿件，也有一部分是在高铁、火车上写出来的。在繁忙的上海，很多业绩好的律师一般会有“三多”，即接案多、法律事务多、社会活动多，因此，时间非常宝贵。据杨波说，他每天处理完“本职工作”，基本上都会推掉一堆应酬，回家钻进书斋写文章至深夜。儿子从美国回来做了律师，自己更是上海的资深律师，杨波可以说什么都不缺了，那他为什么会站上《法律讲堂》，为什么还为做那么多普法工作而吃苦受累呢？杨波说，他喜欢写作，喜欢讲座，写和讲给他带来了很多快乐。的确，除了《法律讲堂》，杨波还面向社会各界宣讲法律，为人们答疑解惑、义务维权，并出版发表过多篇法律宣传文章和论著，实际上，他在普法第一线已执着坚守了很多年。如果没有高度的责任感和公益心，根本无法坚持。也正是他20多年的律师执业经历和服务民众的生活经验积累，加上善于观察思考、勤于动笔的习惯，凝成了他写作《法律讲堂》稿件的不竭源泉。

《法律讲堂》目前有50多位主讲人，杨波年纪最长，资格也是最老的之一。因为工作严谨认真、节目数量多且质量高、待人大气亲和，刘念组的主讲人们亲切地称他为“大师兄”。这个“大师兄”在大家心里还是个名副其实的“暖男”。

2011年5月，《法律讲堂》栏目在北京沙河举办节目研讨会。会上，杨波毫无保留地将自己写稿件的经验分享给其他主讲人，其中，他的《法律讲堂》稿件“一二三四”写作法，让主讲人们获益良多。

2012年，杨波一个人“承包”了《法律讲堂》春节特别节目。在短短一个月的时间内，他完成了7期稿件的写作和录制，无论从节目数量还是完稿的时间，这都是破栏目纪录的。当时，杨波在录制过程中突发低血糖，工作人员非常担心他的健康，建议他停录休息。但杨波考虑到时间紧迫，吃点东西闭目养神了一会儿后，坚持录完了 7 期节目，令人感佩不已。

2013 年 1 月，深圳律师协会选拔培训主讲人，杨波受邀前往讲课，由于态度热情，准备精心，效果良好，协会秘书长王红大赞杨波“太暖人了”。

以上暖人事迹还有很多，就不一一列举了。

工作之余，我其实和杨波的私交并不多，但每次和他见面总能感觉到他的快乐和阳光，总能感觉到他身上洋溢的坦诚和暖意。在杨波的节目中，我经常看到：人们如何看待并处理朋友间“义气”“仗义”与个人“权利”的保护；人们如何看待并处理亲人间“默契”“信任”与“合同”“契约”的订立，等等。对于人们处理传统文化思维习惯与现代法治精神有时对立的现实情况，杨波有着深入的思考。另外，他还努力帮助观众理解生活真实与法律真实的不同，帮助观众梳理并讲解哪些事情看似合情但不合法。在普法的过程中，杨波总是尽力传递社会正能量，让观众既能学习法律智慧，又能领悟生活智慧。

正因为拥有一批像杨波这样热心于公益普法的主讲人，《法律讲堂》才能从 2011 年开始，连续四年进入中央电视台品牌栏目前 30 强，栏目工作人员也从同他们的交往中得到了心灵上的滋养。在这里，请允许我由衷地向主讲人们说声“谢谢”！感谢大家多年来的辛苦付出！感谢大家一路相伴！感谢大家在一起度过的美好时光！

2012 年，杨波在出版《法律讲堂》讲稿汇编成书时，曾经请我为他写序，出于多重考虑当时我婉拒了。今天，他出版第二本讲稿汇编，我决定为他写序，这既实现了老哥的愿望，也把我这么多年对《法律讲堂》主讲人的感激之情一并呈现给读者。

是为序！

权勇

2016 年 11 月于北京

目　录
CONTENTS

“不能同年同月同日生，但愿同年同月同日死。”这句话令人感叹生死相依的情感，也对生命的同时逝去扼腕叹息。但是，用法律的观点来衡量，这种行为实际上是“相约自杀”。在没有“同年同月同日死”的情况下，人们常常怀疑相约自杀背后是否隐藏着不可告人的秘密。

面具，被形容为演员用来覆盖其颜面以起装扮作用的一种化妆用具。生活中使用面具，必然是想隐藏自己的真实面目；而隐藏真实面目的目的，毫无疑问是所做的事不想让对方知道。那么，什么样的事见不得人呢？

老话说世上生意有三百六十行，相信“捞人”这一行很多人没有听说过。“捞人”，顾名思义即将掉入水中的人打捞上来。但是，这句新俗语不是形容把掉在井里或水中的人救出来，而是将关进看守所或监狱的人用不正当的手段搞出来。这其中的猫腻，不言而喻。

感情和金钱，是人生不可或缺的生存基础。感情给予人精神抚慰，金钱给予人物质保障。在追逐感情和金钱的社会中，奔走着各式各样的角色，他们演绎着一出出情、理、法交织的伦理剧。

春节是我国最具号召力的传统节日。人们心中怀着吃上热腾腾团圆饭的愿望，不辞劳苦，跋山涉水，跨越大江南北踏上了回家的路。在这

情人成妻

关键词　敲诈勒索：为非法占有强索财物

2011年初的一天，阳光和煦，春暖花开。王伟坐在办公室里心情非常舒畅，因为他拟任单位一把手的信息已经公示，只要公示期内不出现问题，他就将官升一级。他惬意地看着窗外，几只麻雀正在嫩绿的枝头上欢叫。突然，他听到门响，回头一看是下属张小勇不打招呼就闯进办公室来。王伟心里有点不高兴，没有请他坐下，端正身子板着脸问："张小勇，你有事吗?"张小勇对他的表情毫不在意，自己一屁股坐在王伟对面的椅子上，也板着脸对他说："王伟，有个东西你先看一下，下班后我来找你。"说完，他递给王伟一张光盘。

看着张小勇出门而去的背影，王伟心里感到莫名其妙，这小子今天见面不喊主任也不笑，他葫芦里卖的是什么药?他把张小勇留下的光盘放在电脑里，打开后发现是一个音频文件，就双击了这个文件。电脑里传出一男一女关于怀孕和做流产手术的对话，王伟一听，脸色马上变了。因为说话的这个男人不是别人，正是他自己；而那个女人则是他的情人高静，也在这个单位工作。王伟心里惶恐不安，他起身把办公室的门关上，紧张地在房间里走来走去。张小勇怎么会掌握他的个人隐私呢?现在正是他升职的关键时刻，张小勇此番用意何在?

升职关头遭遇敲诈　破财消灾事情未了

王伟与高静和张小勇都在一个单位工作。高静身材高挑，相貌出众，是单位公认的美女，没有结婚的年轻人像苍蝇一样围着她团团转，张小勇就是其中一只最黏糊的苍蝇。但是，美女高静早已心有所属，她心仪的男人就是风华正茂的单位领导——王伟。虽然王伟已经结婚了且人到中年，但是他并没有约束自己的内心欲望。当他感觉到年轻漂亮的女下属高静对自己钟情时，就利用职权有意无意地制造机会和她单独相处。于是，你有情，我有意，他们两个很快发展成为情人关系。

高静在单位表面上和张小勇嘻嘻哈哈，对他的追求态度暧昧；背地里却经常和王伟偷偷约会，内心期待着哪天自己能鸠占鹊巢，当上王伟的太太。就在高静沉浸在畸形热恋中不能自拔的时候，她突然发现自己怀孕了。在医院确诊以后她手足无措，到了单位就想跟王伟商量怎么办；但是，王伟那天外出开会了，高静就决定打电话告诉他。她拿出手机后才发现，由于自己不停地上网，手机电池已经没电了。高静就向张小勇借手机，张小勇欣然答应。只是没有想到，他们的通话竟然留下了录音，而张小勇发现这个录音以后，又刻制成光盘趁机要挟王伟。

在下班前，王伟几次出门查看，想找个没有人的机会问问高静是怎么回事；但是，他发现高静身边总是有人。一直拖到下班时间，他也没有找到和高静说话的机会。工作人员陆陆续续地走了，王伟不敢走，一个人在办公室里煎熬地等候。一会儿，办公室的门被张小勇推开了，王伟的情人高静紧随其后。看到张小勇领着高静走进门来，王伟心中更加忐忑不安了。他强装笑脸给他们端茶倒水打招呼，主动示好："张小勇，咱们哥俩有什么事好商量，你说吧。"张小勇不理睬王伟献的殷勤，依旧板着脸用手指着高静对他说："王伟，你知道她是我女朋友，还把她搞怀孕了！你是不是以为自己是领导就可以胡作非为啊。告诉你，我本来想直接去纪委告你，她还护着你不让我去，咱们仨今天得把事情说清楚。"王伟知道这个时候不能耍赖，决定马上低头致歉。他诚恳地对张小勇说："对不起！对不起！都是我的错。"张小勇用手往桌子上一拍，喝道："王伟，你别光说对不起！这件事对我伤害很大，你应该赔偿我。"王伟连连点头："我愿意赔偿，什么条件你说吧。"看到王伟没有耍赖的意思，张小勇语气缓和下来："看在你态度不错的分上，就赔10万元吧。”王伟一边给张小勇茶杯里添水，一边连声讨好：“小勇，咱们大家是兄弟，这事好商量，你能不能给我几天时间？”张小勇发现王伟已经六神无主，就站起身说：“你考虑吧，给你两天时间。”说完，独自一人先走了。

王伟和高静留在屋内，两个人相对无语，房间里静得两个人的呼吸声都能听到。王伟终于憋不住了：“咱俩的通话他怎么会有录音呢？”高静愧疚地对王伟解释说：“给你打电话时我手机没电了，就用了他的手机。由于这部手机我没用过，操作时错按了录音键。”王伟听后埋怨高静道：“你不是说你没有男朋友吗？现在怎么张小勇冒出来了！”高静啜泣着说：“我和张小勇才谈了不久，你不能娶我，我总得嫁人吧。”正值自己升职的关键时刻，王伟也不敢过多责备高静了，就小声安慰她说：“亲爱的，你不让张小勇举报是对的，我将来肯定会对你负责一辈子的。”高静担心地问：“那张小勇向你要的钱怎么办？”王伟苦笑着说：“这个时候我只能给他钱了。”他深知现在正是他任职前的公示阶段，如果自己出现生活作风丑闻，不但单位一把手当不成了，就连现在的位置也难保住。

第二天上班后，王伟把张小勇喊到办公室，递给他一张银行卡。他笑着对张小勇说：“兄弟，这卡里面有8万元。我现在手头比较紧，缺的钱以后再补给你。”张小勇皱起眉头正准备发作，看见王伟一脸巴结讨好的神情，他想了想没再说话，只是用手威胁地指了指王伟，拿着银行卡转身出门走了。

这笔款拿到手以后，张小勇没再找王伟的麻烦。王伟安全地度过了公示期，如愿以偿当了单位一把手。任命通知下来后，王伟春风得意，在单位有一种君临天下的感觉。只是看到张小勇时心里有点烦，他决定先忍一忍，等以后有机会再报复他。他还决定在高静没有和张小勇分手前，也不再和她保持情人关系。但是，他没有想到张小勇拿了8万元后并没有罢手，反而进一步逼他离婚。

蹊跷逼婚情人上位　蜜月张口再索钱财

王伟虽然如愿以偿地当上了单位的领导，但是高静怀孕的事情还没有解决。王伟尽管下定决心不再和她保持情人关系，但是，他希望高静赶快到医院把孩子拿掉。高静不同意："我年纪也不小了，我想生下这个孩子。"王伟一听额头汗都冒出来了，急忙劝她："现在你男朋友是张小勇，你生我的孩子不是给我找麻烦吗？我刚当上单位领导，你要替我着想啊。"高静安慰他说："我可以和张小勇分手，反正他已经拿到钱了。他知道我怀的是你的孩子，以后也不会要我了。"王伟还是不同意，因为他有老婆孩子，哪敢让情人生孩子。这个理由他不敢明说，就劝她说："孩子生下来麻烦事很多。"高静赌气地对他说："王伟，你不要再讲了，孩子生下来不用你管。"

这边高静的事情还没有摆平，那边张小勇又找上门来。一天，张小勇看到王伟的办公室里没有其他人，就开门进去对他说："王伟，我每天看到你就会想起你霸占了我女朋友，虽然你给了我8万元的封口费，说不定哪一天我憋不住还会向上级检举揭发你。我先跟你讲一声，到时候你别怪我不讲义气啊。"

高静不愿意做流产手术，张小勇手中有他的偷情录音，现在又威胁他要向上级举报，王伟犹如坐在不知何时喷发的火山口上。他左思右想，唯一能够解脱困境的办法就是与妻子离婚，和情人高静结婚。为了断绝后患，王伟回家低声下气地向妻子坦白了自己有外遇的情况，恳求妻子看在孩子的分上和他离婚，让他保住好不容易才获得的职务，还承诺离婚后一如既往地照顾他们母女。妻子心里虽然痛苦，但是也知道维持破碎的婚姻没有意义，看在孩子的分上她同意和王伟离婚。于是，王伟净身出户，成了自由人。

王伟和妻子一离婚，心情顿时放松许多，他向高静承诺愿意娶她为妻；但是，他们不能要现在这个孩子，因为别人一推算时间就知道他们是有私情在先。尽管张小勇为此勒索过他，王伟还是不想授人以柄。当上王伟的妻子是高静的梦想，只要能够达到这一目的，她同意按照王伟的意见办。于是，她在王伟陪同下到外地做了人工流产手术。半年后，王伟和高静结婚了。虽然单位里许多人都传着高静是破坏王伟家庭的第三者，但是，一没有任何证据，二婚姻自由，所以谣言很快就平息了。王伟和高静结婚的时候也尽量保持低调，他们到国外度了蜜月。在这期间，张小勇仿佛消失了一样没有任何举动，王伟一直悬着的心终于落了下来。

新婚假期一结束，王伟和高静就回到单位上班。王伟与同事们客气地打招呼，高静则逢人便发喜糖。王伟在会议室召开完办公会议后，就走进自己办公室思考单位的下一步工作。这时，他的手机响了，看到来电号码，王伟的脸色瞬间一变，他立刻按下拒绝接听键。可是，电话铃声紧接着又响了起来。王伟心烦地皱起眉毛，不情愿地按下了接听键。电话里传来一个嬉皮笑脸的声音："领导，怎么电话接得这么慢呀？是刚度完蜜月没有调整过来，还是看见我的电话不想接啊？"王伟不耐烦地冲着电话说："张小勇，有什么话你就说。"电话那边的张小勇仍然不紧不慢地说："我的前女友——你现太太还好吧？为了让你们成双配对，我可是忍痛退出的，你还欠我 2 万元不要忘了啊。"看到王伟那边没有回音，张小勇又语调一转，厚着脸皮说："我今天打电话来还有件事，你和我女朋友结婚了，咱们三个人不可能再在一个单位工作了，我必须离开这个伤心之地。所以，我想跟你谈谈辞职经济补偿的事……"王伟打断了他的话，在电话里对他说："这个问题你跟单位的人事部门谈，我会交代他们一分钱都不会少给你的。"张小勇觍着脸说："单位的事我不担心，但是我辞职是为了你们，你总得表示表示吧。""你这是敲诈勒索！"王伟气愤地说。张小勇不以为然地道："嘿嘿，我这是敲诈勒索？你以前怎么不报案呢？告诉你这是经济补偿。你还得给我 10 万元，加上以前你欠的 2 万元，一共 12 万元，给你 5 天时间啊。"说完，张小勇就挂了电话。

金钱到手无福消受　天网罩罪司法惩恶

王伟本以为和情人高静一结婚，从此天下太平。没有想到蜜月刚过去回来上班，张小勇又开始敲诈他。王伟接完张小勇的勒索电话以后，恶心得像吃了苍蝇一样，他立刻把高静喊进办公室。看到老公王伟气急败坏的样子，高静不知道发生了什么事，正准备开口问。王伟气愤地说："张小勇又开始敲诈我了，我准备到公安局报案。"高静一听急忙劝阻道："他肯定是心里嫉妒无处发泄，咱们不用理他，过一段时间就好了。"王伟叹了口气，摊开两手道："那他要的钱怎么办？"高静回答道："我去劝劝他，让他不要得寸进尺。"王伟看了看妻子，摇了摇头没有说话。

高静从王伟的办公室出来后找到张小勇，把他约到外面厉声呵斥道："你还有完没完！你不是承诺把录音都删了嘛，为什么还威胁王伟要钱呀？你太不讲信用了。"张小勇讥笑道："高静，你这话说得伤感情了。你不能把我当成垫背的，用完就甩吧。你现在坐上王太太的位置，可都是我的功劳啊。难道你想忘恩负义吗！"高静被戳到了软肋，她警觉地看看四周，然后温柔地说："张小勇，我这也是为了你好。王伟非要报警，是我好说歹说拦了下来。"张小勇听了之后满不在乎地说："高静，这可得看你的了。如果你不阻止你老公报警，一旦进了公安局我可管不住自己的嘴。"高静一听不由得紧张起来，连声说："行，你放心，我会劝他给你钱的。"张小勇看着胆怯的高静，心中不由得长舒了口气。

几天之后，王伟给张小勇打了电话，约他下午在一家咖啡馆交钱。到了约定时间，王伟准时出现了。张小勇已经坐在咖啡馆里，他仔细观察着周围，没有发现异常的情况。王伟看见他后，走上前递给他一个塑料袋，对他说："张小勇，你点点，这是12万元。"张小勇掂了掂分量，嬉皮笑脸地对王伟说："你是领导，肯定不会骗我。以后你走你的阳关道，我过我的独木桥。"说完，他拿着钱起身就往外走。突然，他身边围上来几个陌生人，张小勇以为是王伟带的人，马上扭头质问他道："王伟，你要干什么？"这时，一个抓住他肩膀的人掏出证件说："张小勇，我们是警察，你跟我们走一趟。"张小勇一听是警察，下意识地把钱袋往地下一扔，用力一挣拔腿就想跑。几个民警上前把他扑倒在地，随即给他戴上手铐。

原来，高静在劝说张小勇无效之后，回来让丈夫王伟破财消灾。但是，王伟在办公室左思右想，觉得张小勇就是一个无底洞，任由他敲诈下去自己这辈子肯定成了他的提款机。他没钱了就会来敲一笔，只有报警才能一劳永逸地解决问题。可是妻子高静不同意报警，王伟以为她胆小怕事，就瞒着她悄悄报了警。于是，民警在王伟和张小勇交接钱款时将张小勇抓捕归案。由于被抓了现行，到了公安局以后，张小勇如实供述了全部的犯罪经过……

那天，高静神情紧张地借张小勇的手机给王伟打完电话后，张小勇就已经看出她肯定是有什么事了。他打开手机一查高静是给单位领导王伟打的电话，心中更增添了许多疑惑。下班回家以后，张小勇一边想着高静白天的状态，一边摆弄着自己的手机。忽然，他发现手机里有一个新的录音文件，打开一听正是高静与王伟的电话录音。由此，他发现了高静是王伟情人的秘密，而且还因为王伟怀孕了。怪不得平时张小勇追求高静时总是漫天地烤火——一头热，原来高静攀上了高枝——单位领导王伟。张小勇心里又妒又恨，你王伟有家有口整天道貌岸然，竟然在单位里还欺男霸女。张小勇觉得自己受了窝囊气，他必须要出这口气。

第二天下午，张小勇笑嘻嘻地约高静一块吃饭，而高静当时正是三千烦恼丝缠绕，也想借酒浇愁，就爽快地答应了。两个人找了一个环境优雅的小饭馆，几杯红酒下肚以后，张小勇就看着高静对她说："高静，我知道你这两天为什么苦恼。"高静抬眼看看他没有说话。张小勇晃着手机对高静说："我有你和王伟的通话录音。"高静顿时吃了一惊，放下筷子就要抢他的手机。张小勇把手往回一撤对她说："你别费劲了，我已经把录音备份了。我准备去告王伟，他根本不配做领导，替你出出气。"高静一听吓坏了，如果张小勇一举报，不但王伟的官当不成了，自己的名声也毁了。可张小勇表面上是给她帮忙，她不能明确拒绝，只好委婉地劝阻张小勇："小勇，谢谢你关心我。这件事还是我自己处理吧。"张小勇一看高静不同意告状，就说："我这样做是为了保护你，既然你还要维护王伟的名誉，那我也可以成全你，但是有个条件。""什么条件?"高静急忙问。"你和王伟有了婚外情，我以前也白追求你了。但是我很喜欢你，你如果做我的情人，我就不告王伟了。如果你不干，我就把你当第三者的事情在单位公开，以补偿你们两个人对我感情的伤害。"高静听完张小勇的话，惊恐不已。她战战兢兢地说："小勇，感情问题不能勉强，要不……我给你钱，你把那段录音彻底删掉。"张小勇扬头想了片刻说："看在你是我初恋的分上，我不为难你了。"高静马上松了一口气，"但是，你们得给我10万元。"高静听到张小勇狮子大张口，就面露难色地对他说："我没有那么多钱。"张小勇嘿嘿笑了："你没有钱不要紧，你那个情人有钱啊。再说，录音销毁对他也是件好事啊，否则他就会身败名裂。"说着，张小勇夸张地咂吧咂巴嘴："这后果我都不敢往下想。"高静对张小勇又气又怕，恨自己竟然给这个以前看不上眼的追求者留下了把柄，看着他得意洋洋的小人模样又不敢翻脸。张小勇看着高静为难的表情，无耻地咧嘴笑道："我本来想财色兼收，但是强扭的瓜不甜，干脆我们各取所需。单位的人都知道我追求你，你就冒充我女朋友；我帮助你向王伟逼婚，你帮助我向王伟要钱。你既不用掏钱，还能当上他老婆。行不行?"高静心绪烦乱，一时不知如何是好，说回去想好后再答复他。

高静一夜无眠，翻来覆去地想自己该怎么办。一方面王伟以前多次表态将来和自己共同生活的许诺不知道何时才能实现；另一方面张小勇虽然贪婪地张口向她要封口费，但是也答应帮助她坐上王太太的位置。相比之下，高静显然更愿意成为王太太。思想激烈地斗争了一夜，第二天高静告诉张小勇自己想通了，愿意配合他向王伟要钱，条件是他必须让自己成为王太太。张小勇赌咒发誓，满口答应。于是，张小勇在高静配合下成功敲诈了王伟8万元，还通过逼婚的方式让高静成为王太太。

为了得到警方的宽大处理，张小勇供出了高静协助自己敲诈王伟的事实。民警立即通知高静到公安局来一趟，此时高静还不知道王伟已经报警，还以为王伟下午和张小勇见面后发生了什么纠纷，挂了电话心急火燎地赶到公安局。当她看到王伟神情沮丧地坐在里面，一种不祥的预感油然而生。办案民警让她把知道的事情经过说一下，高静知道已经无法隐瞒，就啜泣着把事情经过讲了一遍。她承认为了不妨碍王伟晋升职务，为了实现和他结婚的梦想，在张小勇拿录音威逼之下，参与了对王伟的敲诈勒索，但是，她本人一分钱都没有分到。

事实查清之后，鉴于高静参与的犯罪对社会危害程度较小，警方对她采取了取保候审刑事措施。检察院在研究案件时，对于高静行为的认定产生了分歧。一种意见认为高静参与犯罪是受到了张小勇的胁迫，是胁从犯；另一种意见认为高静参与犯罪有其自身利益的需求，在敲诈勒索中起到了帮助的辅助作用，是从犯。

法点释义：胁从犯和从犯>>>

胁从犯，是指在共同犯罪中被胁迫、被诱骗参加犯罪的人。从犯，是指在共同犯罪中起次要或辅助作用的犯罪分子。胁从犯和从犯是共同犯罪中的两个罪名，行为人都有帮助主犯实施犯罪的行为，但两罪的主观要件不同。从犯与主犯必须具有共同的犯罪故意，而胁从犯是被逼迫参与犯罪的，对犯罪故意虽有认识但是主观上显得比较消极，缺乏积极主动精神。在量刑方面，胁从犯比从犯量刑轻。

从本案来看，高静虽然是被张小勇要挟参与敲诈勒索的，但是在张小勇提出可以帮其成为王太太之后，她主动答应了张小勇的帮忙要求，在敲诈勒索的共同犯罪中起到了帮助的作用，应认定为从犯更为恰当。对于从犯的处罚，我国刑法第27条规定："在共同犯罪中起次要或者辅助作用的，是从犯。对于从犯，应当从轻、减轻处罚或者免除处罚。"

检察院以张小勇和高静的行为构成共同敲诈勒索罪为由，将他们起诉至当地人民法院。法院在开庭审理该案后认为，被告人张小勇以非法占有为目的，以散播他人隐私为要挟，敲诈勒索被害人王伟8万元现金，被告人高静在其中起了帮助的作用；后被告人张小勇又再次以此为要挟勒索被害人12万元，其行为均已构成敲诈勒索罪，数额巨大。被告人张小勇在共同犯罪中起主要作用，是主犯；被告人高静在共同犯罪中起次要作用，是从犯。最后，法院判处被告人张小勇有期徒刑四年；判处被告人高静有期徒刑二年，缓刑三年。张小勇、高静均未上诉，判决依法生效。

法律链接>>>

● 敲诈勒索罪

敲诈勒索罪，是指以非法占有为目的，对被害人使用威胁或要挟的方法，强行索要公私财物的行为。威胁方法，是指以使人产生恐惧心理的方法迫使被害人处分财产，即如果不按照行为人的要求处分财产，就会在将来的某个时间遭受伤害。要挟方法，是指抓住被害人的某些把柄或者制造某种迫使其交付财物的借口，再以揭发、公布等相要挟。我国刑法第 274 条规定："敲诈勒索公私财物，数额较大或者多次敲诈勒索的，处三年以下有期徒刑、拘役或者管制，并处或者单处罚金；数额巨大或者有其他严重情节的，处三年以上十年以下有期徒刑，并处罚金；数额特别巨大或者有其他特别严重情节的，处十年以上有期徒刑，并处罚金。"

王伟在张小勇被抓后知道了事情的真相，愤然与新婚妻子高静分居。高静深知就算去求王伟也无法获得谅解，两个人也不可能再过下去了，就主动提出与他离婚。在法院的刑事案件判决书生效后，王伟和高静办理了离婚登记手续。王伟向组织上提交了诚恳的检讨书，被处以党纪政纪处分。在经历了这番折腾之后，他也明白了家庭、责任的重要意义，转而乞求前妻的宽容，希望前妻看在孩子的情面上给他一次机会。前妻看到他是真诚忏悔，为了孩子能有一个完整的家，就原谅了他，二人又重新走到了一起。

案件感言：人生梦就是法治梦>>>

梦有生理梦境和意识梦境之分。人们在睡觉时做的梦是生理梦，它超越现实无拘无束；而意识梦境是指白日梦，即人们在清醒时脑内所产生的幻想及影像，通常是开心的念头、希望或野心。

每个人都有梦想，本案的主人公张小勇和高静也不例外。张小勇的人生梦是利益，高静的人生梦是爱情。为了实现自己的人生梦，张小勇爱财取之无道，高静爱人追求无方。他们一拍即合共同走上犯罪道路，结果一个锒铛入狱，一个才结婚又离婚。值此梦醒时分，他们或许才明白，他们不是生活在恣意妄为的生理梦境中，而是生活在规则社会的意识梦境中。在现实生活中要实现自己的人生理想，首先要遵循法律的规定，因为规则为理想的实现确立了跑道，沿着这条坦途才能展翅高飞。舍此，则会误入歧途或历经坎坷。

从每个人的一生来看，父母、子女都不能自始至终陪伴在身边，只有法律始终伴随在左右。因为法律关注了人出生前的胎儿权利，规范了人生存期间的人身、财产权益，保护了人死亡后的名誉、肖像和著作权。所以，人的一生离不开法律，人生梦就是法治梦。

双尸命案

关键词 自首：是否从轻 视情而定

2000年的夏季，一个阳光明媚的上午，某地公安局“110”报警电话的刺耳铃声打破了祥和之景。警方接到市民报警，称某小区门口发生了一起凶杀案，两名女性被一个身份不明的男子袭击，目前生死未卜。听闻警情，警方火速出动赶往现场，救护人员也随即到达。只见现场在一条马路旁，一名中年妇女和一名年轻女子倒卧在血泊中，医务人员检查后确认她们已经因失血过多死亡。警方马上封锁现场进行勘查，并向目击证人进行询问。经过对目击证人的调查，警方大致了解到当时案发的情况。

兽性男子开杀戒 悲情母女双身亡

上午十时左右，一个年轻的女孩哭着从路旁的小区里面跑出，身后紧追着一位手拿鸡毛掸子的中年妇女。那个中年妇女边跑边骂：“让你不听我的话！今天我非得打死你不可！”追上女孩之后，就劈头盖脸地拿着鸡毛掸子往她身上打。不料，这时马路对面传来了一声怒吼，接下来的一幕让在场的人毕生难忘。

只见叫喊声传来的地方，一个身材瘦弱的年轻男子迅疾冲了过来。他三步并作两步跑到那个中年妇女的面前，一只手抓住她的衣领，另一只手从腰间拔出一把刀捅进她的腹部。鲜血瞬间从中年妇女的腹部涌出，她应声倒地。那个男子还不依不饶，紧接着又俯身朝她的身上补了一刀。这时，被打的女孩已经折返回来。她用自己的身体挡在那个年轻男子面前，抱住他大声哭喊道：“住手！快住手啊！”这时，鲜血仿佛把那个年轻男子变成了一头野兽，他完全失去了理智，不顾女孩的哀求和制止，又一刀刺进了女孩的胸口。女孩的脸上露出惊愕的表情，张开的双唇似乎还想质问，但是她一句话都没有说出来就松手倒在地上。年轻男子拔出刀后立即仓皇逃离。这幕惨剧发生的时间很短，等围观的人群反应过来，两名女子已经躺在血泊之中，那个男子也消失得无影无踪。人命关天！人们纷纷拨打“120”和“110”报警求救，等到救护车及警车相继赶到时，两名被害人都因失血过多身亡。

虽然无人知道凶手的姓名，但是根据目击证人的描述，可以确定凶手是一个年轻男子，身材瘦小，身高不到 1 米 7。那么，这两个被害人是什么关系呢？围观的群众认出她们是母女，并且说出了她们在小区的居住单元。警方立即通过警务系统查到了被害人的户籍情况：他们一家三口人，男主人于大伟，53 岁；女主人李爱娥，51 岁；女儿于玲，22 岁。警方马上通知于大伟到案发现场。

一会儿，于大伟神情紧张地来到案发现场，他揭开盖在被害人身上的尸布，确认是自己的妻子和女儿时，仿佛遭受晴天霹雳般瘫倒在地上。这突如其来的噩耗，彻底将他击垮了。民警将悲痛欲绝的他扶进家中，向他介绍了案情，问他能否提供犯罪嫌疑人的线索。当听到民警介绍的凶手体貌特征时，于大伟情绪一下子变得激动起来。他眼中饱含泪水，嘴里不停地说道：“陈辉，肯定是陈辉干的。”民警立即问：“陈辉是什么人?”于大伟回答：“他曾经是我女儿的男朋友，我们夫妻反对他们谈恋爱，肯定是他报复杀人。”在民警的安抚和询问下，于大伟介绍了陈辉与他家的恩恩怨怨……

女儿恋爱遭反对　凶犯自首落法网

于大伟的女儿于玲高中毕业以后没有考上大学，进了职业技术学校学习。陈辉和她是同学，他们谈起了恋爱。一天，于大伟在下班的路上看见一个年轻人骑着电动车送女儿于玲回家，于玲坐在后座上用手搂着他的腰，两个年轻人的脸上洋溢着幸福的神情。发现女儿的恋情之后，于大伟和妻子晚上关切地询问：“女儿，你有男朋友了?”于玲高兴地说：“是，老爸老妈，我正准备跟你们说呢。他叫陈辉，我们是一个班的。他学习非常刻苦，对我也非常好，每天都到图书馆帮我占座位，还帮我排队打饭、送开水。”于玲母亲又关切地问：“他家庭情况怎么样?”于玲迟疑片刻回答：“我还不太清楚。”

第二天，于玲的父母立即对陈辉的情况进行了全面调查，结果发现他家境很差。陈辉的父母已经因病去世，他从小跟着奶奶长大，现在独自居住在父母遗留下来的一套老公房里。陈辉身高不到 1 米 7，身体瘦弱。于玲的父母根据这些情况立即得出结论：陈辉配不上自己的女儿。于是，他们把陈辉的家庭情况和身高缺陷都对于玲说了，明确表示不接受这样的女婿，他们必须彻底断绝恋爱关系。于玲听了以后马上拒绝道：“爸、妈，你们这是干涉我的恋爱自由，我的事情我自己做主。”不管父母怎么苦口婆心地劝说，她就是不答应和陈辉断绝恋爱关系。于是，于大伟夫妻一不做二不休，决定釜底抽薪，不给女儿和陈辉单独接触的机会。每天他们夫妻轮流到学校等于玲，只要她一下课就马上把她接回家。由于于玲一直抱着抵抗的态度，为了转变她的思想，他们不断托人给女儿介绍对象。为了让陈辉离开于铃，于玲的母亲还骗陈辉说：“我女儿已经有男朋友了，你不要再缠着她了。”就这样，在于大伟夫妻的围追堵截下，两个年轻人的恋爱热度逐渐降温。案发的前几天，于玲还对父母说她已经与陈辉一刀两断了，万万没有想到现在她们母女竟然被陈辉报复杀害。

听了于大伟的陈述，警方认为陈辉故意杀人犯罪嫌疑很大。于是，警方立即布置抓捕陈辉。办案民警到了陈辉就读的学校，班主任说他有病请了一星期假；到了陈辉的住所，也没有发现他的踪影。陈辉的邻居说已经好几天没有看到他了。警方依法对陈辉的住处进行了搜查，办案民警在房间里发现了许多他和死者于玲合影的大头照，在他卧室的床头柜上有两个空安眠药瓶子，瓶子旁边还有两张纸。民警打开一看，一张纸是医院的诊断证明，诊断陈辉精神焦虑，严重失眠，给予了对症治疗，建议休息一周；另一张纸是陈辉写给于玲的遗书，时间是案发的前三天。陈辉在遗书中回忆了他与于玲恋爱的经过，说由于自己年幼失去父母，从来没有感受过生活的幸福。自从和她相恋以后，心里才觉得生活十分美好。本以为他们两个人可以白头到老，没想到好花不常开，好景不常在。他用哀怨的语气写道，他永远忘不了于玲向他提出分手的那一天，理由竟然不是他们之间有任何问题，而是她父母不同意。他们已经是成年人了，自己的事情自己可以做主，法律也规定婚姻恋爱自由。这样的道理相信于玲都明白，为什么就不能勇敢地向父母抗争呢。陈辉在遗书中说："我虽然没有千万家产，但是我有勤劳的双手；我虽然没有伟岸的身材，但是我有一颗爱你的心。可是，现在我已经知道这一切都抵不过严酷的现实。既然我们不能在一起，活着对我就没有意义了，我决定离开这个势利的世界。如果你今后在滚滚红尘中还能想起我，就是对我最好的怀念。"

警方搜查完陈辉家以后，来到出具诊断证明的医院，找到了当时给陈辉看病的医生。医生看了诊断证明以后回忆说："这是我给患者开的诊断证明。那天下午，一个瘦弱的年轻人来到医院，他说自己已经几天没有睡觉了，老觉得后脑勺被什么东西揪着。"医生耐心地询问他以后知道他失恋了，就劝告他说：年轻人今后生活的道路很长，凡事要放开眼界。天涯何处无芳草！随后，医生给他对症开了药。民警问陈辉家的两瓶安眠药是不是他所开。医生当即否认："我不会给患者开这么多药。"他告诉民警："我开的药都有处方，医院电脑系统里可以查询。"

警方根据案发后掌握的材料，判断分析陈辉由于与于玲恋爱受挫，思想上不能接受，出现了精神焦虑，进而产生了轻生的念头。这说明他与被害人之间确实存在着矛盾。同时，结合案发现场目击证人的表述，陈辉报复杀人的可能性很大。但是，办案民警还有几个疑惑没有解开：遗书显示陈辉准备自杀，为什么最后演变成他杀害他人？如果陈辉报复杀人，为什么此前发生的却是母女纠纷呢？而且陈辉既然要报复杀人，为什么不去被害人家行凶，反而在光天化日之下的街道上杀人呢？难道这里面还隐藏了什么不被人知的秘密？

解铃还须系铃人。不管案件中存在着怎样的疑点，毫无疑问抓住陈辉这一切就会迎刃而解。警方为此加大了对陈辉的抓捕力度，对他的亲朋好友逐一排查，但是没有人知道现在他身在何方，陈辉仿佛人间蒸发一般毫无踪影。

但之后的一天早上，一个面容憔悴身体瘦弱的年轻男子来到了公安局。他说："我是陈辉，我来投案自首。"警方经过身份核实，确认他就是涉嫌故意杀人的犯罪嫌疑人陈辉。原来，案发后陈辉就跑到了外地，由于不敢使用身份证，身上也没有带多少钱，所以，他每天饥一顿饱一顿，听到警笛看到民警就心惊肉跳。在荒郊野外躲避了几天以后，他知道自己最终无法逃避警方的追捕，就饥肠辘辘地来到公安局投案自首。在饱餐了一顿以后，陈辉竹筒倒豆子，向警方供述了自己故意杀人的罪行。

痴情背后是狭隘　血案结后需反思

陈辉和于玲恋爱以后对她十分呵护，两个人的感情日益深厚。当于玲父母反对他们恋爱后，于玲还曾经对陈辉说："现在咱们经济不独立，既然父母反对咱们就不要公开恋爱，等到参加工作后再做父母的思想工作。"陈辉为于玲对爱情的忠诚所打动，憧憬着自己美好的未来。在于玲 22 岁生日那天，陈辉用自己积攒的钱给她买了一瓶名牌香水作为礼物。于玲也激动地表示："我一定会和你相亲相爱，直到地老天荒。"不料，前一段时间于玲突然和陈辉说："咱们分手吧，以后不要再见面了。"陈辉怎么也不能接受爱情突然结束这一结果，上学期间两个人没有机会说话，放学后他给于玲打电话她却关机了，给她发短信她也不回。陈辉身心倍感煎熬，实在无法忍受，就壮着胆子来到于玲家，想当面问清楚她到底爱不爱自己？陈辉敲开于玲的家门，于大伟夫妻都在家，看见他既不让座也不倒茶，反而不停地羞辱他。陈辉供述到这里两眼发红，仿佛又回到那个伤心的场景——"于玲的父母说我有娘生没娘养，既然恋爱已经结束了，为什么还缠着于玲不放？还说我也不撒泡尿照照自己，身无分文，别无长处，拿什么来养他们的女儿？他们已经给于玲找了新男友，他们和于玲都很满意，让我以后不要再来烦他们。我说要当面问清于玲到底爱不爱我，她父母二话不说把我推出门外；而我知道于玲当时就在房间里。"

陈辉伤心地回到了家中，他接到了于玲的电话。于玲在电话里对他说："陈辉，你不要再找我了，咱们已经分道扬镳了。你有你自己的生活，将来一定会找到比我更好的女人。你如果爱我，就请放手，那才是给我的最大幸福。"陈辉这时发现于玲已经变成了铁石心肠，完全没有了过去的温柔和爱恋。"那天晚上，我想到了自杀。"民警发现此时的陈辉完全不似几天前那个野兽般的杀人犯，更像一个无依无靠的孤儿。陈辉两眼垂泪，说："开始我想割腕自杀，可是用刀割了以后太疼，我狠不下心。"说着，他伸出手腕，只见他两个手腕处确实有几道划伤后留下的伤疤。"后来，我想了很多死法，跳楼、上吊等，可是我没有勇气去做。最后我想到了吃安眠药，觉得这是最简单最不痛苦的死法。可是，我去了几家药店，店员都不卖给我，说需要医院处方才能购买。有一天，我无意间看到有人在街边收卖旧药，里面恰好有安眠药，我就买了两瓶。当天晚上一口气吞服了10粒，然后躺在床上等死，很快我就昏睡过去。第二天早上，屋外的鸟叫声把我吵醒了，我竟然没有死。当时我脑袋很晕，头昏沉沉的。我知道吃的药量不够，就把一整瓶药都吞下肚里。第三天早上，我还是醒了。只是起来后觉得全身无力，头晕，恶心呕吐，站不住，走不稳。当时，我想为什么生活处处与我作对？难道我想死都死不了吗！"陈辉的语速变得逐渐快了起来，眼神中充满着对现实生活的愤恨。"最后，我把剩余的安眠药通通吞下去了，但是依然没有效果，醒来后我感觉头后边有个东西揪着我大脑，总是不停地想着已经结束的爱情。那时，我觉得我快要崩溃了，就到医院让医生开了药。第二天，醒了以后我就想，老天爷为什么不让我死？说明我选择死是错误的。于玲是被她父母逼着跟我分手的，她当着父母的面在电话里说的肯定也是假话。她内心一定还爱我，我要当面问清楚。如果她还爱我，我就带着她跑到外地生活；如果她抗不过父母不爱我了，那时再自杀也不迟！"陈辉带着这样的想法，从家中拿了把水果刀，插在腰间便往于玲家赶去。

案发当天，精神状态已经濒临崩溃的陈辉抱着问清爱的结局再决定是否自杀的想法来到于玲家。当他敲响房门后，开门的不是于玲，而是她妈妈。

陈辉说："阿姨，我想见于玲……"他话还没有说完，就被于玲的妈妈伸手推出门外，她妈一边关门一边说："你怎么这么不要脸，不是让你别来了吗，你为什么还来!"说话间，陈辉就被关在了门外。很快屋里就传来了吵骂声，陈辉听到于玲的母亲在打骂她。陈辉知道他与于玲的恋情不可能恢复了，就垂头丧气地离开了。他走到小区外面以后，听到身后传来了打骂声，扭头发现于玲的妈妈正追着于玲殴打。看到这一场景，陈辉心头的怒火一下子被点燃了。于玲的母亲逼人太甚，不但生生拆散相恋的他们，还当众殴打自己的爱人，简直就是一个可恶的爱情刽子手。陈辉当时怒火中烧丧失了理智，上前给了于玲母亲一刀，将她捅倒在地上，然后又补了一刀。

民警问："你既然认为于玲的母亲扼杀了你们的爱情，你与于玲又没有仇怨，为什么把她也杀害了?"陈辉沉默不语。在民警的再次讯问下，他低声说："当于玲过来阻拦我时，我突然清醒了。我杀的不是别人，而是她妈妈，她以后肯定不会再爱我了。所以，我当时头脑一热决定与于玲同归于尽。于是，把她也杀了。""既然你要与她同归于尽，为什么你自己不自杀?"陈辉头垂得更低了，他小声说："我没有勇气。"说完，就无助地哭了起来。

警方随后对陈辉购买安眠药的摊点进行了搜查，查获了大量假药及过期药品。为了准确认定陈辉在实施犯罪时的精神状态，警方委托有关机构对陈辉精神状态进行鉴定，结论是他具备完全刑事责任能力。至此，陈辉故意杀人案侦查终结。

法点释义：精神病鉴定>>>

精神病鉴定，是指运用司法精神病学的理论和方法，对行为人的精神状态、法定能力（如刑事责任能力、民事行为能力等）、智能障碍、精神损伤程度等问题进行鉴定。在刑事案件办理过程中，通过精神病鉴定结论以确定被告人是否承担刑事责任或承担何种责任。我国刑法第18条规定："精神病人在不能辨认或者不能控制自己行为的时候造成危害结果，经法定程序鉴定确认的，不负刑事责任，但是应当责令他的家属或者监护人严加看管和医疗；在必要的时候，由政府强制医疗。间歇性的精神病人在精神正常的时候犯罪，应当负刑事责任。尚未完全丧失辨认或者控制自己行为能力的精神病人犯罪的，应当负刑事责任，但是可以从轻或者减轻处罚。醉酒的人犯罪，应当负刑事责任。”

经过审查起诉，检察机关将陈辉故意杀人案起诉至当地中级人民法院。法院开庭审理了这一引起广泛关注的陈辉故意杀人案，并且为其指定了辩护律师。面对检察机关对其故意杀人的指控，陈辉没有作辩解，承认了自己所犯罪行。法院指定的辩护人提出，被害人母亲有过错在先，干涉了陈辉与其女儿的恋爱自由；同时，陈辉有投案自首行为，希望人民法院对其从轻处罚。公诉人不同意辩护人的观点，认为被告人陈辉所犯罪行性质非常恶劣，后果特别严重，不严惩不足以平民愤，所以对其自首行为不能从轻处罚。

根据控辩双方的观点，本案的法律焦点就是陈辉的投案自首行为能否对其从轻处罚？简单地说，如果可以从轻处罚，陈辉就能保住一条命；不能从轻处罚，他就要杀人偿命。

法律链接>>>

● 自首是否一律从轻处罚

我国刑法第 67 条第 1 款规定：“犯罪以后自动投案，如实供述自己的罪行的，是自首。对于自首的犯罪分子，可以从轻或者减轻处罚。其中，犯罪较轻的，可以免除处罚。”由此可见，法律规定的是对于自首的被告人“可以”从轻处罚，而不是应当从轻处罚。那么，什么情况下对被告人从轻处罚，什么情况下不从轻处罚呢?《最高人民法院关于处理自首和立功若干具体问题的意见》指出：“对具有自首、立功情节的被告人是否从宽处罚、从宽处罚的幅度，应当考虑其犯罪事实、犯罪性质、犯罪情节、危害后果、社会影响、被告人的主观恶性和人身危险性等。自首的还应考虑投案的主动性、供述的及时性和稳定性等。”《意见》特别指出：“虽然具有自首或者立功情节，但犯罪情节特别恶劣、犯罪后果特别严重、被告人主观恶性深、人身危险性大，或者在犯罪前即为规避法律、逃避处罚而准备自首、立功的，可以不从宽处罚。”

以此对照本案，陈辉因为恋爱纠纷，怀着故意杀人的动机，非法剥夺两个被害人的性命，特别是被害人于玲完全是无辜的。所以，陈辉的犯罪情节特别恶劣，后果特别严重。虽然他在走投无路的情况下投案自首，但依法可以不从轻处罚。最后，人民法院依据我国刑法关于故意杀人罪的处罚决定，判处被告人陈辉死刑，剥夺政治权利终身。不久，经过死刑复核核准程序后，陈辉被执行死刑。

陈辉在等候执行死刑期间，托律师给亲属捎信，让他们把他和女友于玲的合影照片送进看守所，他说要带着女友的照片一起走。或许，他内心已经后悔，但是，世上没有后悔药。他被执行死刑后，亲属明确表态不要骨灰。在殡仪馆烟囱中袅袅上升的青烟中，他成了孤魂野鬼。

案件感言：婚姻自由与家长意志>>>

每个适龄婚嫁男女都是在家庭呵护中长大的，父母自然对于子女的婚事格外操心。法律规定了婚姻自由原则，自然恋爱也是自由的；但是，在注重传统的家庭中，子女总要就自己的婚恋问题征求父母的意见，父母也总是小心翼翼地关注着子女的爱情。强势如本案的父母则直接插手子女的婚恋，不按照他们的意志就采取棒打鸳鸯的做法。本案造成三人死亡，两个家庭破裂的后果，可谓人间悲剧！但我们不禁要问，到底是谁的错误导致了这起惨案发生？如果于大伟夫妇不采取粗暴的手段干涉女儿的婚恋，如果他们对家境困难的陈辉不百般羞辱，践踏了他生存的底线——人格尊严，陈辉能举起手中罪恶的屠刀吗？现在已经没有如果了，但我们可以从这一悲剧中汲取教训：尊重年轻人的选择，耐心与他们交流，不要无视他们的尊严。

当然，陈辉的爱情观无疑也是狭隘的，他不清楚眼前关上一扇门，脑后就会打开一扇窗。对象、对象，就是对一对看看像不像？像了，结婚生子过日子；不像，友好分手觅新人。特别是人的感情，作为现实的产物，总是不断随着形势的变化而变化，所以，任何人都没有必要抱残守缺，更不能因为一念之差而陷入犯罪之中。在笔者多年律师生涯中，看到了太多悔恨的眼泪。与其在临刑前哭泣，不如行事前冷静。

光棍娶妻

关键词 诈骗：隐瞒真相或虚构事实

张建安和李大明都在市环卫处工作，张建安是扫大街的，李大明是管垃圾站的。他们两人的年纪都快50岁了，一直没有结婚，成了名副其实的两个老光棍。单位领导和同事们多年来把他们的婚姻问题当成了工作内容之一，积极地帮助他们介绍对象，但结局总是无果而终。

古人有诗云：忽如一夜春风来，千树万树梨花开。突然间，单位的同事们发现，老张和老李几乎同时都谈起了恋爱。老树开花，分外灿烂。他们两个人上班的时候都是满面笑容，想瞒都瞒不住这个人生的大好事。单位领导和同事们知道这件事情后，也发自内心地替他们两个高兴。工余时间，工友们围着他俩追问：怎么谈的恋爱？两个老光棍也很爽快，竹筒倒豆子般讲起自己的恋爱史……

光棍汉同遇俏“寡妇”结良缘领导催婚忙

张建安神采飞扬地说：“我女朋友名叫刘喜翠，是咱们单位附近开商店的李老板介绍的。几天前，李老板到单位找我说，他有个外地的亲戚，34岁，丈夫死于车祸。她不想在老家待了，要离开伤心的地方，托他帮忙介绍对象。他一想我没有老婆，就决定介绍给我。”张建安一听满口答应，李老板办事也利索，通知刘喜翠专程来了一次。张建安把她安排到旅馆住下，发现刘喜翠人很本分，见面后还有些害羞，说话也慢声细语的，心里就觉得挺满意。于是，张建安就试探着说：“我老家在农村，在环卫处的工作是扫大街。你没什么想法吧？”刘喜翠低着头小声地说：“农村人怎么啦？我也是农村人，咱们又不低人一等。丈夫死了以后我对人生已经想开了，这世界上什么事都得有人干，只要有一颗善良的心就行。你干的工作身上可能很脏，但是你的心是纯洁的。”这番话当时就把老张感动得掉下了热泪，几十年没有听到这么高的评价，他恨不得面前这个女人马上就成为自己的妻子。第二天，张建安非要领着刘喜翠去买衣服，她坚决不去，轻声说：“没有结婚我是不会花你的钱的。”老张听后心中又是一阵激动，下定了非她不娶的决心。于是，他开始和刘喜翠商谈婚事。刘喜翠有些忧虑地说：“我自己没有意见，就是牵挂家中的父亲和弟弟。我母亲死得早，父亲又长期有病，弟弟在外打工还没有成家，所以结婚前要把他们安顿好。”老张一听马上表态：“没有问题，你说怎么安顿他们，我愿意出钱。”刘喜翠用感激的眼神看着他说：“张哥，谢谢你！那我回去安排安排就过来和你结婚。”老张要给她买火车票，她谢绝道：“我自己有钱，不用你买票。”看着自己心爱的女人坐着列车隆隆而去，老张的心里顿时空落落的。他像谈恋爱的年轻人一样，盼望着与刘喜翠早日团圆。

张建安的爱情故事感动了大家，听完后，他们都觉得这个女人比较靠谱。她经历过一次婚姻，现在没有小孩，又不贪图钱财。工友们打心眼里为老张高兴，纷纷让他把照片拿出来给兄弟们看看。老张不好意思地说：“我们见面的时间短，还没有顾上要照片。”大家对此还不善罢甘休，纷纷叫着要他快点结婚，好去喝喜酒。听完老张的恋爱故事后，大家又逼着李大明说他的恋爱故事，老李看到大家这么关心自己的婚事，就向大家说起了他的爱情经历……

李大明说他谈的对象也姓刘，叫刘梅，住的地方离自己的老家不远。李大明认识她比老张时间晚，是一个乡下的亲戚介绍的。当时刘梅是跟他父亲一起与老李见的面，她年纪 35 岁了，丈夫也死了。不过，与老张的女人丈夫死于车祸不同，刘梅的丈夫是生病去世的。因为家庭条件不好，父亲又有病，所以希望她尽快出嫁。李大明的亲戚知道这个消息后，觉得刘梅和老李比较般配，就介绍给了老李。两个人见面的那天晚上，刘梅也几乎没有说话，都是她爸爸在说话。看到刘梅如此端庄，老李心里也特别愿意。第二天，刘梅的爸爸走了，老李和她谈得非常融洽。刘梅也不嫌弃他的工作，说他是城市的美容师，整洁的城市会让生活更美好。老李除了在报纸电视上看到过这些话之外，生活中还从来没有遇到过介绍的女友对他的工作不嫌弃的，心里激动得像小鹿乱撞，马上表态要和她喜结良缘。刘梅见他如此真诚，立即答应了，当晚他们就住在了一起。两天后，刘梅称要回去准备出嫁的嫁妆，向老李要了 2 万元，老李也把她送上了回家的旅途。

李大明的故事也很感人，大家也要看他女朋友的照片。老李像老张一样也没有照片，他讲女朋友说她丈夫刚死不久，两个人合影不吉利。虽然老张和老李两个人都没有女朋友的照片，但工友们还是为两个老光棍有望解决婚姻大事而高兴。单位领导也热情地说："老张、老李，你们两个人的房子是现成的，年纪也都大了，不用讲什么排场，早点成家早抱孩子。再说你们的女朋友都是二婚，也没有什么讲究的。马上就要过'五一'节了，你们干脆都结婚算了，我亲自给你们主持。行不行?"

新嫁娘左右巧逢源　太贪婪终于露马脚

张建安和李大明一听领导要亲自主持自己的婚礼，就分别给自己的女朋友打电话说单位要安排他们在"五一"节结婚，两个人的女朋友都满口答应。于是，单位就把他们的婚礼分别安排在 4 月 30 日和 5 月 2 日这两天。老张年纪大安排在 4 月 30 日，老李年轻一点安排在 5 月 2 日。老张和老李又分别通知了自己女友单位安排的结婚时间。老李还特意对刘梅说："我们单位还有一个老光棍张建安，他是 4 月 30 日结婚。你早点过来，咱们一起去参加他的婚礼。"刘梅笑着满口答应。

日子过得很快，老李和老张的新房都粉刷好了，新铺盖也准备齐了。可谓万事齐备，只欠新娘子了。4 月 25 日那天，李大明接到了刘梅的电话，她焦急地说："我父亲病重了，医生说情况不是很好。我现在不能离开他，也不能去你那儿结婚了。你来我家结婚吧，给老人冲冲喜。咱们定的时间不变!"李大明一听马上向单位请假要赶去乡下准备婚礼，领导虽然感到很遗憾，但还是通情达理地批准了老李的假条。李大明赶到乡下后，去刘梅家看了未来的岳父，发现老人病得很重。他给岳父放了5000元治病，刘梅感动地说："我一定按时出嫁，你回去简单筹备一下就可以了，我对结婚仪式没有什么讲究。"

这边李大明在老家筹备着婚礼，那边张建安的婚礼日期日益临近。4月底，张建安的新娘子刘喜翠如约而至。老张领着她置办了全套嫁妆，然后要和她办理结婚登记手续。刘喜翠腼腆地说："我来之前找人算过卦，在丈夫死亡一年内结婚不吉利。所以，咱们必须等到一年后再进行登记，可以先按照民间习俗把婚礼办了。"张建安一听也行，反正举行了婚礼她就是自己的人了，什么时候登记也无所谓。到了4月30日那天，单位的领导和同事都来参加了张建安的婚礼。他们看见新娘子确实如老张讲的那样本分老实，相貌出众，都纷纷夸老张有福气，打趣地说婚结得早不如结得巧。还是老张运气好啊！热闹的婚礼上，高潮一浪高过一浪。

洞房花烛夜，金榜题名时，这是古人讲的人生得意之事，事实也的确如此。张建安第二天早上起床就感觉神清气爽，仿佛自己又回到了二十几岁的年轻时代，他准备和刘喜翠好好地过蜜月。这时候，突然新娘子刘喜翠的电话响了，她听着电话眼泪就流了下来。老张在旁边听出来是岳父病重了，要刘喜翠马上回去看望，晚了就见不着面了。老张一听也急了，要陪刘喜翠回老家去。刘喜翠连忙阻止："不行！我老家有规矩，丈夫死后一年内我不能带男人回娘家。"老张一听除了不能登记结婚，不能回家也是什么当地规矩，当时就急眼了。他说："我总不能没有见岳父一面就让他老人家遗憾地走吧，让人家知道了还不骂我不孝。"刘喜翠瞥了他一眼说："看你说的，尽孝只有见面吗？你又不是医生，你能干什么？"老张一想也是，说："那就算了，我出不了力出钱吧。"他把收的礼金和积攒下来的钱凑了5万元交给了刘喜翠，买好车票后把她送上了火车。

真是好事多磨！这边，张建安的婚礼虽然办了，但是，却因刘喜翠的父亲病重他没有过成蜜月；那边，李大明的新娘子刘梅也是父亲生病，他的婚礼能够正常进行吗?

到了5月2日那天，天还没亮鸟儿就在枝头鸣叫。李大明兴奋得早早就等在村口，准时接到了新娘子刘梅。于是，老李的婚礼也热热闹闹地办了起来。但是，洞房花烛夜之后，没有过上几天蜜月，老李的假期就到了。刘梅说因为父亲有病不能陪他回去，老李也通情达理地告诉她不急。在回来上班前，老李还专门到岳父家去了一趟，给岳父放了1万元治病，又给妻子刘梅放了2万元作为生活费和不时之需。自己先回单位上班了。

上班后，老张和老李的新娘子每天都给他们打电话，说自己还得过几天才能回来。老张和老李都对自己的老婆说："父亲看病是第一位的，何时回来不着急。"两个老光棍的婚礼已经成为单位中的大事，他们两个见面也春风满面地互相祝贺，并且都遗憾地表示没有在婚礼上看到对方的新娘子。于是，他们两个人约定都把新娘子的照片拿到单位看一下。第二天，他们都把婚礼时拍的照片拿到了单位，骄傲地互相交换了照片。等到他们低头一看照片，顿时心中都大吃一惊：两个人的老婆竟然像同一个人！除了双胞胎可能长得一模一样以外，世界上几乎不可能两个陌生人长得一模一样。他们两个人的老婆名字不同，相貌特征却完全相同。老张和老李仔细一回忆，两个人的老婆从来没有在同一时间出现过，他们马上意识到自己上当受骗了。单位领导知道这个消息以后，也立即赶了过来。听了情况看完照片以后，他马上把单位门口小卖部的李老板喊来，严肃地问："你是如何认识老张的老婆刘喜翠的?"李老板看到单位领导脸色这么严肃，就认真回忆道："那天上午，一个病歪歪的老头来我店里问你们单位有没有光棍汉，他说有个亲戚丈夫死了想出嫁。我一想老张还没有老婆，就把老张的情况介绍给他。那个老头一听对老张的情况挺满意，就表态可以，但是，他说为了保证介绍的成功率，希望我能把刘喜翠说成是自己的亲戚，并且表示愿意给我酬谢。"李老板顿了一下，不好意思地说："我当时有点贪小，一听说有好处就答应了。"

单位领导核实完老张妻子的来历后，让老李也给他自己的亲戚打了电话问情况。亲戚也回忆说是一个看起来身体有病的老头主动上门问村里有没有光棍，他女儿刘梅丧夫想再嫁。亲戚一想老李还没有结婚，就给老李介绍了。听完这些情况后，领导断定老张和老李被骗了，让他们马上报警。两个人听了领导的话，你看看我，我看看你，谁也不愿意报警。老张说："我老婆人真不错，她一直也没有张嘴向我要过钱。我给她的 5 万元，还是结婚后主动给的。如果她是骗子的话，为什么始终不开口要钱？如果她确实一女二嫁的话，这样做肯定是有原因的。我要当面问清楚以后再决定怎么办。"老李也说："老张，我觉得她确实是骗子，咱们谁也别抱幻想了。但是，现在不能报案，一旦她听到风声跑了怎么办？警察又不认识她，不如咱俩去抓她，抓住以后先把钱追回来，然后再把她送到公安局去。"单位领导想了想，觉得老李的话有道理，对付一个女人，两个男子汉够了。于是，就同意了他们先去抓人追款再送公安局的想法。但是，反复交代他们不可莽撞行事，尤其是不能打她，不要搞出伤害案件来。

一个女人设下了婚姻圈套，同时欺骗两个单身老男人。尽管她左右逢源，却分身乏术，最终还是露出了马脚。老张和老李决定去抓她，讨回自己被骗的钱款。他们能达到自己的目的吗？

老张和老李下定了抓骗子的决心后，事不宜迟马上买票赶往女人的家乡。在路上他们还分别接到了那个女人打来的电话，说父亲快不行了，料理完家中的后事就回去，这边她弟弟马上要回来，不用麻烦他们过来。他们按照商量好的计谋，对女人打来的电话连声答应，以麻痹对方。很快，老李领着老张就赶到了女人家。一进女人的家门，他们就看到自己的老婆正在给父亲喂水，老人躺在床上还打着点滴。他们立即冲上前去，女人一看两个丈夫同时现身，顿时吓得脸都白了，起身就往屋外走。老张和老李怎能让她溜走，上前伸手抓住了她。老张喝道："刘喜翠，你为什么要骗我？你到底要干什么！"老李也厉声道："刘梅，好你个女骗子，你胆也太大了，同一个单位的人你都敢骗！"这时，女人的父亲在床上急得"啊啊"直喊，就是说不出话来；而女人则吓得蹲在地上哭了起来。

女骗子让老张和老李半生的希望破灭了，而且几十年的积攒几乎都被这个女人骗走，现在终于抓住了她，他们决定按照来时的计划追回自己的损失。老李拖着女人往屋外走，一边走一边说："要么你今天马上把钱退出来，要么我们现在就送你到公安局去。"那个女人一句话也不说，只是"呜呜"地哭着。老张看此情景动了恻隐之心，他对老李说："老李，先别急，让她把话说完不迟。"然后对女人讲："刘喜翠，你说，这到底是怎么回事？"那个女人哭着向他们说出了骗婚的秘密……

骗婚女原为遵父训　新骗局败露落法网

原来，女人叫刘翠云，从小没娘是被父亲拉扯大的。出嫁后很快成了寡妇，由于没有生孩子就又回到了娘家。因为家里经济条件差，弟弟快30岁了还娶不上媳妇。刘翠云的父亲去年得了绝症，他想在自己去世前给儿子成个家，就决定让刘翠云通过骗婚的方式去弄钱。刘翠云起初不愿意，父亲就以死相逼。刘翠云想父亲为子女操劳一生实在可怜，最终点头同意了。父亲也不知道从哪里打听到，市环卫处有两个有钱的老光棍，就设局让刘翠云去接触。由于刘翠云没有骗过钱，看到老张这样的老实人，实在无法张嘴要钱，结果无功而返。父亲得知后大发雷霆，又让她认识了老李，结果第一次见面她骗了老李2万元。此时父亲已经病入膏肓，医生让子女把他拉回家安排好后事。刘翠云为实现父亲的夙愿只好周旋在两个男人之间，一直到今天被老张和老李抓住。她骗的钱除了拿出一部分给父亲看病维持生命以外，剩余的钱都给弟弟了，现在自己手上一分钱也没有，只有把父亲送走后，当牛做马来报答他们。刘翠云把这么沉重的故事一讲完，老张和老李的心都有点软了。他们退到门外商量下一步怎么办？要钱吧，刘翠云已经明明白白告诉他们没有钱；报案吧，刘翠云的父亲确实已经奄奄一息，把她关进去老人连个送葬的人都没有。最后，老张对老李说："老李，这样吧，咱们俩年纪都不小了。这个女人骗钱也是被她父亲逼的，我觉得她人还不坏，要不我替她把骗你的钱还给你，等她父亲死了以后，我还和她在一起过日子。"老李对刘翠云并没有老张那么好的印象，想一想老张的主意也行，反正自己比老张还小几岁，可以再找女朋友，经济上又不吃亏，就同意了老张的方案。他们把商量好的办法对刘翠云一说，刘翠云满口答应，感激涕零地说："张大哥，感谢你替我还钱，我将来一定好好报答你。"于是，老张从银行取了7万元交给老李，算是弥补了老李的经济损失。老李决定先回单位了，临走之前他再三告诫老张："老哥，你小心别再受骗啊。"

两个光棍汉娶妻被骗，在追妻讨钱的过程中又发现了女人是被逼行骗的。老张觉得她好舍不得分手，老李拿回了钱就放弃了报警。那么，好心的老张会得到什么样的回报呢？

老张待在刘翠云家和她一起看护老人，当天夜里老人就去世了，他和刘翠云把老人送到殡仪馆火化。在葬礼前，他还关心地问刘翠云："父亲去世，你弟弟为什么不回来？"刘翠云说："我弟弟在广州打工，来回还要花钱，有你在就不让他回来了，只要有孝心就可以了。"老张愈发觉得刘翠云善解人意尊老爱幼，心里更原谅了她几分。等到丧事料理完以后，刘翠云收拾了东西要和老张回去。到了火车站，老张排队买好了车票，很快广播通知检票进站。这时，刘翠云对老张说："你带着行李先排队上车，我去一下卫生间马上过来。"说完，刘翠云拿着随身的包就走了，老张在后面叮嘱她快点回来，不要误车。老张排队上车后找到了他们的位置，等到列车广播让送人的亲友下车，刘翠云还没有上来。这下子老张急坏了，刘翠云是不是走错车厢了？他马上打刘翠云的手机，铃声响过她没有接。老张心里想火车站人这么多，噪声又大，她可能没有听见，怎么办？下去找还是在车上等？老张在犹豫之间，火车慢慢启动了。老张在座位上焦急地等了很久还是不见刘翠云，他就找到乘务员让列车进行广播。列车广播了几遍以后，刘翠云还是没有露面。老张再打她的电话，手机提示已经关机。张建安清楚记得，昨天晚上她还给手机电池充电，手机不可能没有电啊！他心里虽然不相信，但现实还是无情地告诉他，他又被刘翠云骗了。

张建安好心好意地对待这个在自己生命中出现的女人，指望与她白头偕老，没有想到刘翠云利用他的善良，再次欺骗了他。老张实在忍无可忍，他决定马上提前下车，坐车返回去找这个没有良心的女人。可到了刘翠云家发现里面已经有人在打扫卫生，上前一问才知道原来这是个出租房，房东在刘翠云退租后整理收拾房间。张建安气哼哼地赶到公安局报案，接待他的民警听完情况之后告诉他，这是一对多年行骗的犯罪分子，他们并不是父女关系，而是勾结在一起利用女人的姿色骗婚诈钱的骗子。公安局已经对他们立案侦查好几年了，由于他们居无定所，所以始终没有抓获他们。民警做好报案记录后，告诉他回去等消息。老张沮丧地回到了单位，他和老李被骗的事情成了单位茶余饭后的谈资，老张更是因为两次受骗留下了话柄。

古话说得好，多行不义必自毙。3个月后，公安局通知张建安案件破获，刘翠云和她的同伙被抓住了。原来刘翠云在原搭档老头死了以后，又找了一个新搭档，由于二人配合不默契被人识破，从而被扭送到公安局。老张听到这个消息感到很解气，心里想不是不报，时候不到。他和老李分别接受了公安机关的询问，提供了被骗取钱款的证据。案件侦查结束后，办案人员通知张建安，他被骗的钱已经被犯罪嫌疑人挥霍一空，无法追回。张建安告诉民警："钱追不回来我自认倒霉，只要骗子被判刑就可以。"在案件开庭审理时，老张和老李作为被害人专程赶去参加了庭审。

检察院制作的起诉书指控，被告人刘翠云等以非法占有为目的，诈骗老张和老李等人钱款，行为已经构成诈骗罪，并且数额特别巨大；最后一次被抓获的诈骗行为系犯罪未遂，请求法院依法追究各被告人共同犯罪的刑事责任。

被告人刘翠云在法庭上辩解说："我行骗都是被父亲逼的，我本来没有骗人的想法。对于被害人张建安，我从来没有主动要钱，都是他自愿给我的，后来之所以没有跟张建安走，是觉得他太善良自己配不上他，希望他能够找一个更好的妻子。对于被害人李大明，我案发前就有了悔罪表现，全部退还骗来的钱款，使他没有蒙受经济损失。所以，检察院指控我诈骗张建安和李大明的行为构成诈骗罪不能成立。"

通过起诉和辩解，法庭争议的焦点就出来了。刘翠云确实没有张嘴向张建安要钱，那么，老张自愿给钱的行为能认定她诈骗吗？另外，刘翠云确实将骗取李大明的钱通过老张全部退回，对于李大明的诈骗行为是否还应当认定为犯罪行为呢？

法点释义：诈骗罪>>>

诈骗罪，是指被告以非法占有为目的，用虚构事实或者隐瞒真相的方法，骗取公私财物的行为。简单讲就是弄虚作假，让被害人信以为真，自愿给钱给物。诈骗罪行为人主观上出于故意，并且具有非法占有公私财物的目的，客观上实施了诈骗行为，诈骗公私财物数额较大。

实践中，要注意区分诈骗罪与经济纠纷。有些当事人一旦在经济交往中吃亏了，第一个念头就是看看能不能动用警方追究对方的诈骗罪。这样比打民事官司来得快，还节省了诉讼成本。经济纠纷的当事人没有非法占有的目的，只是由于客观原因无法偿还债务。而诈骗罪是以非法占有为目的，根本不打算偿还骗来的财物。

本案被告人刘翠云通过伪装忠厚老实，通过编造所谓父亲逼骗、为弟成家等虚构事实的手段，诱使被害人张建安和李大明认为只有给钱才能将她娶回家。所以，张建安和李大明给钱都是被骗的结果，刘翠云的行为是典型的诈骗行为。在被害人老张和老李发现她的罪行以后，为了逃脱法律制裁，她又编造了自己是被迫行骗的故事以博得被害人同情，诱使张建安出钱替她退回骗李大明的钱，这种行为实际上是她为掩盖犯罪事实而继续行骗的手段，并非她所说的自己悔罪自愿补偿被害人李大明的经济损失，而且，钱是被害人张建安的，不是刘翠云本人的。因此，张建安退钱给李大明的事实不影响对她诈骗犯罪行为的认定。

法院在判决书中指出，被告人刘翠云等为了取得被害人的信任，分工扮演“待嫁女”“媒人”等不同的角色，编造了一段段令人同情的经历，并设计好说媒、见面、结婚、脱逃等步骤。被告人刘翠云发现被害人中计后，就以各种理由向被害人不断索要钱财，随后借故脱身。被告人刘翠云被迫归还被害人老李的钱也是为了掩盖犯罪事实，继续行骗，所骗钱款均已挥霍，故其行为已经构成诈骗罪，且是惯骗，诈骗数额巨大。根据我国刑法的有关规定，法院依法判处被告人刘翠云有期徒刑十年，并处罚金十万元。同时，她的同伙也被法院依法处罚。

法律链接>>>

● 诈骗罪量刑标准

我国刑法第266条规定："诈骗公私财物，数额较大的，处三年以下有期徒刑、拘役或者管制，并处或者单处罚金；数额巨大或者有其他严重情节的，处三年以上十年以下有期徒刑，并处罚金；数额特别巨大或者有其他特别严重情节的，处十年以上有期徒刑或者无期徒刑，并处罚金或者没收财产。本法另有规定的，依照规定。"

《最高人民法院、最高人民检察院关于办理诈骗刑事案件具体应用法律若干问题的解释》

第一条 诈骗公私财物价值三千元至一万元以上、三万元至十万元以上、五十万元以上的，应当分别认定为刑法第二百六十六条规定的"数额较大"、"数额巨大"、"数额特别巨大"。

各省、自治区、直辖市高级人民法院、人民检察院可以结合本地区经济社会发展状况，在前款规定的数额幅度内，共同研究确定本地区执行的具体数额标准，报最高人民法院、最高人民检察院备案。

第二条 诈骗公私财物达到本解释第一条规定的数额标准，具有下列情形之一的，可以依照刑法第二百六十六条的规定酌情从严惩处：

（一）通过发送短信、拨打电话或者利用互联网、广播电视、报刊杂志等发布虚假信息，对不特定多数人实施诈骗的；

（二）诈骗救灾、抢险、防汛、优抚、扶贫、移民、救济、医疗款物的；

（三）以赈灾募捐名义实施诈骗的；

（四）诈骗残疾人、老年人或者丧失劳动能力人的财物的；

（五）造成被害人自杀、精神失常或者其他严重后果的。

诈骗数额接近本解释第一条规定的"数额巨大"、"数额特别巨大"的标准，并具有前款规定的情形之一或者属于诈骗集团首要分子的，应当分别认定为刑法第二百六十六条规定的“其他严重情节”、“其他特别严重情节”。

第六条 诈骗既有既遂，又有未遂，分别达到不同量刑幅度的，依照处罚较重的规定处罚；达到同一量刑幅度的，以诈骗罪既遂处罚。

法院的判决替老张和老李出了口气。从谈对象开始到法院的判决生效，时间又飞快过去了一年。虽然老张和老李的年龄又长了一岁，但是他们在谈论找对象这件事的时候，异口同声地说，今后别人哪怕是介绍个仙女，也要查清对方的底细再谈恋爱。

案件感言：防骗警示>>>

骗子通过色相骗婚是比较老套的诈骗手法，多发于贫困落后地区或者单身独居的男子中间。近年来，城市中的部分中老年人也常常自觉或不自觉地被色相勾引上当受骗，造成他们的财产损失和精神损害。古语云：害人之心不可有，防人之心不可无。为防止上当受骗，特警示如下：

骗术特点：

1. 诱骗型诈骗：以高额回报为诱饵或者关心中老年人为手段，诱骗中老年人投资或者购买保健品；

2. 恐吓型诈骗：以中老年人涉嫌犯罪为理由，要求把存款转入安全账户以行骗；

3. 假冒型诈骗：假冒中老年人的亲友、邻居、旧友，编造急需用钱的理由行骗。

防骗要点：

1. 不在路上与陌生人搭讪，不与电话中的陌生人交谈，不带陌生人回家，不给陌生人开门；

2. 不贪财，不露财，金银首饰或财物尽量不暴露在外，以防引起犯罪分子注意；

3. 身份证、户口簿、房产证等证件要妥善保管，不可转借他人，身份信息要保密；

4. 凡是遇到出钱的事情，必须三思而后行，消费数额较大时要征求子女或者亲属的意见。当然，能够询问民警、律师等法律工作者是最佳选择。

裸死之谜

关键词 刑事谅解：被害方谅解 量刑可从宽

2012年5月的一天早上，保姆陈玉起来做好早餐以后，发现雇主夫妇金辉和刘亚丹卧室的房门紧关着。她等了一会儿，卧室里仍然没有动静。陈玉看看墙上的挂钟已经七点半了，按照他们平时的生活习惯应该早就起床了。于是，陈玉上前轻轻敲了敲门，房间里面还是没有动静。她试着拧了拧门把手，发现房门没有上锁，就悄悄地把门推开一条缝。只见男主人金辉和妻子刘亚丹赤身裸体地躺在床上，两人手中各握着一股电线，电线的另一端插头插在空调开关内，金辉的身体还在微微颤动。不好，出事了！保姆陈玉惊恐之余赶紧上前拔掉了电线插头，又跑到客厅拨打了“120”急救电话，同时也报了警。很快，民警和急救人员相继到达现场。医护人员上前查看他们，发现女主人刘亚丹已经没有生命体征，男主人金辉还有生命体征，就迅速把他们拉往医院进行抢救。

半路夫妻相约自杀 妻死夫活亲人疑惑

民警勘查完现场以后，对保姆陈玉进行了询问。陈玉讲了她早上发现雇主夫妇出事的情况，还介绍说雇主夫妻平时感情很好，没有发现他们之间有什么矛盾。但是，女主人刘亚丹因为好朋友去世，最近一段时间情绪消沉。

民警随后赶到医院了解情况，医生介绍说：“患者刘亚丹送到医院时已经死亡，而患者金辉已经脱离了生命危险。”民警待他生命体征平稳后，对他进行了询问。金辉的情绪比较激动，面对民警的询问，他数次泣不成声，不停地说：“我对不起妻子，让她一个人孤零零地离开。”民警让他平复一下情绪，配合警方尽快把案件的真相查清楚，希望他把整件事情的经过完整地讲述一遍。

金辉神情痛苦，他告诉民警，他和妻子刘亚丹都是做生意的，刘亚丹的生意做得比较大。他们五年前在一次聚会上相识，当时两人都经历过一次失败的婚姻，然而彼此相识后又让他们对爱情重新燃起了希望。经过一段时间的交往后，二人步入了婚姻的殿堂。婚后二人女强男弱，相处融洽。尽管很多人认为金辉和刘亚丹结婚是为了贪图她的钱财，但实际上他们是真正有感情的，他从未想从婚姻中捞取任何物质财富。刘亚丹虽然身家不菲，但是仍然勤俭持家。前一段时间，她一个好朋友因病去世，她的精神状态开始颓废，一直觉得人活着没有意义，不管有多少钱，最终都是一把火烧光，厌世情绪越来越严重。加上生意上的压力，金辉怀疑她得了抑郁症，让她去医院看看，她态度固执坚决不去。结果，精神状态每况愈下。昨天晚上，刘亚丹看着金辉问："金辉，你到底爱不爱我？"金辉笑着对她说："亚丹，我当然爱你。"刘亚丹用渴望的口吻接着说："金辉，既然你爱我，咱们不能同年同月同日生，能不能同年同月同日死？"金辉为了表达对爱妻的深深情谊，用肯定的语气告诉她："亚丹，我真的非常爱你，肯定会与你生死相依。"刘亚丹神情凝重地告诉金辉："我已经决定了断尘缘，你跟不跟我走？"金辉心里虽然不想死，但为了履行自己的诺言，答应与刘亚丹共赴黄泉。于是，他们就商量怎样脱离尘世。跳楼？死相太恐怖。喝毒药？死前太痛苦。最后，二人决定触电自杀。没有想到，妻子刘亚丹死了，丈夫金辉仍然活着。从此，两人阴阳相隔。金辉讲述完事情经过后，不禁又悲痛地哭了起来。

此时，刘亚丹的父母也闻讯赶到了医院。他们先到病房看望了金辉，然后，互相搀扶着去太平间看女儿。面对冰柜里死亡的亲人，二老颤颤巍巍泣不成声。民警在安抚他们之后，转述了金辉讲的事发经过。刘亚丹的父亲听后马上提出异议，他说："我女儿刘亚丹是一个性格开朗的人，生意做得非常好，生活也没有遇到过重大挫折。她不可能毫无缘由地自杀！"他要求再次查看女儿的尸体。经过仔细查看，他和老伴发现女儿刘亚丹的脖子上有明显的掐痕。于是，他们马上向民警指出这些印记，并提示说："刘亚丹和金辉结婚以后，金辉老是让刘亚丹出钱给他做生意。但是，我女儿认为他不会做生意，所以没有给他钱。因此，他们夫妻感情不是很融洽，相约自杀的说法肯定不能成立。你们一定要查清我女儿的真正死因!"民警听后表示，警方将继续对此事进行调查，以确认金辉所说二人相约自杀的事实是否真实，一定会给二老一个负责任的答复。

保姆失踪带出真相　刻意隐瞒仍露马脚

面对刘亚丹家人的质疑，警方再次对金辉进行了询问。金辉听民警提问刘亚丹脖子上的掐痕是怎么回事？他神情坦然，显得有些不好意思，小声说道："刘亚丹在夫妻生活中喜欢一些特别的方式，所以在我们决定了却余生之前，最后一次在一起过了夫妻生活。为了满足她喜欢窒息的快感，我可能在她的脖子上留下了掐痕。"民警听完金辉的解释之后，也觉得这个解释合理，没有什么可疑之处。于是，就给刘亚丹父亲打电话，打算介绍一下对金辉的询问情况。谁知道，电话接通后，民警刚介绍完自己的身份，刘亚丹的父亲就激动地说："民警同志，我和老伴在收拾刘亚丹的遗物时发现了一本日记，我女儿在日记里面记载了金辉和保姆陈玉的关系不正常。我们怀疑他们合谋杀害了我女儿刘亚丹。"民警一听，立刻警觉地要求他迅速把刘亚丹的日记送过来。

民警阅看了刘亚丹的日记，发现她在日记中记载，金辉似乎和保姆陈玉有染。保姆陈玉虽然平时对她恭恭敬敬，但是在面对金辉时却显得格外温柔，并且对金辉的一些生活嗜好很了解。有时候，她回家会看到他们两个人正在亲密地交谈。发现她突然回来了，二人脸上都有些尴尬的神情。看到这些记载，民警隐约感觉这个案件可能不像金辉所述相约自杀那么简单。案发当天，保姆和雇主夫妻三人在家，保姆陈玉第一时间见证了雇主夫妻"相约自杀"的现场。为什么同样是触电自杀，妻子刘亚丹死了，丈夫金辉却还活着？难道自杀前他们没有异常的表现？没有向保姆陈玉交代过后事？带着这些疑问，民警决定马上询问保姆陈玉。他们联系陈玉，发现她电话已经关机。

民警又赶到刘亚丹家，发现保姆陈玉不在家中。经向刘亚丹父母了解，他们说家里出事以后保姆人就不知去向了。两个出事的雇主，一个后事没有办理，另一个还没有康复出院。保姆陈玉为什么不辞而别？难道这其中真隐藏着什么秘密？

警方对案情进行了分析以后，决定正式立案。同时，兵分两路进行侦查，一路寻找保姆陈玉的踪迹；另一路调查金辉和刘亚丹的夫妻关系和财产情况。

侦查人员找到保姆陈玉的老家，发现她已经回到了家中。面对民警的询问，保姆陈玉双手一摊解释说："我的孩子因为没人照顾，学习成绩一直不好。而父母年龄大了浑身是病，也需要有人在身边看护，所以雇主家出事后，我就决定回老家。在回来的路上手机丢了，所以也没有和外界联系。"正在民警和陈玉谈话的时候，一个男孩清脆的声音传进屋来："妈妈，我回来了。"民警循声看过去，只见一个十岁左右活泼漂亮的男孩走进屋来。他一进屋就用好奇的眼神打量着民警，民警也觉得这个男孩子眉宇之间似乎像什么人。民警微笑着问："小伙子，你叫什么名字？"男孩回答："我叫金小龙。"说完，他放下书包转身出去玩了。民警听了却浑身一震，孩子姓金？民警马上联想到金辉。怪不得觉得他像谁，原来他像金辉！其中一个民警不动声色地站起来在屋里慢慢巡视，很快他发现了问题：只见墙上几个镜框里装着很多张照片，其中全家福照片里的人就是金辉、保姆陈玉和小男孩。民警直言不讳地指着照片问陈玉："这上面的男人是你丈夫吗？我看着他像金辉啊？"陈玉脸色羞红地对民警说："金辉就是我前夫，我们几年前已经离婚了，我是离婚不离家。现在家里得病的老人，就是金辉的母亲。"这下子，民警疑惑更深了，离婚的前妻到前夫家去当保姆，整天看着前夫与别的女人过着甜蜜的家庭生活。这到底是为了什么？难道陈玉为了挣钱连自己的尊严都不要了？

带着疑问，民警离开了陈玉的家。第二天，他们赶到当地民政局调查陈玉的婚姻情况。档案材料证实她前夫确实是金辉，两人于 1998 年登记结婚。

同时，民警在当地工商银行查询到陈玉的银行卡上一年来有几笔5000元以上的资金进入，累计金额6万多元。除了保姆的工作之外，她没有其他的工作，怎么会在一年间陆续有这么多的钱款存入呢？

民警再次来到陈玉家，开门见山地问："陈玉，我们了解到你银行账户上一年来发生过几笔大额资金的存入，请问这是怎么回事？"陈玉神情坦然地解释说："这是老板刘亚丹为了感谢我这几年的辛苦工作，给我发的奖金。"她这一看似合理的解释，却被民警抓到了破绽。因为保姆陈玉说钱是刘亚丹给的，可银行信息显示钱却是从金辉的银行卡户头汇出的。陈玉为何只字不提金辉呢？民警们发现，她似乎一直在刻意回避提到金辉，不知是不想提到这个负心人，还是想替他遮掩什么。民警盯着她问："你说是刘亚丹发给你的奖金，为什么这些钱是从金辉账户汇给你的？"陈玉迟疑了片刻，回答道："为什么刘亚丹让金辉汇给我，我也不知道，可能是他们商量的吧。金辉和刘亚丹现在是夫妻，谁汇给我不都一样吗。"

另一路侦查的民警通过调查发现，金辉和刘亚丹结婚后在财务方面泾渭分明。刘亚丹对自己的财产管控很严格，除了吃喝等生活花销外，金辉根本无法接触到刘亚丹的财产。他在和刘亚丹结婚以后，自己已经不做生意了，只是在给刘亚丹做助手帮忙。而金辉的银行账户在与保姆陈玉存入款项的对应时间内，确实有这些钱的存入转出。那么，他存入转出的6万余元又是如何得到的呢？当事人之间复杂的关系，保姆和男主人之间的金钱往来，这一切使案情显得扑朔迷离，这背后到底隐藏着什么样的秘密呢。

功利婚姻酿成命案　设计自杀枉费心机

不久，刘亚丹的尸检报告出来了。报告称她死亡原因符合扼颈死亡的特征，电击并非是其致死原因。结论：刘亚丹系外力致窒息死亡。刘亚丹不是自杀是他杀，本案系一起恶性杀人案件。民警根据侦查得到的情况，认为丈夫金辉和保姆陈玉均有杀人的理由，他们二人涉嫌故意杀人。于是，警方决定对他们进行拘传。

金辉和陈玉分别被带到公安机关，民警对他们进行了隔离讯问。开始的时候，金辉的回答和他以前向警方陈述的事情经过如出一辙，随着民警围绕侦查获得的证据材料逐步深入讯问时，金辉开始变得压力陡增，说话也不连贯了。当侦查人员将搜集到的证据材料逐一展现在金辉面前时，他的呼吸越来越沉重，在沉默了许久之后，他用沙哑的声音说："既然你们都知道了，我也没什么好隐瞒的，刘亚丹是我杀的。"于是，金辉供述了他与妻子刘亚丹之间的恩怨及杀人之后伪造现场的事实经过……

金辉从小在农村长大，结婚有了小孩以后，他孤身一人从老家来到城市里打拼，从一个建筑工人慢慢做到了包工头。虽然挣钱不多，但是也能维持一家人的正常生活。他看到公司老板水平不如自己，由于起步早已经赚鼓了腰包，而自己不但要起早贪黑带人干活，还得不停地巴结客户和挂靠的公司，心里就十分不平衡。金辉长得浓眉大眼，一张棱角分明的脸，十分讨女人欢心。在一次公司答谢供应商的聚会上，他认识了刘亚丹。当时，刘亚丹已经离婚。他们二人很投缘，都感觉相见恨晚。此后，经常相约聊天。金辉发现刘亚丹的建材生意做得很大，是个真正的富婆，就欺骗刘亚丹说自己也离婚了。同时，为了刻意讨好她，逢年过节就给她买名牌香水和提包，经常邀请她到高档饭店吃饭，以显示自己也有经济实力。很快，他的殷勤赢得了刘亚丹的芳心，两个人成了情人。他们同居以后，刘亚丹提出了结婚的要求。金辉原来只想借船出海，靠刘亚丹的支持助自己事业成长；没有想到刘亚丹要和他结婚，那刘亚丹的财产岂不成了夫妻共同财产。简直是天上掉馅饼，金辉立刻察觉到这是实现自己财富梦想的捷径，就下定决心回家和自己的糟糠之妻陈玉离婚，然后娶刘亚丹为妻。

金辉说干就干，第二天就回到老家。他安抚妻子陈玉说："咱们是假离婚，我这样做的目的是为了给全家人一个美好的明天。你可以离婚不离家，等我挣到钱以后还会回到你身边。"陈玉虽然不愿意和丈夫离婚让他又去娶别的女人，但是自己不能挣钱在家中没有地位，而钱又确实是一个好东西，离了它很多事情都办不成。现在既然金辉说是假离婚，陈玉同意按照他的意见办，两个人瞒着双方父母协议离了婚，陈玉仍然住在金辉的家里。

法点释义：假离婚>>>

所谓假离婚，是指现在部分人为了规避购房政策或者追求其他利益，通过夫妻离婚的方式以达目的。民间曰之，假离婚。实际上，从法律的角度看，婚姻是一种要式民事行为。根据我国《婚姻登记条例》的规定，男女结婚、离婚必须履行登记手续。因此，只要取得结婚证或者离婚证，法律上就视为已经结婚或者已经离婚，没有假结婚或者假离婚之说。如果当事人欲以婚姻大事作为赌注，必须考虑假戏真做、悔之晚矣的后果。

金辉和妻子离婚不久，就和刘亚丹结婚了。婚后，刘亚丹了解到金辉以前做包工头并没有挣多少钱的情况后，并没有拿出资金帮助他成立公司扩大经营，反而让他放弃工作到公司帮助自己打拼。在生活上，金辉吃喝玩乐不管需要什么，刘亚丹都毫不吝惜花钱，但她就是不给他大笔的现金。刘亚丹从前次婚姻中吸取了教训，认为男人口袋里不应该有太多的钱，否则，男人有钱就变坏。而金辉和她结婚的目的是希望刘亚丹的全部身家能为自己发财所用，而不是仅仅满足他日常的生活需要。几年过去了，金辉并未在刘亚丹身上取得自己想要的东西，同时，他发现刘亚丹骨子里是看不起他的。她从不说到农村去看望他的父母，做生意也从不听取他的意见。金辉虽然和老婆离婚了，但是家中上有老父母要赡养，下有儿子要抚养，看到刘亚丹如此吝啬，只好决定自己动手搞钱。

刘亚丹有在家里保险柜储存现金的习惯，但是保险柜的钥匙只有她自己知道放在什么地方，每次打开保险柜都像防贼一样防着金辉。金辉在自尊心大受打击的同时，也明白只有保险柜里的现金是他唯一可能获得财产的途径。于是，他酝酿了一个两全其美的计划。以刘亚丹做生意太辛苦为由，在征得她同意后，让自己的前妻陈玉到家里做保姆。当然，他并没有告诉刘亚丹陈玉是他的前妻。然后，金辉悄悄告诉陈玉注意刘亚丹每次开保险柜时钥匙的存放处和开保险柜的密码。刘亚丹确实把金辉防得很严，但是她却忽略了陈玉，以为这个农村来的妇女根本搞不清保险柜的事情。于是，她开关保险柜也不避讳在屋里干活的保姆。很快，她的保险柜就失去了保险的功能。金辉在获得保险柜钥匙和密码后，就小心翼翼地利用刘亚丹在保险柜里面存放大额现金的机会，悄悄偷出部分钱先存入自己的账户，过一段时间发现刘亚丹没有察觉后，再转入前妻陈玉的银行卡内。这样做了几次以后，刘亚丹始终没有察觉。

后来，金辉的母亲病了，他向刘亚丹要钱给母亲治病，没有想到刘亚丹竟然说："金辉，你母亲的病应当由你们兄弟姐妹凑钱看，你干了这么多年的生意不会一点钱也没有攒下，等以后你们凑不出钱来再说。"金辉在刘亚丹面前吃了闭门羹，而且刘亚丹说的话他找不出任何反驳的理由。刘亚丹有钱不拿钱，自己的姐弟经济条件一般也凑不了多少钱，母亲自然不能接受最好的治疗。金辉痛恨自己没有能力，也对刘亚丹的吝啬咬牙切齿。他决定一不做二不休，从保险柜里偷钱。于是，他利用刘亚丹不在家的机会，从保险柜里偷出5万元现金给了陈玉，让她找机会送回家给母亲治病。这一次金辉偷的太多了，刘亚丹马上就发现保险柜里的钱少了，就找金辉质问他是不是动了保险柜里的钱。金辉理直气壮地指责道："刘亚丹，是我拿的钱。你自始至终都没有把我当做你丈夫，我甚至连个外人都不如，你整天像防贼一样防着我。"刘亚丹恼羞成怒地说："金辉，你吃我的喝我的还不够，还要偷我的钱，你是个忘恩负义的小人。"两人为此发生了激烈的争吵，然后又相互拉扯。金辉怒火中烧，用手猛力掐住刘亚丹的脖子，没有想到竟然把她掐死了。

面对妻子的尸体，怎么办？金辉的大脑高速运转。自杀谢罪？自己还不想死。投案自首？住几十年监狱，出来后成了老头，跟死了也差不多。思来想去，他决定伪装两个人相约自杀的现场，以期隐瞒自己杀死妻子的事实，幻想蒙混过关。于是，他把刘亚丹的衣服脱下，自己也脱光躺在床上，先用电线在妻子刘亚丹的手中进行电击。然后在保姆陈玉进门的一瞬间，他自己再用手握住电线。结果，他成功了。自己没有死亡，还差一点蒙混过关；但是，尽管他万般算计，终究未能逃过疏而不漏的法网。

案件事实真相大白，金辉被刑事拘留。经过警方调查，确认陈玉没有参与金辉的故意杀人案。她告诉金辉保险柜密码和钥匙存放处时，由于不清楚他们夫妻间的财产情况，所以并不了解金辉的真正用意。而且她拿到的钱也是金辉主动给她的，所以她的行为不构成违法犯罪。陈玉被警方释放后，回到了老家。案件侦查结束之后，金辉被移送至市检察院。市检察院经过审查以后，以故意杀人罪将金辉起诉至中级人民法院。故意杀人是严重的刑事犯罪，属于我国刑法严惩的刑事犯罪之一。金辉故意杀人并没有什么从轻处罚的情节。但是，他还不想死，为了保命，他想努力赔偿被害人亲属，争取获得被害方亲属的谅解。

法律链接>>>

● 刑事谅解

刑事谅解，是指刑事案件中的被害方基于多种原因而原谅被告人，就是刑事谅解。刑事谅解与刑事和解不一样。刑事和解只适用于犯罪情节轻微的刑事案件，而刑事谅解适用于所有的刑事案件。它最显著的特征在于：重视了被害方的利益诉求。刑事谅解中，通过司法机关的努力，为被害方和加害人提供了一个沟通、协商的平台，在这个平台中，被害方的诉求和利益可以尽量表达，最终在司法机关主持下，通过解决犯罪所导致的民事纠纷并达成谅解，来影响被告人的刑事惩罚后果，并且最终由国家司法机关来确认。《最高人民法院关于贯彻宽严相济刑事政策的若干意见》指出："被告人案发后对被害人积极进行赔偿，并认罪、悔罪的，依法可以作为酌定量刑情节予以考虑。因婚姻家庭等民间纠纷激化引发的犯罪，被害人及其家属对被告人表示谅解的，应当作为酌定量刑情节予以考虑。"

从案件的侦查时起，金辉就不断地给陈玉和自己的亲属传信捎话，让他们千方百计凑钱，赔偿刘亚丹亲属以获得谅解。而刘亚丹的父母晚年丧女，心中悲愤交加，他们对于金辉的犯罪行为恨之入骨。所以，当金辉的弟弟带着全家人凑来的20万元上门赔礼道歉时，他们二老态度坚定地表示，我们不要钱，只要求金辉杀人偿命。

案件移送到中级人民法院以后，金辉的弟弟向合议庭法官表示，亲属愿意替金辉对刘亚丹的父母进行赔偿。与此同时，刘亚丹的父母也向法院提起了刑事附带民事诉讼，要求依法严惩被告人金辉。法官为此向他们释明，控诉被告人金辉的犯罪行为和提出附带民事赔偿请求，是他们的合法权利。但是，仅有感性的仇恨还不够，还要有理性的思考。在被告人金辉的犯罪原因中，夫妻之间缺乏信任是一个重要因素，而且不能不指出的是，被害人刘亚丹也是有责任的。既然被告人金辉的亲属愿意代为赔偿，希望刘亚丹的父母考虑考虑。法官慎重地说："当然，是否接受被告人亲属的赔偿，最终的决定权在你们二老。法院将不偏不倚，在综合考虑全案事实和犯罪情节的基础上对被告人金辉进行量刑。"

刘亚丹的父母回去后经过反复思考，也与自己的亲友进行了商量。他们知道自己的女儿平时说一不二，在婚姻生活中处于强势地位。因为女儿拒绝为金辉母亲治病出钱，所以金辉一怒之下杀害了自己女儿。这种情形从目前国家"少杀慎杀"原则的角度上看，金辉未必会判处死刑立即执行。与其这样，还不如接受金辉亲属的赔偿，这样自己晚年也会有些物质保障。经过双方协商，金辉的弟弟凑齐了30万元，赔偿给刘亚丹父母，他们出具了刑事谅解书。

法院经过审理以后，根据金辉的犯罪事实和量刑情节，最终判决认定被告人金辉犯故意杀人罪，判处死刑，缓期二年执行，剥夺政治权利终身。法庭一审判决后，法官向他告知上诉权利时，金辉明确表示不上诉，认罪服法。随后，他向法官席鞠躬，又转过身向旁听席上的双方亲属和旁听观众深深地鞠了一躬。

案件感言：功利婚姻扭曲爱情>>>

本案都是金钱惹的祸。金辉出卖感情和婚姻换取钱财，被察觉后因怒而杀人，是一种畸形的价值观；而刘亚丹从第一次失败的婚姻中并没有总结出正确的夫妻之道，对再婚丈夫金辉严加防范，导致夫妻之间没有信任，只有猜忌和隔阂。由此可见，带有功利心理的婚姻注定要以悲剧结束，或许这就是本案警醒我们的地方。

俄国哲学家、文学评论家和作家尼古拉·加夫里诺维奇·车尔尼雪夫斯基曾经指出，爱情，就是你爱一个人是爱她所独有，而别人没有的一切。这实际上就是我国成语中的“情人眼里出西施”。可见，古今中外关于爱情的认知就是两情相悦，而不是条件比拼。

诚然，在我们从发展中国家向发达国家迈进的今天，人们可以理直气壮地追求物质财富，但并不意味着凡事皆“人为财死，鸟为食亡”。我们要给心灵留下一片感情的净土，给婚姻留下爱情的甜蜜。所以，君子爱人要真情相待；爱财要取之有道。

人皮面具

关键词　亲属间犯罪：认定慎重　处理从宽

2012年春末的一个星期天，天气乍暖还寒。身材消瘦的党小伟在住处附近贴小广告，他看到墙壁和电线杆，就环顾一下左右，趁路人不注意，就将手中的小广告迅速贴上去。

很快，就有路人发现了小广告，他们好奇地上前查看。只见小广告上面写着：今年3月20日晚，本地发生一起戴面具的男人入室作恶案件。如有提供线索者，愿意予以重赏。联系人落款是党先生，留了手机号码。

党小伟的小广告刚贴出去不久，就有好奇的人给他打电话问："党先生，你这个小广告写得不详细，戴面具的男人作了什么恶？"党小伟唉声叹气地回答："唉，一言难尽。那天家里突然闯进一个戴着面具的凶手，我妻子当时一人在家上网，凶手作恶后就跑了。希望你能够提供线索好破案。"党小伟的回答并没有解开戴面具的男人到底做了什么坏事的谜团，这是因为他不愿意吐露具体案情。原因很简单：家丑不可外扬。

妻子独自在家受害　丈夫张贴广告寻凶

原来，几天前的一天晚上，党小伟后半夜从公司下班回家，看到老婆徐丽衣衫不整地坐在床上哭泣。党小伟赶忙上前询问："老婆，你怎么啦？"徐丽哭着问："我刚才给你打电话，你为什么不接？"党小伟掏出手机一看，上面确实有妻子的未接来电，就笑着解释说："公司车间里噪音太大，我没有听到。为这个你就哭呀？"徐丽摇着头说："不是因为你未接电话，我刚才被人欺负了。"说完，她伏在床上号啕大哭起来。党小伟一听，急忙上前把她扶起来，搂在怀中关心地问："老婆，你别哭！告诉我发生了什么事？"徐丽哽咽着诉说了自己的遭遇……

那天晚上，党小伟上前夜班之后，徐丽一个人在家上网聊天。近午夜时分，一个戴着人皮面具的男人忽然在屋内出现。他上前拿刀逼住徐丽之后凶狠地喊道："你别喊也别动！反抗就捅死你。"戴面具的男人一只手拿刀抵住徐丽的下巴，另一只手搜走了她身上的几十元钱。当时，徐丽被这突如其来的情况吓呆了，一动也不敢动。戴面具的男人搜完身以后，就把她按倒在床上，动手脱掉她的衣服，对她实施了暴力强奸行为。戴面具的男人淫欲得到满足后，再次挥舞着刀告诫她不要报警，然后从厨房翻窗而去。歹徒一跑，徐丽不知如何是好，急忙给党小伟打电话，谁知道打了几遍党小伟没有接。于是，徐丽就委屈地哭泣，直到党小伟后半夜下班回来。

党小伟听妻子讲了被强奸的经过之后，呆坐在床边默默地抽烟。徐丽泪眼婆娑地对他说："咱们去报案吧？"党小伟摇了摇头："这种事情传出去，我们俩还怎么在这儿住。不行，不能报案！"徐丽掩面哭泣道："难道就这样让歹徒跑了吗！你也太窝囊了吧。"党小伟安抚她说："老婆，别着急！不报案不是不报仇，咱们自己也能破案，你好好想想谁知道咱家晚上我上夜班后只有你一个人在家？"徐丽想了想，对他说："我平时也不出去玩，不会有人知道咱家的具体情况。"党小伟启发她道："你整天守着电脑聊天，是不是在网上和陌生人聊天时泄露了家里的信息？"徐丽坚决否认："没有！你上班后我一个人在家里无聊时才和网友聊聊天，大家都是闲扯，不可能说咱们家的情况。"党小伟不相信地说："徐丽，报纸电视经常报道，网友犯罪你还是好好看看你以前的聊天记录，看看其中有没有可疑的人。"徐丽认为党小伟怀疑是网友作案的想法太武断，但知道他也是为了早点抓住歹徒，就勉强地点了点头。党小伟心里顿时释然，安慰她说："老婆，这件事虽然是坏事，但是好在你人没有受伤，加上歹徒也没留下什么证据，报案估计也破不了。不如我先到街上贴几个小广告，看看有没有人能提供点线索。"于是，就出现了本案开头那一幕。党小伟四处张贴悬赏的小广告，寻找戴面具入室行凶的歹徒。

妻子负气出走报警　犯罪分子身影现形

党小伟的悬赏小广告已经贴出去一个星期了，除了好奇的人打电话问他歹徒行凶的经过以外，寻找戴面具男人的事情没有任何进展。徐丽每天都生活在焦虑之中，她抱怨党小伟不让她报案。党小伟给她分析说：“这个戴面具的男人肯定是你网上聊天的网友，我让你找线索到现在你也找不到。这样吧，你把经常聊天的男网友信息提供给我，我自己来寻找线索。”徐丽坚决拒绝：“我说过了他们只是普通网友，我不会向他们泄露咱家的什么信息。你怎么就不相信呢!”党小伟步步紧逼：“你不愿意提供，就说明你心里有鬼。肯定你和哪个网友聊天说了暧昧的话，让他觉得有机可乘，于是乘机作案。”徐丽抽泣地指着党小伟说：“党小伟，你还有同情心没有？受害的人是我，你不让我报警还侮辱我，你太过分了!”话音未落，她的眼泪就流了下来。党小伟也感到自己很委屈：“徐丽，天底下有我这样的丈夫吗？别人强奸了你，我对你没有丝毫埋怨，还安慰你帮助你破案。让你提供男网友的信息难道就是侮辱你吗？我这不是为了你好吗？”党小伟和徐丽夫妻两个互不相让，激烈地吵了起来。徐丽一生气，带着换洗衣服离家出走了。

徐丽当晚借宿在一个要好的姐妹家里，把这几天自己压抑的委屈一股脑儿地说了出来。姐妹惊呼：“你为什么不报警？发生这样的事情，单靠你老公怎么可能解决。”第二天一早，在姐妹的陪同下徐丽到派出所报了案。徐丽告诉接待民警，当天晚上她洗澡后坐在电脑桌前聊天，忽然听到厨房里传出窸窸窣窣的声音。她起身准备进去查看，刚转过身来就见一个戴面具的陌生男人已经站在她身后，在她眼前挥着一把刀威胁她不得反抗。她当时吓得腿都软了，想喊救命又不敢，只能呆立在那里。戴面具的男人见状，持刀进行了抢劫，又顺手拿起她擦头发的毛巾将她双手反绑，然后把她推倒在床上强奸。戴面具的男人发泄完兽欲逃走之后，她用力挣脱绑手的毛巾，给老公党小伟打电话，但是他的电话一直处于无人接听的状态。接警民警听完徐丽的叙述后，要求她描述一下戴面具男人的体貌特征。徐丽努力回想了一会儿，抱歉地说："因为我当时太害怕了，只记得他戴着一张仿真人皮面具，这种面具以前在电视里见过。凶手身高胖瘦和我老公党小伟差不多，其他的就想不出来了。"民警又问："案发后，你为什么不及时报案？"徐丽悔恨地说："我当时只想着给老公打电话，没有想起来报警。后来，我老公得知事情经过后不让报警，说家丑不可外扬，他自己想办法找到凶手。于是，他到外面散发悬赏广告传单，到现在也没有任何消息。"民警对徐丽做完询问笔录后，通知她老公党小伟到派出所接受询问。党小伟一听妻子已经报案，就赶到派出所，把自己知道的情况进行了陈述，而且提示警方在老婆徐丽的男网友中寻找破案线索。

由于案发时间已久，警方已经无法从徐丽身上提取犯罪分子的遗留物，她的贴身衣物案发后也进行了洗涤，所以只能依靠其他的线索进行破案。警方立案后展开了侦查工作，民警在徐丽居住的小区监控室里调取了当天的监控录像，经过多次观看分析，并没有发现可疑人员出入。被害人徐丽的丈夫党小伟也在正常的上下班时间经过小区大门。警方通过深入调查发现，该小区西面还有一个侧门，由于年久失修而破损，行人刚好侧身可以进入，而且该侧门附近没有监控摄像头。在经过认真讨论分析案情后，侦查人员判断行凶者可能对小区环境很熟悉，甚至还可能认识被害人，因为他戴着人皮面具，这充分说明他不是临时起意犯罪而是有预谋而来。被害人徐丽称歹徒手中拿着一把刀，侦查人员决定对该小区周边的商业门店进行排查。经过多方走访调查，侦查人员发现了线索。在一个百货商店，刀具柜台的营业员告诉侦查人员，在案发当天下午，有一个体态特征与戴面具歹徒相像的男人来买过一把水果刀。营业员之所以对该男人有印象是因为他当时行色匆匆，看起来神情有些紧张，在柜台前买东西也很迅速。侦查人员查看了商店当天的监控录像，经过营业员的指认发现了犯罪嫌疑人。当民警得知他就是买刀男人时都有些吃惊，因为这个人不是别人，正是被害人徐丽的老公——党小伟。

老公戴面具强奸自己的老婆！这听起来有些天方夜谭，在现实生活中十分罕见。警方对此非常慎重，没有马上抓捕党小伟，而是对这个线索的可靠性进行了分析。被害人徐丽描述行凶者的体态特征和她老公党小伟十分相似，这和商店营业员说得一致。但如果真是党小伟作案的话，徐丽当时为什么没有察觉出来？难道她当时惊吓过度精神高度紧张而没有辨别出来？从监控录像看，党小伟在案发当天下午确实买了一把水果刀，但是他们两口子在回答警方询问时都没有提到这个情节。徐丽可能不知情，如果党小伟刻意隐瞒了这一情节，说明他实施犯罪的嫌疑很大。但是，党小伟为什么要煞费苦心对自己的老婆行凶呢？如果夫妻之间想找刺激也不用越窗戴面具这样大费周章吧？况且徐丽说他们夫妻关系很好，虽然生活中偶尔有争吵，但是感情一直很稳定。侦查人员由此联想到询问党小伟时，他反复强调作案的可能是徐丽的男网友，再结合他买刀的事实，很可能他是想转移警方的侦查视线。

为了进一步查明案件事实，侦查人员又赶到党小伟工作的公司，发现考勤表上没有当天党小伟的打卡上班记录。公司负责人回忆说："当天下午，党小伟给我打电话说他身体不舒服想请假一天。我问他是不是病了？他回答有点感冒症状，休息一下就好了。于是，我批准了他的请假。"至此，警方判定案发当天党小伟在小区大门出入是其伪装上下班的假象，真实目的是为了隐藏其犯罪行为。案件的真相浮出水面，党小伟就是强奸徐丽的犯罪嫌疑人，警方决定对他采取刑事强制措施。

爱妻沉迷网络上聊天　愚夫未雨绸缪演闹剧

党小伟在上班的路上被警方抓获，面对严肃的侦查人员，党小伟神情忐忑，显得十分不安。侦查人员询问他："党小伟，你妻子被强奸的当天晚上你去哪里了？"党小伟眨巴着眼睛辩解说："我和平时一样去公司上前夜班了啊。"侦查人员告诉他："我们已经去你公司调查核实过了，你当天请假没有去上班。"党小伟的眼中闪过一丝惶恐，垂下了脑袋没有说话。侦查人员提示他道："党小伟，坦白从宽的政策你知道吧？要不要给你看看我们从商场调取的你买刀的录像？"党小伟的心理防线彻底崩溃了，他马上抬起头说："我交代！我交代！"于是，党小伟讲述了他为了防止老婆网聊上当受骗，为了维护他们夫妻关系所实施的周密计划…… 党小伟交代说老婆徐丽从去年下半年起迷上了网聊，每天没事就坐在电脑前面和人聊天，每当他从电脑屏幕前经过或者试探地问徐丽在聊什么，她总是马上关闭对话框，敷衍地说是和朋友随便聊天。党小伟经常下前夜班后发现徐丽仍然坐在电脑前聊天，他有时想和她一起在网上聊聊天。徐丽立刻委婉地拒绝，撒娇地对党小伟说："老公，天已经不早了，咱们休息吧。"然后，她就把电脑关机了。由于党小伟无法了解到徐丽和什么人在聊天，聊天的内容是什么，所以就格外注意徐丽的变化。结果，他发现徐丽开始注意打扮自己了，有时候甚至聊天前还化化妆。党小伟知道她这样做是为了和网友视频聊天，心里像吃醋了一样酸酸的，同时，也非常担心她出轨受骗。

为了维护自己的婚姻和家庭，党小伟除了上班时间以外基本上都在家陪着妻子徐丽。但是，他没有想到，自己看得这么紧，妻子徐丽还是出轨了。一天，他在家随手拿起徐丽的手机去查日历，无意间点开视频储存的文件夹，看到里面有一段摄录的视频。好奇心驱使他打开视频，只见老婆徐丽穿着性感的睡衣躺在床上，而墙面上映出了一个男人的身影。徐丽关切地对他说："你路上小心啊。"这段视频看完后，党小伟觉得五雷轰顶。老婆真出轨了！视频中虽然没有她和别的男人亲热的镜头，但是她穿着暴露躺在床上，嘴里还说着关心的话语，这足以证明他们之间有不正常关系。党小伟终于明白为什么徐丽每次聊天都不让他看，肯定是背着他在和情夫打情骂俏。党小伟性格虽然内向，但自尊心很强，被莫名戴上绿帽子这样的事情他无法忍受。他想当面质问徐丽，但是证据不足，估计她也不会承认。思来想去，党小伟想你徐丽不是觉得婚外恋刺激吗？我就给你来一个真正刺激的，让你终生难忘，以后永远不敢再出轨。于是，他设计了扮演陌生人入室抢劫强奸老婆的计划，想借此警示她随便聊天约会的危险。就这样，妻子徐丽成了入室抢劫强奸案的受害人，而犯罪分子竟然是她的合法配偶——党小伟。作案后，党小伟把水果刀和人皮面具扔到了路边的河沟里。根据他的供述，警方打捞出他丢弃的作案工具。

入室抢劫强奸案侦破了，徐丽接到办案民警电话说凶手已经落网。但是，当侦查人员告知她凶手就是她老公党小伟时，徐丽吃惊得合不拢嘴，一时不知说什么好。她听民警介绍了党小伟犯罪的原因之后啼笑皆非，掏出手机找到了那段视频，看过之后她把手机递给了民警："你们看看，这上边男人的身影就是我老公党小伟。我当时是叮嘱他上班路上小心。"她分析可能是那次手机放在床边，自己不小心碰到摄录快捷键拍下的，没有想到党小伟竟然把他自己当成了假想中的情敌。徐丽解释说："我和网友都是一般交往，聊天的对象大部分是年龄和我差不多的姐妹，有时候女人之间聊一些隐私，不方便让我老公党小伟看，没有想到他竟然把这当成我出轨的证据。"警方经过技术鉴定之后，确认视频中的男人背影就是党小伟。警方征求党小伟对鉴定结果的意见时，党小伟看后沉默不语。因为他无言以对，他没有想到自己胡思乱想竟然捅下这么大的娄子。由于他的行为已经涉嫌刑事犯罪，警方对他采取了刑事拘留的强制措施。

党小伟的行为从表面看涉嫌抢劫罪和强奸罪，但是，这是发生在家庭成员之间的违法行为。要不要追究他的刑事责任呢？

法点释义：非法获取亲属财产>>>

抢劫罪，是以非法占有为目的，使用暴力、胁迫或其他方法，强行抢走公私财物的行为。结合本案党小伟的行为，他持刀强行从老婆徐丽身上劫走几十元，看似抢劫行为已经完成。但是，党小伟实际上抢钱不是为了自己占有，而是为了制造男网友犯罪的假象，他所抢的钱属于他们夫妻的共同财产。《最高人民法院关于审理抢劫、抢夺刑事案件适用法律若干问题的意见》指出："为个人使用，以暴力、胁迫等手段取得家庭成员或近亲属财产的，一般不以抢劫罪定罪处罚。"党小伟的行为比上述规定的行为还要轻微，因为他没有将财物据为己有的主观故意，所以不能认定党小伟的行为已经构成抢劫罪。

法点释义：婚内强奸>>>

强奸罪，是指违背妇女意志，使用暴力、胁迫或者其他手段，强行与妇女发生性交的行为。党小伟戴面具假冒陌生人强行与妻子徐丽发生关系，显然也是违背妇女意志的行为。但是，他的行为属于婚内强奸，即在夫妻关系存续期间，丈夫以暴力、胁迫或者其他方法，违背妻子意志，强行与妻子发生性关系的行为。党小伟夫妻关系平时尚好，他如果不隐瞒自己真实面目的话，徐丽不会拒绝和他过夫妻生活。婚内丈夫强行与妻子发生关系是否构成犯罪一直存在争议。我国现有法律虽然明确规定了男女平等、妇女的人身自由不受侵犯；但都没有涉及婚内强奸的具体条文。尽管在司法实践中，有的地方法院以刑法强奸罪的规定判处过丈夫刑罚；但具体情形局限在夫妻关系不正常或者正在闹离婚的情况下。总体而言，以强奸罪追究丈夫责任的时候，应当从维护婚姻家庭的角度出发，慎之又慎。

党小伟被刑事拘留后，徐丽向警方表示，他们夫妻关系平时很好，党小伟这么做虽然是错误的，但也是为了维持他们的婚姻家庭。她已经原谅了党小伟的错误，希望警方不要追究党小伟的刑事责任。

法律链接>>>

● 亲情犯罪

亲情犯罪案件，是当事人之间存在亲属关系的刑事犯罪。在我国社会转型期间，随着家庭小型化、人员流动化、观念多样化特点的突出，家庭成员间的人际交流减少，甚至出现障碍。现实生活中因为感情纠纷产生的夫妻间的犯罪；家庭成员间的人身伤害犯罪；生活压力大、教育不当家庭的子女犯罪现象有明显上升趋势。所以，人们常常呼吁：常回家看看。

春秋战国时期，儒家提倡“亲亲相隐”，是指亲属之间有罪应当互相隐瞒，不告发和不作证的不论罪，反之要论罪。这一制度旨在维护亲情和人伦，即使在今天仍然可以借鉴其在人性追求上的积极一面。英国哲学家边沁曾经说过：“温和的法律能使一个民族的生活方式具有人性；政府的精神会在公民中间得到尊重。”在司法实践中，对于亲属间的犯罪司法机关一直保持谦抑态度，并以最宽大的姿态进行处理。如《最高人民法院、最高人民检察院关于办理诈骗刑事案件具体应用法律若干问题的解释》第4条规定：“诈骗近亲属的财物，近亲属谅解的，一般可不按犯罪处理。诈骗近亲属的财物，确有追究刑事责任必要的，具体处理也应酌情从宽。”

公安机关在侦查完毕后，以党小伟的行为已经涉嫌强奸罪为由将案件移送至当地检察机关。检察机关在认真研究分析案情后，认为这起案件虽属婚内强奸的范畴，但由于党小伟夫妻俩的婚姻关系比较稳定和谐，感情并没有发生破裂，妻子徐丽也不要求处理党小伟，因此不宜认定为强奸罪。最终，检察机关对党小伟涉嫌强奸一案作出了不起诉的决定，徐丽、党小伟和公安局对于检察机关的决定都无异议。警方在对党小伟批评教育后将其释放，并撤销了案件。

铁门外传来开锁的声音，党小伟走出住了两个月的狭小监室。外面已经是盛夏时节，阳光灿烂，草木葱茏。他仰头看看头顶湛蓝的天空，深深地吸了一口清新的空气，不敢相信自己重新获得了人身自由。走出看守所的大门，他看到妻子徐丽和亲人都等在门口。他脚步沉重地走向他们，到了徐丽面前，他双膝一软跪在了地上，低着头不知道说什么好。徐丽抹着眼泪扶住他的肩膀，对他说：“走，回家吧。”

夜深人静，亲属们走了以后，党小伟再次悔恨地跪在老婆徐丽面前请求原谅。他流着眼泪说：“徐丽啊，我不是人，冤枉了你。”徐丽一边哭一边捶打他说：“咱俩结婚这么多年了，你为什么不信任我？你看我像是会做出对不起你事情的人吗！”党小伟眼眶湿润不停地道歉，保证以后自己遇事一定三思而后行，绝不会莽撞行事了。徐丽最终原谅了他，夫妻两人修复裂痕，和好如初。

案件感言：夫妻关系的维系>>>

近些年，很多公众人物的出轨事件成了大众娱乐的头条新闻，甚至让夫妻间的“忠诚协议”又浮现在人们的视线中。不管那些人犯了天下男人都可能犯的错误也好，还是婚姻状态疲惫导致他们家庭外寻找爱情也罢。有些受害女性倒是道出了婚姻的真谛：“恋爱虽易，婚姻不易，且行且珍惜。”夫妻间的激情不会永远存在，但是责任却随着共同生活时间的延长而加重。

清代朱用纯《治家格言》称：“宜未雨而绸缪，毋临渴而掘井。”夫妻在漫长的共同生活中，对可能出现的家庭风险应当未雨绸缪。但党小伟之所以做出戴面具强奸妻子的荒唐事，不仅仅是他自身的文化程度和认知能力有限，关键还在于他对自己的妻子缺乏信任。如果说感情是婚姻的基础，那么信任就是婚姻稳固的构架。任何人的婚姻都不是永远一帆风顺的，当出现不和谐的现象时，夫妻之间应当坦诚沟通解决。因为沟通是连接双方心灵的桥梁，只有沟通才能准确判断夫妻关系的现状和未来发展的方向，才能对于婚姻的维系和解除做到成竹在胸。所以，人们应当牢记我国婚姻法第4条“夫妻应当互相忠实，互相尊重；家庭成员间应当敬老爱幼，互相帮助，维护平等、和睦、文明的婚姻家庭关系”的规定。

“捞”人骗局

关键词 想象竞合犯:“想象”的数罪，处断的一罪

妻子常玉红是家庭妇女，丈夫夏军是出租车司机。夏军每月能挣5000多元，常玉红非常满足，家里的日子过得也挺富足。从2010年9月起，夏军的月收入突然成倍增长。就在常玉红为丈夫的业绩欢欣鼓舞的时候，家里面来了几个民警，他们说夏军涉嫌盗窃犯罪，戴上手铐把他押走了，关进了当地看守所。眼看元旦和春节要到了，丈夫竟然失去了人身自由。常玉红急得团团转，不知道丈夫犯了多大的事，也不知道怎样才能把丈夫“救”出来，她到处打听谁在公安局有关系，能不能把丈夫“捞”出来？就在她四处寻觅的时候，救星出现了。

为救丈夫急断肠　救星上门现生机

一天，窗外飘起了雪花，常玉红望着漫天飞雪坐在家中唉声叹气。这时，外面传来了敲门声。她打开门一看，来者是一个不认识的中年男人。那个男人进屋后，从上衣兜里拿出一个红色的证件给常玉红看，自我介绍说：“我是区检察院的，你是不是夏军的亲属？”常玉红一听急忙点头说：“对，我是他老婆。”她已经看到工作证上写明来人叫胡家辉，就小心翼翼地问：“胡检察官，你找我有事吗？”“当然有事了。”胡家辉不等常玉红让座，自己大大咧咧地坐了下来，反客为主地对常玉红说：“你也坐下来吧！我告诉你，我在看守所见过你老公了，为这件事他头发都白了，还经常偏头痛。”丈夫夏军在家的时候确实经常偏头痛，常玉红听罢相信胡家辉确实见过了自己的丈夫夏军。她没有想到进看守所不到两个月的时间，原来头发花

白的老公现在头发全白了，她心疼地流下眼泪。胡家辉对她摆摆手说："老常，我叫你嫂子吧。你别哭了！我来就是为了救你老公的。"常玉红一听这不是救星上门了吗？马上双手合十表示感谢，焦急地问他："胡检察官，我老公的案件已经送到你们检察院了？"胡家辉又摆了摆手说："还没有，案件在公安局。但是，我知道他的案情。是别人偷东西，他不知情开车拉了赃物，这种事根本构不成犯罪。"胡家辉这一番话，说到常玉红的心窝里去了，她觉得一直发堵的心胸突然敞亮了，连连点头道："是啊，我老公可老实了，从来不在外面惹事，怎么可能会和别人一起偷东西呢。"胡家辉站起来对她说："我今天来就是实地考察一下，看看你家的情况。现在我可以肯定夏军说的是实话，他被冤枉了！我会尽力帮忙的。"说完，起身就要告辞。常玉红要留他吃饭，他说还有事情要办拒绝了。常玉红要给他200元车马费，胡家辉也摆手不要，说自己是真心帮忙，不是为了钱。胡家辉还给常玉红留下了他的手机号码，告诉她有事常联系。好人啊！恩人呐！常玉红感动得一塌糊涂，泪眼蒙眬地看着胡家辉高大的背影渐渐远去。

从这一天开始，常玉红和胡家辉隔三岔五地进行联系。常玉红拜托他帮忙早点把夏军弄出来，胡家辉不断向她通报案件进展情况，还告诉她自己已经为救夏军花了2万多元。现在事情办得差不多了，让她耐心等候。托人办事不能让人家又出力又出钱，这从道理上讲不过去。所以，常玉红坚持要给他送钱去。胡家辉也坚决不收，说："嫂子，你的心意我领了，等老夏出来以后咱们再算账。"常玉红心中万分感动，这个胡检察官到家里一杯水没喝，一分钱也不要，为了公平正义义务帮忙。她决定认胡家辉为兄弟，又到街上的文印社问了制作锦旗的价格，准备等老公回来之后到检察院给胡家辉送一面"包公再世"的锦旗。

再过几天就是元旦了，老公夏军何时出来还没有消息。常玉红在家里像没头苍蝇一样转来转去，还是觉得浑身发冷。她实在憋不住了，给胡家辉打电话问案件进展。胡家辉在电话里犹豫了一下说："嫂子，我今天把办案的警官喊出来，咱们一起见个面，他会当面向你解释的。"常玉红知道胡家辉拒腐蚀永不沾，只好委婉地问：“兄弟，我要不要给警官表示一下？”胡家辉沉吟片刻说：“是啊，也快过节了。要不给他一个红包吧！钱不要太多，5000元就行了。”常玉红激动得满口答应，期待着与办案民警见面。

“警官”承诺愿帮忙　妻子筹款忙送钱

晚上，胡家辉带一个中年男人与常玉红见了面，他们在一起吃了晚饭，胡家辉压低嗓音介绍说：“这是区公安局的陈队长。”陈队长表情严肃地对常玉红说：“释放夏军的报告我已经签过字了，现在正在局领导那儿审批呢，我会争取早点让领导签字。”常玉红一听老公很快就能出来，心情十分激动。她给胡家辉和陈队长又是端酒，又是敬烟。在进餐的过程中，胡家辉客气地对他们说：“我要去方便一下。”起身后，他给常玉红使个眼色。常玉红知道是什么意思，利用她和陈队长两个人在屋里的机会，不好意思地把红包掏出来递给他。陈队长好像司空见惯，也没有谦让，把红包接过来迅速放进裤兜中。他笑着对常玉红表示，一定尽力帮忙。通过这次见面，胡家辉给常玉红吃了一颗定心丸。晚上躺在床上，常玉红脑海里满是丈夫夏军回家的画面。

第二天上午，陈队长就给常玉红打电话，让她准备5万元的保证金，并且说领导已经签过字了，公安局准备放人。常玉红听后又喜又愁，喜的是丈夫马上要出来了，愁的是她手上没有这么多现钱。她放下电话后，马上给胡家辉打电话，说明了情况，还问：“兄弟啊，你也说夏军的行为没有构成犯罪，放他为什么还要交钱？公安局把他白关了这么多天，应该赔我们钱啊。”胡家辉听了以后耐心对她解释说：“嫂子，这个案件涉及多人犯罪，你老公无罪也要等法院对全案判决完毕才能认定，所以现在只能交保放人。”常玉红听了觉得有道理，咬咬牙决定把银行里的定期存款取出来，第二天送到公安局去。她从银行取款回家后，给陈队长打了电话，说自己明天上午要去送保证金。陈队长听后告诉她：“大嫂，我最近几天都在外面办案。你把钱打到公安局的账号上，然后明天上午9点钟到区看守所门口等着接人。”常玉红按照他提供的账号把5万元转过去，激动得一夜没有合眼。

早上5点多钟，常玉红就起床了。她焦虑不安地在屋内踱步，看看时间快到8点了，她就准备出门去看守所门口等丈夫放出来。这个时候，她接到了陈队长的电话。陈队长抱歉地说："大嫂，昨晚突发一起恶性刑事案件，我要带队去现场勘查。今天不能去办夏大哥取保候审的事情了，何时放人你在家等我通知。"常玉红听后百爪挠心，但是，她也不敢催陈队长。结果，连续两天陈队长那边没有任何消息。常玉红开始怀疑自己是不是上当受骗了，就准备给胡家辉打电话说说。这时，屋外传来了敲门声。她开门一看，来者不是别人，正是自己的丈夫夏军。

常玉红又惊又喜，等丈夫洗澡换衣以后，问他到底犯了什么事？夏军回忆说："今年9月份，有一天晚上快半夜了，我已经准备收车回家。这时有两个客人拦车，上来后他们让我去运东西。我按照他们的要求把车开到一个仓库外面，他们下车时让我在那儿等。结果等了很久，他们肩扛手提拿了几个袋子跑过来，我又把他们送到目的地。下车后，除了车费以外他们还额外给了我500元，又要了我的手机号码。这以后，他们几次打电话坐我的车去拿东西，每次去拿东西都要等很长时间。"夏军对妻子悔恨地说："其实我也怀疑过他们运的东西来路不正，但是，他们也没有当我面偷东西，而且每次给车钱还很大方。为了贪图这点外快，我就心安理得地帮他们运送东西。公安局抓住他们以后，根据他们的供述找到我。被抓进看守所后，由于我认罪态度好，加上身体有病，就被取保候审了，我弟弟做的保证人。"

法点释义：取保候审>>>

取保候审，是刑事强制措施的一种，由法院、检察院或公安机关责令犯罪嫌疑人、刑事被告人提出保证人或者交纳保证金，保证随传随到的强制措施，由公安机关执行。刑事诉讼法第65条明确规定："人民法院、人民检察院和公安机关对有下列情形之一的犯罪嫌疑人、被告人，可以取保候审：（一）可能判处管制、拘役或者独立适用附加刑的；（二）可能判处有期徒刑以上刑罚，采取取保候审不致发生社会危险性的；（三）患有严重疾病、生活不能自理，怀孕或者正在哺乳自己婴儿的妇女，采取取保候审不致发生社会危险性的；（四）羁押期限届满，案件尚未办结，需要采取取保候审的。取保候审由公安机关执行。”

刑事诉讼法第69条规定：“被取保候审的犯罪嫌疑人、被告人应当遵守以下规定：（一）未经执行机关批准不得离开所居住的市、县；（二）住址、工作单位和联系方式发生变动的，在二十四小时以内向执行机关报告；（三）在传讯的时候及时到案；（四）不得以任何形式干扰证人作证；（五）不得毁灭、伪造证据或者串供。人民法院、人民检察院和公安机关可以根据案件情况，责令被取保候审的犯罪嫌疑人、被告人遵守以下一项或者多项规定：（一）不得进入特定的场所；（二）不得与特定的人员会见或者通信；（三）不得从事特定的活动；（四）将护照等出入境证件、驾驶证件交执行机关保存。……”取保候审不意味着案件的结束，只是犯罪嫌疑人和被告人有条件的享有人身自由，期限最长不得超过12个月。

常玉红听后笑丈夫夏军不知道真实情况，把自己托胡家辉检察官、公安局陈队长帮忙以及交钱保人的经过讲了一遍。夏军一听很疑惑：“我在看守所里没有见过姓胡的检察官啊？”常玉红对她说：“老夏，这样吧，咱们今天晚上请客，一来给你接风，二来感谢人家帮忙。”说着，常玉红就给胡家辉打电话报告了夏军已被看守所释放了的消息，并说晚上请他和陈队长一起喝酒庆祝。胡家辉愉快地接受了邀请，他解释说：“嫂子，陈队长办案抽不开身，今天晚上我一个人来。”

常玉红夫妇早早来到了饭店，点好酒菜后等候帮忙的恩人。到了约定时间，胡家辉来了。常玉红要向丈夫夏军介绍胡家辉，只见夏军两只眼睛已经瞪得溜圆，手指着胡家辉惊奇地说：“你……你不是……”胡家辉抢上前握着他的手热情地说：“夏大哥，我是小胡啊。你认出我了吧？”夏军吃惊地问：“你是检察院的？”他扭头对常玉红说：“我认识他，在看守所我们关在一个监号里。”什么？胡检察官与丈夫是看守所的号友？这一下轮到常玉红吃惊了。司法人员怎么会和囚犯关在一起？常玉红突然觉得自己脑子不好使，转不过弯来了。胡家辉不慌不忙，笑着对夏军说："夏大哥，你记不记得咱们监号里有个黑社会性质组织的头子，我进号的任务就是为了从他嘴里挖出保护伞。这是检察院交给我的特殊任务，咱们今天不谈了。"夏军听得一头雾水，他没想到犯人住的监号里，竟然还有一个检察机关的卧底，简直就像电视里演的谍战剧。由于涉及司法机关的秘密，夫妻两个也不敢多问了，只能不断地向胡家辉敬烟敬酒。那天晚上，他们几个喝得都很尽兴。

回到家中，夏军感慨地对常玉红说："这个小胡别看其貌不扬，嘴皮子很会说。在看守所里一直吹嘘他认识很多当官的，没想到他竟然是检察院的，怪不得他在看守所里待了没几天就放出来了。不过，他长的那副样子确实不像是检察院的。"夏军话头一转问妻子："你为我跑事，他向你要钱了没有？"常玉红感激地告诉他："老夏，你不要疑神疑鬼。我给他钱他都不要，说等你出来再说。他为你跑事已经垫了 2 万多元，这钱咱们以后得还给他。"夏军一听放心了，也表态说："对，他为我花的钱一定要还给他。"

送锦旗骗子露真相　被判刑恶行受惩罚

取保候审并不是案件的结束，案件的侦查工作仍然在推进中。不久，夏军参与共同盗窃的案件移送到区检察院，夏军到区检察院再次办理了取保候审的手续。负责审查起诉的检察官告诉夏军："这个案件不久就会移送法院，你可以请辩护人为你辩护。"

夏军回家和妻子常玉红商量要不要请律师，常玉红自豪地说："咱们认识胡检察官，你这个案件就是他们检察院办的，这个关系多直接啊。还请律师有什么用？不是白花钱吗！"于是，夫妻两个商定请胡家辉帮忙。胡家辉一听满口答应，告诉他们："你们算是找对人了，我姐就在法院工作，肯定能帮上夏大哥的忙。"由于胡家辉已经帮忙把夏军取保候审放了出来，现在他又说他姐姐在法院工作，常玉红和夏军更加相信他会摆平这个案件。他们告诉胡家辉需要做什么工作不要客气，尽管吩咐。这个意思就是他们愿意破财消灾。

几天以后，胡家辉来找他们说已经和姐姐约好，她会带着主审案件的法官一起和他们见面，让夏军准备 3 万元送礼。同时，他以前为夏军花了 2 万多元请客送礼，这次希望也一并给他。胡家辉还客气地说：“我花的钱你们给 2 万就行了，那些零头算是我对大哥的一点心意。”常玉红听后心里有些不情愿，因为丈夫夏军现在已经出来了，就不想再花那么多钱办事。她犹豫片刻为难地说：“上次给你夏大哥交保证金的钱我都是借的，现在马上要 3 万元有点紧张。”她不好意思说胡家辉花的那 2 万元也拿不出来。但是，胡家辉听出了她话里的意思，安慰她说：“你在公安局交的保证金以后可以退，现在是关键时候，借钱也要顶上。我花的钱如果你们现在不凑手，那就以后再说。”

胡家辉走了以后，夫妻两个商量后认为，现在确实已经到了关键时刻，借钱也要把事办了，而且胡家辉垫的钱也要还给他，否则他不会全心全意地办事。于是，常玉红又到银行取出来 5 万元，并安排了饭局。胡家辉果然带来两个女人赴宴，他介绍一个是他姐姐，一个是主审法官。夏军和常玉红发现这两个女法官都比较年轻，言行举止有些轻浮，吃饭的时候她们谈到案件，对夏军和常玉红说：“你们找到胡家辉就找对人了，其他人不用再找了，老夏肯定判无罪。”饭后，常玉红把 5 万元给了胡家辉，再三感谢他帮忙。胡家辉接过钱以后笑着说：“我一定把你们的心意转给我姐她们，你们就在家等着好消息吧。”

虽然常玉红和夏军给胡家辉 2 万元以补偿他垫的钱，但是胡家辉实际上花的钱多，他们并没有补足他的费用。常玉红和夏军回家后一致认为胡家辉的姐姐和承办法官由于大权在握，所以说话办事可能有点张狂。胡家辉帮了这么大的忙，如果不继续表示点心意也对不起他。同时，心里也怕他到关键时候不愿意帮忙。可是，现在他们手头确实紧，主观上也不想再花钱。怎么办呢？常玉红灵机一动，对夏军说：“老公，咱们给他送一面锦旗吧！我本来打算等你的案子结束后再送，现在反正案件已经到了法院，法官又表示无罪没有问题，咱们提前送锦旗可以在检察院提高他的名气，对他进步有好处。他心里一定会对咱们很满意，钱的事情估计他也不会再计较。”夏军一听拍手称快：“老婆，我看这招行。”

常玉红和夏军说干就干，他们到街上文印社印制锦旗。常玉红说：“写上‘包公再世’。”夏军说：“不行！他不是检察院的领导，这么写可能招人嫉妒。不如写上‘公正无私’。”常玉红一听有道理：“就这么办，写‘公正无私’吧。”于是，夫妻两个拿着精心制作的锦旗来到了区检察院。

常玉红和夏军到了区检察院门口，门卫看过他们手中的锦旗后，不让他们进去：“检察院没有胡家辉这个人。”他们非常生气：“肯定有这个人！你是保安你不知道。”门卫只好打电话通知院办公室，办公室的检察官下楼把他们夫妻领进检察院，请他们解释这到底是怎么回事。于是，常玉红就把如何认识检察院胡检察官的前因后果讲了一遍，但是，她没有说送钱的事情，只讲胡检察官出于公正之心如何为她老公洗清冤屈。检察官听她讲述着，脸上表情逐渐严肃起来，郑重地对他们说：“我可以负责任地告诉你们，我们检察院没有你们说的胡家辉检察官。我们检察机关办案是有严格程序规定的，不会一个人单独办案和作决定，希望你们不要上当受骗啊！他骗你们的钱没有？请你们把这个招摇撞骗者的信息提供给我，我要向公安机关报案。”常玉红害怕公安机关一插手侦查，自己花钱活动案件的事情败露，就急忙解释说：“可能是我们听错了，他大概不是你们检察院的。不过，我们确实没有花过钱，否则怎么会送锦旗呢。”

从检察院出来后，他们夫妻感到后怕。胡家辉竟然是个骗子，而且还冒充是检察院的。他骗钱事小，如果检察院知道他们花钱跑事，夏军恐怕得再被关进看守所。夫妻两个经过商量后决定，不管这个胡家辉是干什么的，他似乎与公检法还有点关系。所以在案件没有了结之前，千万不能得罪他。等到案件结束以后，看判决结果再决定怎么办。

不久，法院开庭审理了夏军参与的共同盗窃犯罪案件，夏军和妻子常玉红都参加了庭审。夏军站在被告席上，常玉红坐在旁听席上。他们惊奇地发现，法庭的组成人员他们一个也不认识，胡家辉的姐姐和那个主审法官人影都没有见到。法院开庭合议后，认定夏军是共同犯罪中的从犯，判处他有期徒刑三年，缓期五年执行。

虽然不是无罪判决，但是常玉红两口子怕节外生枝，也不敢找胡家辉追究她姐和主审法官的事情。待法院有罪的判决生效后，他们夫妻决定到公安局去领回常玉红交给陈队长的 5 万元取保候审保证金。到了公安局以后，他们一提陈队长和保证金，民警马上知道他们被骗了，立即对他们进行了询问，并且告诉他们："我们这里没有什么陈队长，公安机关也不会采取财保和人保两种方式为犯罪嫌疑人办理取保候审手续。"常玉红和夏军这才明白胡家辉确实是个大骗子，他们马上向民警如实陈述了被骗的经过。

听常玉红夫妻陈述了案情以后，民警对于常玉红和夏军企图通过违法手段逃避法律追究的错误行为进行了批评教育，同时，立案对胡家辉、陈队长和法院姐姐及其同事进行追捕。很快，胡家辉等犯罪嫌疑人纷纷落入法网，警方的侦查工作揭开了案件的事实真相。

原来，胡家辉因为吸毒并涉嫌贩毒被采取刑事拘留强制措施，与夏军关在一个监号中。由于他涉嫌贩毒证据不足，检察院没有批准公安机关对胡家辉的逮捕提请。胡家辉被取保候审，一恢复人身自由，他的毒瘾也开始复苏。到什么地方弄钱呢？这时候，他想起了同监号的夏军。知道他进看守所前是出租车司机，想着他家庭条件肯定不错。于是，胡家辉通过街头小广告联系上了假证贩子，做了一个区检察院的工作证，登门对常玉红开始行骗。为了行骗得手，他精心编造了自己垫钱为夏军活动的事实，赢得了常玉红的信任，然后，他又让那个假证贩子冒充公安局所谓的陈队长收钱。拿到第一次骗取的 55000 元以后，他分给假证贩子 5000 元，其余的钱都进了他自己的口袋。

本来，他准备骗这一笔钱就躲起来吸毒，没想到竟然歪打正着，夏军因为罪行较轻和身体原因被公安机关取保候审。接到常玉红请客的电话后，他觉得这是天赐良机，决定继续行骗。因为夏军是取保候审，所以案件的每一步进展胡家辉都了如指掌。他决定再编一出无罪判决续集，找人扮演在法院工作的姐姐和主审法官，利用夏军急于脱罪的心情继续行骗。他到常去的汽车站附近的一家发廊，花了500元让老板娘给他找了两个年纪偏大的小姐。让她们配合自己冒充在法院工作，酬劳是每人300元。当晚，胡家辉将两个假法官带到饭店，又骗走了常玉红和夏军夫妻5万元．这些钱也变成了他的毒资，冒着袅袅青烟消耗殆尽。

在审查起诉时，关于胡家辉等人的行为是构成一罪还是构成数罪产生了争议。一种意见认为，胡家辉等人冒充公安司法人员进行诈骗的行为，已经分别构成招摇撞骗罪和诈骗罪，应当数罪并罚追究刑事责任；另一种意见认为，胡家辉等人冒充公安司法人员的身份骗取财物的情况，属于一个行为同时触犯了两个罪名，是想象竞合犯，按照从一重罪处断的原则，应当以诈骗罪追究他们的刑事责任。

法点释义：想象竞合犯>>>

想象竞合犯，是指行为人基于一个罪过，实施了一个犯罪行为，同时侵犯数个犯罪客体和罪名的情况。刑事案件的被告人，通常犯罪有一罪和数罪之分。犯一罪的被告人，按照他所犯的罪行进行处罚；犯数罪的被告人，按照他所犯的数罪分别定罪合并处罚。但是，有时是貌似数罪，实为一罪。由于想象竞合犯行为人实施一个犯罪行为时侵犯了数个客体，因此其社会危害性显然大于单纯的一罪。根据我国刑法罪责刑相适应的原则，其所承担的刑罚也应当较单纯的一罪为重。所以，想象竞合犯行为人的刑事处罚应当“从一重罪处断”。

胡家辉等被告人假冒公安、司法人员行骗，表面看似乎触犯了我国刑法规定的招摇撞骗罪和诈骗罪；但是，胡家辉等人只实施了一个诈骗行为，其犯罪事实仅充分符合诈骗罪的犯罪构成。这种似乎符合数个犯罪构成的犯罪形态，属于想象竞合犯，即只是“想象”中的数罪，是处断时的一罪。所以，应以诈骗罪追究胡家辉等人的刑事责任。

不久，胡家辉等人被公诉到当地法院。检察机关认定胡家辉等人为诈骗他人钱财，分工配合，假冒公安司法人员，先后骗得人民币 10.5 万元。胡家辉是主犯，其余被告是从犯，他们的行为均已经构成诈骗罪，应当依法惩处。胡家辉等被告承认自己的诈骗犯罪事实，但是，在犯罪作用上互相推诿。

法院经审理后认为，被告人胡家辉等人为非法获得他人财物，假冒公安司法人员进行诈骗，胡家辉系主犯，其他被告人是从犯。根据我国刑法关于诈骗罪的处罚规定，判处胡家辉有期徒刑五年，并处罚金 4 万元；其他被告人也被判处刑期不等的有期徒刑。

法律链接>>>

● 招摇撞骗罪与诈骗罪的区别

招摇撞骗罪，是指以谋取非法利益为目的，冒充国家机关工作人员招摇撞骗的行为。招摇撞骗行为构成犯罪，一般都具有连续多次的特点。如果行为人仅仅出于虚荣心吹嘘“我爸是李刚”，而未借此实施骗取非法利益的行为则不构成招摇撞骗罪。如果行为人既有给自己涂脂抹粉的行为，又骗取了非法利益（目前仅骗色的行为不算），则其行为构成招摇撞骗罪。我国刑法第 279 条规定：“冒充国家机关工作人员招摇撞骗的，处三年以下有期徒刑、拘役、管制或者剥夺政治权利；情节严重的，处三年以上十年以下有期徒刑。冒充人民警察招摇撞骗的，依照前款的规定从重处罚。”

招摇撞骗罪和诈骗罪都表现为欺骗行为，而且招摇撞骗罪也可以如诈骗罪那样骗取财物，因此这两种犯罪的区别主要表现在：

1. 招摇撞骗罪侵犯的客体主要是国家机关的威信及其正常活动；而诈骗罪侵犯的客体仅限于公私财产权利。

2. 招摇撞骗罪只限于冒充国家机关工作人员进行诈骗；而诈骗罪则以虚构事实、隐瞒真相方式进行诈骗。

3. 招摇撞骗犯罪目的是追求非法利益；而诈骗犯罪目的仅限于公私财物。

4. 招摇撞骗罪构成无犯罪数额要求；而诈骗罪的构成有犯罪数额要求。

常玉红和夏军在一年多的时间里，像坐过山车一样人生几经起伏。虽然夏军没有被判实刑，但是已经戴罪在身。常玉红没有想到，热心公正的检察官，实际上是个大骗子，被骗走的钱也无法追回。在胡家辉被判入狱后，她叮嘱丈夫夏军说："咱们安安稳稳过日子，千万别想天上掉馅饼的好事。"夏军让她放心，自己今后拿回家的钱保证是血汗钱。

案件感言：人情与司法>>>

人们常说，法不容情。但是，我们国家封建司法裁判的传统却是"天理、国法、人情"。所以，作为关系色彩十分浓厚的国家，人际关系往往成为人们办事时首要考虑的问题。因此，有学者称我们现在是熟人社会，而不是规则社会。人们在办事的时候，首先想到的不是法律规定，而是先考虑如何找到熟人或者尽快把陌生人变成熟人。于是，司法的权威一再被藐视，腐败的暗流总是抑制不住，法律文书字里行间充斥着关系户的游说。我们常常会看到一个非常搞笑的现象，每个贪腐的高官站在法庭被告席上的时候，总是喋喋不休地要求司法公平、公开、公正；但是，当他们自己在台上执掌大权的时候，总是把法律的规定置之脑后，任由自己的意志和潜规则行事。这种怪圈循环往复，不绝于世。

其实，再好的人际关系都不可能逾越法律，更不能使违法行为逃避法律的制裁。只有遵纪守法，才能保障自己的各项权益；迷信关系，试图依靠人情凌驾于法律之上，反而有可能上当受骗或者后患无穷，这就是本案给我们的启示。

放火谜案

关键词 教唆犯：灌输犯罪意图　按照作用处罚

2010年的冬季，北方的空气寒冷干燥。一天凌晨一点钟左右，某地119火警电话突然接到了报警，称某仓库发生了火灾。救火车立即拉响警报赶往现场，犀利的警报声在空旷的街道上回响。消防队员赶到着火现场后，发现仓库屋顶和门窗正向外冒着滚滚浓烟。消防队员迅速展开了灭火行动，经过半个多小时的奋力扑救，大火终于被扑灭了。但是，仓库里面的货物已经化为灰烬。仓库的所有人汤志强这时也闻讯赶到了现场，这个中年男人看到财产已经化为灰烬，神情悲戚，痛苦万分。消防队员在清理火灾现场时突然发现了一具女尸，这一发现立即显现出案件不是一件普通的失火案。消防支队封锁了火灾现场并联系公安局刑侦支队。很快，侦查人员赶到了现场。

失火仓库惊现女尸　丈夫情人谁是真凶

女尸蜷缩在失火仓库的大门后面，身体的姿势呈现出斗拳状。民警让仓库所有人汤志强进行辨认。汤志强心里十分害怕，他战战兢兢地上前看了看。由于女尸面部被烟火熏得黢黑，他看了以后说不认识。然后，又疑惑地对民警说："我是从事货物批发销售的，仓库每天下班以后都上锁，她怎么会出现在我的仓库里呢？"侦查人员和消防队员在联合勘查现场期间，另一个男人也来到了现场，他是汤志强相邻仓库的所有人贾明。听说仓库着火的消息之后，他也迅速开车赶到事发现场，担心火灾殃及自家仓库。看到自家仓库完好无损后，他一直端着的心放了下来，上前拍了拍汤志强的肩膀，关切地说："汤老板，人没事就好！损失大不大？"汤志强看着他愁眉苦脸地说："我的货物全都烧光了。"贾明用轻松的口吻安慰他道："留得青山在，不怕没柴烧。"这时，那具女尸被抬了出来。众人纷纷上前围观，贾明也挤上前去。看到女尸后他立即惊恐地叫道："这是陆燕!"汤志强听了大吃一惊，再次挤上前仔细辨认，发现死者果然是陆燕。民警立即问道："陆燕是谁?"汤志强指着贾明说："是他老婆，他叫贾明。"这时，贾明已经蹲在地上掩面痛哭。民警奇怪地问："你们两家的仓库相通吗?"汤志强摇摇头："不通。""那他老婆为什么会死在你家的仓库里?"汤志强摊开双手说："我也不清楚啊。"这时，只见贾明腾地一下站了起来冲向汤志强，他眼睛里向外喷着怒火，上前双手揪住他的衣领大声吼道："你怎么不知道，陆燕肯定是你害死的。"民警急忙上前拉开贾明，问他："贾老板，你说这话是什么意思?"贾明手指着汤志强激动地对民警说："他勾引我老婆，一定是他杀人灭口。"警方根据现场这些情况，立即决定兵分两路，一路民警留在现场继续勘查；另一路民警把汤志强和贾明带回公安局进行询问。

到了公安局以后，民警分别对贾明和汤志强进行了询问。贾明对民警介绍说："我老婆陆燕和汤志强是老乡，由于我们两家做生意是邻居，他们很快就熟悉起来。因为汤志强的老婆在老家务农不在他身边，所以他总是有意勾引我老婆陆燕。"贾明的语气顿了顿，看着民警开明地表示："我出于对妻子的信任，虽然认为汤志强说话下流，但是也没有阻止他们交往。昨天傍晚，我妻子陆燕说要出去找汤志强办点事，我也没有问是什么事，结果她一直到半夜还没有回来。"根据贾明的陈述，他在家焦急等待着陆燕回来，并且不停地看着手表，结果左等右等等到的却是汤志强仓库着火的消息。由于担心自己的仓库受牵连，他急忙到现场查看自己的仓库，没有想到妻子陆燕竟然在汤志强的仓库里被害。民警问："你为什么认定是汤志强杀人灭口呢?"贾明说："我分析，昨天晚上汤志强乘机强奸了我老婆陆燕，为了防止陆燕报警，他杀死陆燕灭口，然后把她拖到仓库里放火，通过自己受灾这种苦肉计的方式，以掩盖自己的犯罪行为。"

在另一间讯问室里，经过民警的询问，汤志强承认了他和贾明的老婆陆燕是情人关系。他说：“自从认识陆燕以后，我一直很喜欢她。加上我们两个人是老乡，所以，有许多共同的话题。陆燕也愿意和我交往；但是，陆燕的老公贾明我不喜欢，因为他做人和做生意都很狡诈。正是看在陆燕的分上，两年前我曾经借给贾明20万元资金，结果贾明以种种理由至今拒不归还。陆燕为此感到对不起我，就成了我的情人。”民警要求他具体讲述两个人的交往情况，汤志强扭扭捏捏地说：“我们两人经常趁着贾明出去进货期间偷偷约会，我甚至还产生了和老家的妻子离婚，让陆燕也和贾明离婚，然后我们两个人结婚的念头。”根据汤志强的陈述，截止到案发时他和陆燕两个人已经偷偷相好了一年。汤志强委屈地跟民警说：“平时我恨不得把心掏出来给陆燕，我又没有强迫她做我的情人，怎么可能杀她灭口呢！”民警问：“那你认为陆燕是怎么死的呢？”汤志强想了想说：“我怀疑是她老公贾明杀的她。我和陆燕成了相好以后，不知道是我的心理敏感，还是事实确实如此，我发现贾明看我的眼神和说话的口气都与以前不一样了。过去他见我虚情假意仿佛像亲人一样热情，我和陆燕好了以后他对我说话有时很冲。可能昨天晚上陆燕回家后，他逼迫陆燕承认了和我的情人关系，然后就泄愤杀人，再把尸体拖到我仓库里放火，企图栽赃陷害我，我一坐牢他就可以借此赖掉那20万元。他这是一箭双雕之计啊！”

贾明指认汤志强强奸杀人，放火是为了掩盖自己的犯罪行为；汤志强否认自己有杀人动机，反而指认贾明泄愤杀人，放火栽赃。那么，陆燕到底是怎么死的呢？

警方排查锁定真凶　敲山震虎案露端倪

在现场勘查的民警获取了监控录像，从中可以看出，案发当天晚上死者陆燕在22点左右进入仓库，除了巡逻的保安以外，没有其他人到过仓库，而视频没有显示陆燕离开仓库。经过现场勘验和尸体检查，汤志强仓库的门锁没有被撬的痕迹，死者陆燕手上戴着橡胶手套，脚上穿着男士的鞋子。仓库地上有掉落的打火机和一串钥匙。尸检报告显示陆燕体表没有外伤，体内有精子，死亡原因是可燃物散发出的有毒气体导致空气含氧量低窒息而亡。

经过警方的侦查，发现汤志强没有作案时间。事发当晚他和陆燕一起在位于中心城区的某酒店吃饭，然后找代驾开车送他们回到汤志强家。小区的监控显示汤志强回家之后一直没有外出，直到保安电话通知他仓库着火了，他才匆匆出门赶到事发现场。汤志强经过辨认，确认陆燕脚上穿的鞋是他的鞋，那串钥匙也是他平时开关仓库的钥匙；但是，汤志强否认自己给了陆燕仓库钥匙。他说："陆燕没有理由跟我要仓库的钥匙，如果她想进仓库，我完全可以带她进去。"

民警提示汤志强，他没有把全部情况向警方说明。汤志强知道民警指的是什么，不好意思地挠着头说了案发当晚他和死者陆燕在一起的情况。汤志强低声说："那天，是我们相好一年的纪念日。陆燕近段时间在跟贾明闹离婚，所以心情一直不好。我当天约她共进晚餐，她答应了。那天见面之后，我点了陆燕喜欢吃的菜，要了一瓶红酒。吃完饭后，我们都喝得有点晕，也可能是酒不醉人人自醉吧。然后，找代驾把我们送回家。到家后我们就上床休息了，中间我们发生了性关系。等我接到电话醒过来时，发现陆燕已经离开了。我还以为她回到了家中，没有想到她竟然被害死在仓库里。"

警方也向贾明通报了案件调查取得的进展，贾明情绪激动地说："汤志强撒谎！那么晚我老婆到他仓库里干什么？她又没有和他合伙做生意。既然她手中有开门的钥匙，肯定是汤志强让她去的。汤志强说他没有杀人是在说谎，肯定是他干的。"民警告诉贾明："我们一定会将案情调查清楚，请你认真回忆继续配合我们警方的调查工作。"

根据侦查工作获取的信息和证据材料，专案组为此召开了案情分析会。民警们普遍认为，汤志强没有杀害陆燕的动机，也没有作案的时间，可以排除汤志强故意杀人的嫌疑。但是，陆燕是死在汤志强的仓库里，并且穿着他的鞋，拿着他仓库的钥匙。这到底是为什么？陆燕穿汤志强的鞋，说明她不想留下自己的足迹；她偷拿钥匙进入汤志强的仓库，说明她要做什么事情。结合仓库着火以及仓库地上有打火机的事实。民警们分析，陆燕因为某种原因在汤志强的仓库里放火，由于当天晚上她喝了不少酒，所以逃跑不及时被毒烟窒息死亡。可是，按照汤志强的说法他和陆燕的感情很好，甚至他们还想分别离婚再组成一个新家庭，陆燕似乎没有理由放火烧汤志强的仓库，烧他的财产和烧自己的财产没有什么区别。案件的侦破至此似乎陷入了僵局，侦查人员决定转换思路，围绕着死者陆燕的行踪和社会关系进行深入的调查。

很快，警方就发现了一个线索，并且这个线索还让民警们困惑不解。那就是警方通过对汤志强和陆燕贾明夫妻居住的小区监控录像回放，发现案发当晚竟然是贾明开车送陆燕去的汤志强家。就陆燕而言，她和情人幽会不瞒着老公反而由老公开车送到约会地点；就贾明而言，明明知道他人对自己老婆虎视眈眈还亲自送上门。这些行为不符合常理啊。事发后，贾明为什么不向警方说明情况？这样的情节不可能忘记啊。难道他与陆燕的死亡有关？

警方为此再次传唤了贾明，民警开门见山地问他："案发当晚陆燕去汤志强家，是你开车送的吗？"贾明听后顿时愣住了，然后神色有些慌张地解释说："我不知道她去汤志强家干什么，她让我顺路送她，我就送了一程，之后我就去办自己的事情了。"民警继续追问他道："那你怎么在案发当天断定是汤志强强奸陆燕后杀人灭口？你凭什么作出这样的判断？"贾明支吾其词道："汤志强一直对我老婆眉来眼去，我估计他肯定会实施暴力与我老婆发生性行为。""既然你认为陆燕去汤志强家会受害，你为什么还开车送她去？"在民警们的犀利发问下，贾明神色紧张，言辞闪烁，显示出他肯定隐瞒了不被人知的事实真相。经过侦查人员的宣传教育，贾明的心理防线彻底崩溃。他自知纸包不住火，无奈说出了实情……

离奇结局惊倒众人　诡计再多难逃法网

原来，贾明和汤志强在做生意上既是邻居，也是竞争对手。不管他怎么改变经营策略，生意总是不如汤志强红火，而且两家的距离越来越大。贾明始终认为汤志强在抢他的生意，心中种下了仇恨的种子。同时，贾明还发现汤志强不但抢他的生意，还打他老婆陆燕的主意。汤志强每次看陆燕时那炙热的眼神他都能感受到，这不禁更让他恼怒万分。不料，随着世界金融危机的爆发，贾明也遭遇到了前所未有的经济危机，甚至连仓库的日常开销都难以维持。如何度过经济危机避免破产？贾明苦思冥想后心生一计，利用汤志强对陆燕垂涎已久的欲望，让陆燕向汤志强开口借20万元。果然，陆燕顺利地从汤志强那儿借到了钱，暂时的难关渡了过去。由于汤志强成了债权人，他追求陆燕的行为更肆无忌惮；贾明成了债务人，吃人家的嘴短，拿人家的手软，他看在眼里恨在心上，只能回家跟老婆陆燕生气。后来，汤志强向他要过几次账，贾明都以种种理由进行推脱。陆燕看不过去了，就瞒着贾明和汤志强好上了。随着陆燕对汤志强了解的加深，她更看不起贾明了，动不动就拿汤志强和他比。不管什么事情开口闭口就是你看人家汤志强如何如何，你贾明如何如何，这辈子我嫁给你算是倒霉了，并且开始闹着要跟贾明离婚，说自己不想再过苦日子了。贾明一方面要维持生意别垮了，另一方面还要应对家庭危机，可以说是腹背受敌。贾明认为这一切都是汤志强造成的，他不但毁了自己的生意，连自己的老婆都想据为己有，他绝不能坐以待毙。

案发前一周，汤志强再次找贾明要钱。他直截了当地对贾明说："老贾，我要扩大生意规模，需要回笼资金，希望你尽快把借的钱还给我。"这寻常的讨债行为在贾明看来就是赤裸裸的挑衅，自己的生意已经岌岌可危了，他却要扩大生意规模，这不是要置自己于死地吗！再说，自己生意一直不好，现在也没有钱还给他。贾明决定绝地反击，他晚上回到家中以后，郑重其事地对陆燕说："只要你肯帮我一个忙，我就同意和你离婚，还你自由之身。"陆燕早已经一门心思要跟他离婚好嫁给汤志强，之前她怎么闹贾明都不同意离婚；现在贾明竟然主动提出来了，陆燕当然要抓住这个机会。所以，她决定不管他提什么条件，都一口答应。贾明告诉陆燕："我的条件很简单，只要你能帮我把欠汤志强的20万元债务免掉，我立刻跟你办离婚手续。"听了贾明提出的要求，陆燕马上后悔自己答应得过于草率了。汤志强的生意虽然好，但钱也是辛苦经营挣来的，陆燕根本没有把握劝说他放弃20万元的债权。陆燕迟疑地对贾明说："你能不能换个条件？这件事我没有把握。"贾明看到她无能为力，就冷笑着讥讽道："看来你还没有抓住汤志强的心啊，时机不成熟就想和我离婚是不是早了点。”他皱着眉头想了一会儿，突然想出一条妙计。他凑近陆燕说出了自己的精心策划：让陆燕偷走汤志强仓库的钥匙，然后去仓库里放一把火把货物烧了。贾明咬牙切齿地说：“既然我欠的债务不能免掉，也要让姓汤的尝尝失败的滋味。”贾明一边给陆燕面授机宜，一边想象着汤志强失魂落魄的样子，听得陆燕不免害怕起来。她对贾明说：“这事我不干。”贾明咬着牙说：“你要想离婚，只有这一个条件。否则，门都没有。”陆燕害怕地说：“烧了仓库，我会被抓起来的。”贾明哄骗她说：“你以后要和汤志强结婚的，这实际上是你烧自己家的仓库。再说汤志强的钱早已经赚得差不多了，仓库里的货不过是九牛一毛而已。而且，你只要按照我的计划行事，肯定万无一失。”

陆燕为了换得自由身决定铤而走险，她天真地认为即使汤志强以后知道仓库是贾明唆使自己放火烧的，毕竟他和自己搞婚外情在先，这点损失就当是对贾明的补偿，估计他也会原谅自己的。陆燕和贾明两个人计划好之后，案发当晚，贾明利用汤志强约陆燕吃饭的机会，开车把她送到汤志强家的小区门口。然后回家坐等陆燕放火成功的捷报传来。而陆燕晚上和汤志强吃完饭回到他家后，等汤志强疲劳熟睡之后，找到仓库的钥匙，穿上他的鞋，拿着打火机偷偷进入汤志强的仓库。于是，发生了案件开头的那一幕。陆燕为这个获得爱情的愚蠢想法，搭上了自己的性命。

根据贾明的供述，警方还原了案发当天的事情经过：陆燕开锁进入仓库之后，害怕有人突然闯进来就把门反锁上了。仓库里的货物都是易燃物品，她点火之后，火势迅速蔓延。仓库是相对比较密闭的空间，里面的窗户高而小，有毒气体很快弥漫了整个仓库。酒后的陆燕处于慌乱之中，穿着汤志强的鞋行动不便，怎么都无法打开被自己反锁的门，最终没能逃离火场。

汤志强仓库着火和陆燕死亡一案终于侦破了，鉴于贾明的行为已经涉嫌构成放火罪，警方对他采取了刑事拘留的强制措施。

法点释义：放火罪>>>

放火罪，是指故意放火焚烧公私财物，危害公共安全的行为。本罪侵犯的客体是公共安全，即不特定多数人的生命、健康或重大公私财产的安全。放火行为一经实施，就可能造成不特定多数人的伤亡或者使不特定的公私财产的重大损失，是严重的刑事犯罪之一。我国刑法第114条规定："放火、决水、爆炸以及投放毒害性、放射性、传染病病原体等物质或者以其他危险方法危害公共安全，尚未造成严重后果的，处三年以上十年以下有期徒刑。"第115条第1款规定："放火、决水、爆炸以及投放毒害性、放射性、传染病病原体等物质或者以其他危险方法致人重伤、死亡或者使公私财产遭受重大损失的，处十年以上有期徒刑、无期徒刑或者死刑。"

经过公安机关的侦查和检察机关的审查起诉，贾明放火案被起诉至当地中级人民法院。

汤志强也在律师的帮助下根据我国刑事诉讼法的相关规定对贾明提起了刑事附带民事诉讼，要求贾明赔偿其各项损失共计60余万元。

法点释义：刑事附带民事诉讼>>>

刑事附带民事诉讼，是指司法机关在刑事诉讼过程中，在解决被告人刑事责任的同时，附带解决因被告人犯罪行为造成物质损失的赔偿问题而进行的诉讼活动。这就是老百姓俗话说的，又打又罚。我国刑事诉讼法第99条规定："被害人由于被告人的犯罪行为而遭受物质损失的，在刑事诉讼过程中，有权提起附带民事诉讼。被害人死亡或者丧失行为能力的，被害人的法定代理人、近亲属有权提起附带民事诉讼。……如果是国家财产、集体财产遭受损失的，人民检察院在提起公诉的时候，可以提起附带民事诉讼。"人民法院在必要的时候，可以查封、扣押或者冻结被告人的财产，并可以调解或者根据物质损失情况作出判决。由于法律规定的附带民事诉讼解决的是物质损失，所以精神损害赔偿的请求不得提起，只能通过民事诉讼的途径进行。最高人民法院将刑事附带民事诉讼的范围界定为："被害人因人身权利受到犯罪侵犯或者财物被犯罪分子毁坏而遭受物质损失的，有权在刑事诉讼过程中提起附带民事诉讼；被害人死亡或者丧失行为能力的，其法定代理人、近亲属有权提起附带民事诉讼。因受到犯罪侵犯，提起附带民事诉讼或者单独提起民事诉讼要求赔偿精神损失的，人民法院不予受理。”

公诉人在法庭上指控，被告人贾明为报复他人，故意指使陆燕纵火烧毁汤志强的仓库，其行为不仅使公共安全受到威胁，还导致陆燕死亡和汤志强财产损失。贾明的行为已经构成放火罪，手段恶劣，后果严重，危害较大，希望人民法院依法对其进行惩处。

被告人贾明在法庭上自我辩护说：“我虽然提出了烧汤志强仓库的想法，但放火的行为不是我实施的，打火机也不是我提供的，这些行为都是陆燕自主实施的。我虽然有错误，但是陆燕和汤志强私通有错在先。我的行为不构成犯罪，希望法院秉公判决。”

根据贾明的自我辩护，本案的法律焦点就是没有实施纵火行为的贾明是否构成放火罪？

法律链接>>>

● 教唆犯的处罚

教唆犯，是指以劝说、利诱、授意、怂恿、收买、威胁等方法，将自己的犯罪意图灌输给本来没有犯罪意图的人，致使其按教唆人的犯罪意图实施犯罪。教唆他人犯罪，应当按照他在共同犯罪中所起的作用处罚，即教唆行为在共同犯罪中所占的地位和它的实际危害，对在共同犯罪中起主要作用的应按照刑法关于主犯的处罚规定处罚。贾明出于报复汤志强的动机，以和陆燕离婚为诱饵，指使陆燕放火焚烧汤志强的仓库。其主观方面是故意放火，客观方面教唆陆燕实施放火行为，实际上与陆燕形成了共同犯罪。他是教唆犯，陆燕是实行犯。我国刑法第 29 条规定：“教唆他人犯罪的，应当按照他在共同犯罪中所起的作用处罚。教唆不满十八周岁的人犯罪的，应当从重处罚。如果被教唆的人没有犯被教唆的罪，对于教唆犯，可以从轻或者减轻处罚。”由此可见，贾明的刑事责任并不因为陆燕的死亡而免除，他仍然应当承担放火罪的刑事责任。

经过庭审，法院认定被告人贾明教唆陆燕采用纵火的方式危害公共安全，致一人死亡，并使他人财物遭受重大损失，其行为已构成放火罪。公诉机关指控的事实和罪名成立，本院予以确认。被告人贾明辩称自己没有实施点火行为从而无罪的观点不能成立，本院不予支持。最后，法院根据贾明犯罪的事实和危害后果，依照刑法和刑事诉讼法的有关规定，判处其有期徒刑十五年，剥夺政治权利三年，赔偿附带民事诉讼原告汤志强合理经济损失50余万元。

面对法院的判决贾明痛哭流涕，他没有想到自己为了躲债而耍的小聪明最终酿成大祸，不但自己身陷囹圄，还害死了妻子。而汤志强也没有想到，让他蒙受重大损失的竟然是他的情人陆燕，而且放火的理由还是为了和他终身相守。案件发生后，汤志强没脸在当地继续经营下去了，便回老家带上妻子远走他乡。

案件感言：罪与非罪一瞬间>>>

这起离奇的放火案，导致两个家庭付出了沉重的代价。红杏出墙的妻子和躲债报复的丈夫，以及插足的汤志强三人，他们之间的私欲最终变成了熊熊的火光。

在日常生活和经营中，人们的利益诉求无处不在，既有物欲也有性欲。就经营而言，债权人和债务人是一对矛盾。有些债务人借钱的时候是孙子，还钱的时候就变成了大爷；债权人得求爷爷告奶奶，还不一定能要回欠款。就生活而言，偏离婚姻家庭轨道的诱惑无处不在，把握得好家庭和睦，把握得不好家庭离散。而罪与非罪就在这转瞬之间，犹如魔鬼藏在我们灵魂的深处，在人生失意时它总是蠢蠢欲动。如果人们遇到问题能够坦荡真诚，遇到相助懂得感恩戴德，或许像本案这样的悲剧就能避免！

真假金佛

关键词 胁迫：精神被非法强制

郭亮常年在广东某地打工，与妻子分居在两地，只能每年过年的时候回家团聚。2009 年年初，进入农历腊月以后，妻子李萍就多次打电话问他什么时候回家。郭亮本来也想早点请假回家，但是，公司老板为了完成销售订单公布了一个政策：凡是在农历十二月二十日至二十八日期间坚持在公司工作的，除了多发一倍的工资以外，公司报销员工回家过春节的来往路费。郭亮为了多挣点钱，就决定干到农历十二月二十八日再回家。到了农历十二月二十八日的晚上，他怀揣着辛苦一年攒下来的两万余元，兴冲冲地来到了火车站，提着大包小包进了候车室。

回家路上遇老乡　购买金佛上大当

郭亮在候车室坐下来后，开始整理自己带的东西。这时，身边过来一个背包的中年男子，他客气地问郭亮："兄弟，往安徽去的火车是不是在这里候车?"郭亮抬头看看他说："对，就在这里。"那个男人听后高兴地对他说："你是安徽的口音，咱们是老乡啊！我叫王福临。"郭亮也听出来王福临的安徽口音。俗话说，老乡见老乡，两眼泪汪汪。郭亮与王福临愉快地交谈起来，他们聊了各自打工的企业情况，对比了双方的工资待遇。郭亮发现自己公司比王福临的公司工资高，待遇好，心里一骄傲就告诉王福临自己一年攒下 2 万多元。王福临听后也为他高兴，他对郭亮神秘地说："兄弟，你虽然收入比我高，但是我今年也不错，发了一笔横财。"郭亮一听顿时来了兴趣："你发了什么横财?"王福临小心翼翼地看看左右，神秘地对郭亮说："我们在盖厂房的时候从地下挖出了财宝。”郭亮好奇心更强了，急忙问：“老乡，是什么财宝?”王福临犹豫了一下，然后告诉他：“是金佛。”说着，他伸手比画了一下大小，然后说：“一共有五个。”郭亮急切地要求：“老乡，你让我看看?”王福临摆摆手说：“兄弟，不行，候车室里人太多，不安全。”郭亮看看手机上的时间，离开车时间还有几个小时，就拉着王福临说：“老乡，走！咱们出去找个人少的地方，你让我开开眼界。”

王福临不大情愿地跟着郭亮走出候车室，他们来到火车站广场边上，站在昏暗的路灯下。王福临看看左右无人，就打开了自己的包，从里面拿出一尊小佛像。虽然佛像上有泥，但是在灯光的映衬下仍然金光闪闪。郭亮接过来用手一掂，分量很重，估计有半斤左右。郭亮想仔细端详一下，王福临上前把小金佛拿回来，一边小心翼翼地往包里放一边自言自语说：“兄弟，这是古代的金佛，肯定值很多钱，收藏价值很大。”放完后，他有些沮丧地说：“只是我家里要盖房子急着用钱，回去就得先卖一个。”郭亮听了马上觉得眼前一亮，因为他看过电视台播放的鉴宝栏目，知道现在文物很值钱，加上这是金子做的佛像，肯定更值钱了。所以，他听到王福临说要卖一个小金佛后，就说：“老乡，你卖给我吧?”王福临摇摇头说：“兄弟，不是我不卖给你，我要卖给出价高的人。”郭亮恳求道：“老乡，你就优惠点2万元卖给我吧。你手里不是还有四个吗?我的钱虽然不太多，咱们毕竟是老乡嘛。”王福临看着郭亮恳切的表情，沉吟片刻，终于下了决心：“好吧！反正是我捡来的，卖给你一个吧。”郭亮一听，急忙从内衣口袋里把2万元钱掏出来递给了王福临。王福临把这带着郭亮体温的2万元放进上衣口袋里，然后把一尊小金佛双手递给了郭亮。他对郭亮说：“兄弟，我要找个自动存款机先把钱存上，咱们一会儿候车室见。”说完，他背着包就走了。

郭亮一年的辛苦变成了手中这尊金光闪闪的佛像，他越看心里越高兴。他知道自己赚了，只要一转手，这尊小金佛就会给自己带来巨额的利润。他看到小金佛身上有点脏，就来到站前广场的水池前，蹲下身去清洗小金佛上的泥土。洗了没有几下，他发现有点不对劲，似乎看见自己的手上沾上了点点金粉。他仔细一看，佛像洗过的地方有点发黑。他急忙收手，走到路灯下仔细查看，发现小金佛是假的，外面镀了一层金粉，里面是铁铸的。他顿时如五雷轰顶，心凉了半截，自己一年的心血竟然换来了一个铁疙瘩。他立即发疯似的开始在火车站寻找卖给自己假金佛的王福临。但是，王福临好像人间蒸发了一样，踪影全无。郭亮情急之中，泪如雨下。

挽回损失出邪念　踏上人生崎岖路

自己辛苦一年攒的钱买下的小金佛竟然是假的，骗子老乡又乘机逃走了。怎么办？郭亮痛苦地思考着。如果今天坐火车回家，见了妻子的面如何交代？说自己被骗了妻子会相信吗？自己拿什么孝敬双方父母？过年见到侄子外甥拿什么发压岁钱？不行，现在无论如何不能回家，一定要找到这个骗子。把钱追回来！郭亮把火车票退了，在火车站内外到处寻找王福临。但是，他哪里找得到王福临。绝望之下，郭亮只好到火车站派出所报案，警方记录了他的报案陈述以后，派车把他送到民政部门的救助站。

救助站的工作人员安排他休息，告诉他明天上班以后会联系他家人和当地的民政部门，解决他回家的路费问题。实际上，郭亮身上不是分文没有，他还有回家的路费，只是在目前的情况下他无脸回家，也不能回家。他在救助站里翻来覆去怎么也睡不着，最后决定还是到火车站去找骗子王福临。于是，天亮后，郭亮找了个理由离开了救助站，又来到火车站寻找王福临，结果仍然无法找到这个骗子。

这一天，已经是农历十二月二十九日了。下午，妻子李萍给他打电话问："郭亮，明天就是大年三十了。你什么时候到家啊？"郭亮撒谎说："老婆，公司又来了一批订单，老板不放假了，恐怕还得晚几天才能回去。"李萍不高兴了："你都一年没有回家了，过年了还不回来，你是不是不要这个家了？"郭亮急忙否认："怎么会不要家呢？我这是为了给家多挣点钱嘛。"李萍生气地说："我不需要你挣的钱。郭亮，你马上回家过年。"郭亮甜言蜜语劝了半天，好说歹说才哄住李萍。

通完电话以后，郭亮心里更急了。钱都被骗走了，妻子也发火了，自己现在已经是四面楚歌。怎么办？到哪里才能把这 2 万元的损失追回来呢？郭亮满腹惆怅地想着，突然他灵机一动想到了小金佛，看来只有用它挽回自己的经济损失了。王福临既然能够利用自己贪财的心理拿假的小金佛骗钱，而天底下又不是只有自己一个人贪财，自己不是同样也可以拿假金佛去骗别人的钱吗？谁受损失谁活该，谁让你贪财呢。

为了尽快把自己被骗的钱捞回来，郭亮的脑海里蹦出了骗人的邪恶念头，这时候他的道德观念已经被利益蒙蔽。情急之下，郭亮说干就干，他背着行李混进候车室，开始寻找适合自己行骗的对象。他壮着胆子学王福临骗自己时的样子，试着跟几个像是打工回家的人搭讪。也不知道是这几个人都很谨慎，还是郭亮行骗的技术不熟练，竟然没有人对他的小金佛感兴趣，甚至还有一个人好心劝他："朋友，地下埋藏的文物属于国家所有，你不要再跟别人讲了，免得给自己带来麻烦。"郭亮费了半天劲，竟然没有找到一个可以行骗的对象。他有点沮丧，提着行李出了候车室。

郭亮正漫无目的地行走着，肩膀上突然被人拍了一下。他扭头一看，来者不是别人，正是骗子王福临。真可谓众里寻他千百度，蓦然回首，那人却在灯火阑珊处。郭亮上前一把抓住王福临，张嘴高喊："骗子，你还我的钱。"他的话刚出口，王福临就用手捂住他的嘴说："兄弟，别喊！咱们找个地方聊聊。"

王福临拉着气哼哼的郭亮往远处僻静的街道走去，一边走一边说："兄弟，你放心。你那点钱对我来讲不算什么，只要你听我的话，可以挣很多钱。"郭亮一头雾水，只好别扭地跟着王福临进了一个小饭店。当时，他心里唯一的念头就是：这次见到你了，不把钱退出来我决不罢休。王福临似乎毫不在乎郭亮的态度，他点了几个菜，要了一瓶酒。两个人坐下来喝了起来。王福临说："兄弟，我刚才看到你骗人了。"郭亮发现自己的违法行为已经被王福临看到了，就有点心虚，但是他嘴还很硬："这是因为我被你骗了，已经有家不能回，实在没有办法了。"王福临笑笑对他说："其实，我也被别人骗了。"看着郭亮不相信的样子，王福临解释道："在两个月前，有几个人在路边摆摊说手中有从工地上挖出来的财宝。我看了以后像你一样信以为真，结果把自己在外面几年打工攒下的6万多元都给了对方，买下了几尊假小金佛和其他珠宝。”郭亮心不在焉地听着，他根本不关心王福临是否真的被骗，只关心自己的血汗钱何时要回来。他盯着王福临直截了当地问：“你什么时候还我的钱？”王福临两手一摊对他说：“兄弟，你那2万元我已经汇到家里了。”郭亮听后眼睛一瞪正欲发火，王福临冲他摆摆手说：“兄弟，你放心！你只要跟着我干，我保证在3天以内把你的钱还给你，以后咱们挣钱后可以五五分成。”郭亮疑惑地问：“跟你干什么？”王福临一笑：“就是干你刚才在候车室里干的事情，你没有成功是因为你太急于求成，要先建立起信任才能搞到钱。”王福临给他分析说：“春节期间是挣钱的最好时机，很多外出打工的人都是带着钱回家的。如果咱们两个人配合好，一定很快就会富起来。”郭亮听后想了一会儿，为了要回自己的血汗钱，心一横决定跟着王福临行骗，先把自己的损失捞回来再说。

迷途知返良心现　船到江心抛锚迟

郭亮和王福临吃完饭后来到火车站附近的路口，王福临用旧报纸铺地，把自己的假金佛和几块假玉石放在地上。郭亮背着行李蹲在王福临的对面，一看到有人路过，他就按照王福临教他的办法，两个人假装讨价还价。他拿着一个小金佛对王福临说：“你便宜点卖给我吧。”王福临假意说：“先生，不行。你给的价格太便宜了，我这是金佛啊。”郭亮劝道：“反正你是地下挖出来的，少卖点钱好了。”如果路人好奇围观，他们假戏真做演得就更逼真了。结果，还真有一个人拿起这个小金佛反复看了以后问王福临：“你要卖多少钱？”郭亮装作气愤抢着回答：“我给他15000元，他还不卖。”王福临不理郭亮，对那个人伸出三个指头说：“我要3万元。”那个人摇摇头，放下小金佛：“太贵了。”郭亮在旁边接话对王福临说：“你还是卖给我吧，你说是唐代的，我看不像啊。”王福临还是不理睬他，急忙起身拉住那个人：“大哥，你愿意出多少钱？”那个人又转身，蹲下仔细看了看小金佛说：“他出15000元，我给你16000元。”王福临一听又坐了回去：“你出的价太低，能不能再加一点。”那个人再看看小金佛，下定了决心：“我再加 1000 元。”王福临做出还不甘心的样子说：“这样吧，我 18000 元给你了。如果不是急着给老母亲看病筹钱，你给我 28000 元我也不卖。”那个人听罢毫不犹豫地拿出 18000 元买下了小金佛。郭亮假装生气地说王福临：“老板，你太贪财了。”又埋头看其他的珠宝。等那个人走远以后，两个人马上收拾东西溜回王福临的住处。王福临得意扬扬地数着手中的钱，郭亮充满期待眼巴巴地看着，恨不得伸手把钱都抢过来。王福临数完钱看看他说：“我买假珠宝也有成本，看你今天很卖力，先给你 10000 元吧。”

郭亮终于从王福临手中拿回了一半的钱，他发现这样来钱还真快。不偷不抢，只要表演得好，就不怕别人不上当。他决定不再回家过年，对老婆和家里人谎称自己春节加班，开始跟着王福临行骗。春节期间，他们一天换一个地方，分别在长途客运站、火车站、桥头、路边，开始表演买卖财宝的双簧，一唱一和地进行诈骗。很快，郭亮就分得了 2 万余元赃款。

在春节期间，郭亮的妻子李萍不甘心，连续打了几个电话催他回家，都被郭亮以工作忙为由回绝。李萍心里还是不放心，觉得郭亮的表现有点反常，说不定在外面有了相好。于是，过了农历正月初十以后，她决定出门找郭亮，看看他到底在干什么。

李萍没有事先告诉郭亮，自己买了火车票以后，坐着动车就来了。到站下了火车以后，她不知道到什么地方去坐公交车，就想找人问一问。站在火车站广场上，她看到不远处路边有两个人在说话，其中一个人还背着行李。她就走上前去，听见他们正就买卖地摊上的佛像和玉器进行讨价还价。她大声问：“大哥，请问去汽车站怎么走?”蹲在地上的人一回头，她才发现这个人不是别人，正是自己的丈夫郭亮。郭亮这时候也发现来者是妻子李萍，有些尴尬地站了起来。李萍问他：“郭亮，你在这儿干什么?”郭亮一时不知道如何回答是好。李萍气得又问：“过年你不回家，现在背着行李在这里买什么东西?”王福临一看是郭亮的老婆来了，就示意他把李萍拉走。郭亮拉着李萍说：“老婆，走，咱们找个地方说话，我正准备回家呢。”说着，他带着李萍往街里的方向走去，两个人找了个饭店坐下来吃饭。

李萍问郭亮："你买的是几点的火车票？"郭亮做贼心虚，支支吾吾说不清楚，只好承认："我还没有顾上买火车票。"李萍怀疑地问他："你回家都带什么东西了？"郭亮尴尬地回答："没有带什么。"李萍不相信，打开他的背包，发现里面只有一些废报纸。这时候，她已经肯定郭亮确实与以前不一样了，心中的疑问更大了。她严肃地问道："郭亮，你到底在干什么？"郭亮一看纸里包不住火了，急忙结了账拉着李萍到了饭店外面，把自己被骗以及又骗别人的经过给李萍说了。李萍听了以后流下了眼泪，对他说："郭亮，你为什么不告诉我？咱人穷志不短。人家骗了你，你难受；你骗别人，别人不难受吗？做人办事要讲良心，你再也不能跟这个骗子骗下去了。"郭亮已经尝到了骗钱的甜头，还不想放弃这个轻松来钱的"生意"。他说："老婆，现在讲良心没用，只要能弄到钱就行，上当的都是贪财的，不值得同情。"李萍哭着劝他迷途知返："你干这种事是违法的，早晚会有报应。你不想想如果你被抓了，父母和孩子怎么办啊？"郭亮慢慢地被妻子的话打动，良心开始慢慢复苏。最后，他决定跟着妻子回家，不再和王福临行骗了。

郭亮和李萍一起来到火车站，在售票处的外面排队买票。这时，几个穿便衣的人来到郭亮身边，把他拉出队伍控制起来："我们是公安局的，跟我们走一趟。"原来，郭亮和王福临频频在火车站和汽车站行骗，被害人已经向警方报案，他们的特征已经被警方掌握。当郭亮出现在火车站以后，马上被便衣民警发现，并迅速被抓了起来。就在郭亮准备改恶从善的时候，他变成了犯罪嫌疑人。

到了公安局以后，在民警的教育讯问下，郭亮如实交代了自己从被骗到骗人的事实经过，并且表示愿意配合公安机关抓获王福临。郭亮按照民警的要求给王福临打电话，王福临的电话已关机。他带着民警来到了他们摆摊行骗的地方，发现王福临已经不在了。他又带着民警来到他和王福临住的小旅馆，服务员说："王福临在几个小时前已经退房了。"民警查看了王福临入住的登记信息，发现他使用的是假身份证。民警们明白他们是在和一个老狐狸打交道，分析了案情以后，他们认为王福临是在看到郭亮的妻子以后，心里产生了不安全感，所以转移了居住地点。但是，他不知道郭亮已经被警方抓获，所以，还不会完全销声匿迹。如果策略得当，还有希望把他抓捕归案。到了晚上，郭亮在民警的安排下再次给王福临打电话。这时候，王福临的电话接通了。郭亮告诉他："我已经把老婆骗走了。"王福临半信半疑："你是怎么骗的?"郭亮笑着说："女人不就是为了钱吗？我把你给我的钱都给她了，让她先带回家。告诉她明后天我把剩余的工资领回来后就回家。"王福临听了以后不置可否地"嗯"了一声。郭亮问他："你怎么搬走了?"王福临也不回答，反问道："你现在在哪里?"听郭亮说完以后，他说："你到火车站前的十字路口来。"民警一听，王福临安排的地方是个繁华杂乱的地方，易于伪装和逃跑，决定周密安排将他捉拿归案。

经过一天的侦查讯问，民警发现郭亮良心未泯，尚是可救之人。于是，决定带郭亮去抓捕王福临。他们向郭亮讲清了利害关系，郭亮表示一定配合好，争取立功赎罪。于是，郭亮坐上出租车，便衣民警乘坐民用牌照的车子跟在后面，火车站前的十字路口周围也布置了警力。郭亮到了以后，给王福临打电话。王福临说："你在那儿等着。"说完，就把电话挂了。郭亮按照民警的安排，趴在过街天桥上，若无其事地看着车来车往的夜景。这时候，一个身高和王福临差不多的人走过来，他问郭亮："你是郭亮吗?"郭亮一看这个人不认识，就问他："我是郭亮，你找我有事吗?"这时候，埋伏在周围的民警以为王福临出现，就悄悄围拢过来。郭亮急中生智，高声对那个中年男人说："我不认识你，你认错人了。"走近的民警一听马上醒悟，装作路人从他们身边走过。那个人对郭亮解释："你是不认识我，我是卖报纸的。刚才有个人让我告诉你，他在马路对面的兰州拉面馆里等你。"说完，那个男人就走了。原来，狡猾的王福临掏钱让那个男人捎口信，实际上是想试探一下有没有警察跟着郭亮，幸好刚才民警没有暴露身份。郭亮朝马路对面的兰州拉面馆走去，四周的民警也随着他移动。进了拉面馆，他看见王福临正微笑着等他，他们坐下以后点了两碗面，还没有端上来，民警们出现了，王福临被当场抓获。

王福临和郭亮的诈骗犯罪事实很快被查清，他们被检察机关起诉到法院。检察机关认定王福临在共同诈骗犯罪中是主犯，郭亮是从犯；王福临诈骗数额巨大，郭亮诈骗数额较大，郭亮有立功情节，建议法院依法予以惩处。

法点释义：主犯、从犯>>>

主犯，是组织、领导犯罪集团进行犯罪活动或者在共同犯罪中起主要作用的行为人；从犯，是在共同犯罪中起次要或者辅助作用的行为人。主犯在共同犯罪中居于提出犯意、策划指挥、积极实施的重要地位；从犯则处于服从和配合的次要地位。主犯要对全部犯罪事实承担责任，并且从重处罚；从犯对于自己参与的犯罪承担责任，并且从轻处罚。检察机关根据王福临和郭亮共同犯罪的事实，做出主、从犯的认定是符合客观事实和法律规定的。

在法院开庭审理的时候，郭亮在法庭上自我辩解道："我是受害人，不是主动犯罪，是被王福临逼迫犯罪，属于胁从犯。我协助公安机关抓获了同案犯，有立功表现，希望法院能够对我免除处罚。"

法律链接>>>

● 胁从犯

胁从犯，是指行为人在他人对其施加精神强制胁迫，处于恐惧状态下，不敢不参加犯罪。所谓胁迫，是指为达到非法的目的，采用某种方法造成他人精神上巨大的压力或直接对他人肉体施加暴力强制的行为。我国刑法第 28 条规定："对于被胁迫参加犯罪的，应当按照他的犯罪情节减轻处罚或者免除处罚。"

从本案来看，郭亮 2 万元被骗，使他一年的辛苦钱化为乌有，他确实身处困境。但是，王福临并没有对他的人身和精神施加威胁或者控制，郭亮走上犯罪道路是在自己犯罪念头驱使下的主动行为。而王福临也是发现他可以作为共同犯罪搭档，才现身说服他合伙行骗。所以，郭亮的辩解不能成立。

开庭审理后，法院没有采纳郭亮关于自己是胁从犯的辩解意见；但是，根据他在共同犯罪中的从犯地位以及悔罪立功表现，依照我国刑法对其减轻处罚，判处有期徒刑一年，缓刑一年；判处王福临有期徒刑六年。同时，对他们处以罚金。

判决生效后，郭亮回到了自己的家乡。时光已经流转至夏季，阳光灿烂，绿叶摇曳。但是，郭亮的心里还没有解冻，他仍然经历着漫长的冬季，何时能走向生命的春天，还是一个让人揪心的未知数……

案件感言：生活经验和法律知识>>>

人生成长的过程，就是一个经验积累的过程。我们常说，吃一堑，长一智。也就是说，人生的经验，特别是刻骨铭心的教训，都是对失败的总结。一个人的生活道路，即使不断跌跟头，总结的生活经验也还是有限的。而法律则不然，它是全体人民意志的体现，是群体智慧的结晶，它总结了生活方方面面的规则，规范了人们各种行为的界限。任何人只要遵循法律，就会受到法律的保护；背离法律，就会受到法律的制裁。

郭亮想发财没有过错，但是，君子爱财，取之有道。当他在回家的路上被骗之后，教训使他产生捞本的想法。由于法律知识的匮乏，他并没有在规则的范围内止损，而是走上诈骗犯罪的道路。在挽回损失的同时，也把自己送上了法律的审判台。所以，一个人不管干什么工作，不管有多少知识，都需要一个人生准绳：法律！你不需要成为法律专家，只需要增长法律意识，凡事想想、问问是否合法；你不需要精通法律条文，只需要懂得恶有恶报，善有善报的道理，做事时有所忌讳。尊重法律，你的人生旅途就会平坦顺利；漠视法律，你的人生就会崎岖坎坷，付出自由甚至生命的代价。

正可谓，道路坎坷寻常事，误入歧途两重天。

神秘失踪

关键词 过失犯罪：疏忽大意和过于自信

2011年11月，秋高气爽，艳阳高照。常宏伟和黄鹂这对恋人迎来了甜蜜幸福的一天，他们走进了婚礼的殿堂。那天晚上，他们在一个环境优雅的度假村里举行了结婚典礼，并在那里度过了他们难忘的新婚之夜。

第二天早上，窗外传来了鸟鸣声，窗帘的缝隙处已经渗入明亮的晨光。常宏伟和黄鹂没有起床，他们幸福地相拥在一起。这时，突然响起了敲门声。婚礼当晚常宏伟喝了不少酒，脑袋发蒙还有点疼，他听到敲门声以后没有动。新娘黄鹂睡意蒙眬地问："谁啊?"外面回答："请开门，我们是公安局的。"常宏伟和黄鹂一听是警察陡然惊醒，心中顿生疑惑：警察来敲门干什么？是不是找错门了？这时，外面又传来催促的声音："快开门！我们是来执行公务的。"黄鹂推了推常宏伟，然后自己穿衣下去开门。门开了，进来几个穿制服的民警，他们向常宏伟和黄鹂出示了警官证，然后问常宏伟："先生，你是不是叫常宏伟?"常宏伟点了点头。民警出示传唤证对他说："我们找的就是你，请你跟我们走一趟。"常宏伟只好起床穿衣服。黄鹂满脸疑惑地问："常宏伟怎么啦？你们为什么要带他走?"一个年纪稍长的带队民警严肃地对她说："黄小姐，按照规定我们现在不能跟你说，等我们侦查清楚以后，会通知你的。"说完，他们给新郎常宏伟戴上手铐，把他押上警车，然后鸣笛而去。

大喜之日厄运至　福祸相依现冤魂

看着奔驰远去的警车，黄鹂不知道老公常宏伟出了什么事，吓得六神无主，她急忙打电话通知了家人。她父母和常宏伟的父母先后闻讯赶到，大家在一起琢磨了半天都想不出常宏伟会干什么坏事。于是，他们商定一起去公安局了解情况，当他们赶到公安局时已经是下午时分。办案民警接待了他们，表情严肃地告诉他们，新郎常宏伟涉嫌故意杀人罪，被害人叫张晓红。他现在正在接受讯问，不方便透露更多的情况。听到张晓红的名字，新娘黄鹂立刻精神崩溃了，哭泣着瘫倒在地。

原来，张晓红是常宏伟的前女友，也是黄鹂的闺蜜。一年半以前，张晓红开着男朋友常宏伟的越野车突然失踪。张晓红的家人一面报警一面四处寻找，黄鹂和常宏伟也急切地加入了搜寻队伍。但是，张晓红仿佛从人间蒸发，人车都毫无音讯，警方经过多方调查也没发现任何线索。女友突然失踪，常宏伟十分痛苦。他认真回忆着对黄鹂说："晓红当天跟我说要去找人办事，借我的轿车自己开走了，此后就一直联系不上她。"而黄鹂知道闺蜜张晓红对常宏伟不是很满意，经常说他文化程度不高，两个人在一起没有多少共同语言，想和他结束恋爱关系。所以，黄鹂猜测张晓红可能为了和常宏伟断绝恋爱关系躲起来了，就安慰常宏伟："你不用担心！张晓红从小就很浪漫，一直想周游世界，她或许追随着三毛的足迹流浪去了。玩够了以后，自己就会回来的。"

虽然家人和朋友都抱着幻想，认为可能是工作生活压力太大，张晓红为了追求心灵的解脱，自己到了无际的远方。但是，随着时间的推移，张晓红一直杳无音信。常宏伟没有放弃寻找女友，经常和女友的闺蜜黄鹂互通信息。黄鹂知道常宏伟对张晓红一往情深，每天接送她上下班。他们一起结伴外出游玩时，常宏伟总是殷勤地照顾她们。现在看到常宏伟常常陷入悲伤之中而不可自拔，甚至几次说出自己也不想活了的绝望言语。黄鹂心里就觉得张晓红对常宏伟太绝情了，竟然不辞而别，而且还一去不复返。看到常宏伟和张晓红两个人对待感情的态度反差这么大，她心里就为常宏伟对张晓红的真情而感动。于是，黄鹂也经常和常宏伟接触，对他进行温柔的抚慰。时间一长，他们两个人产生了共鸣和好感。在张晓红失踪后一年，他们谈起了恋爱。半年以后，常宏伟和黄鹂决定结婚。在举行婚礼前，他们专门来到了张晓红家，对她父母表示他们会代替张晓红孝敬二老；而他们的结合，也得到了两位老人的衷心祝福。

生活是最好的导演！谁都没有想到，新郎常宏伟在大喜之日竟然因为涉嫌杀害前女友而被抓。失踪已久的张晓红尸体难道被找到了？警方怎么确定新郎常宏伟就是涉嫌故意杀人的犯罪嫌疑人呢？

原来，常宏伟突然成为犯罪嫌疑人并被抓是因为当地的干旱气候。由于当地连续干旱，导致郊区一条河流水位急剧下降，一辆轿车的残骸由此露出了水面。好奇的路人上前查看，他们发现轿车里面有具腐烂的尸体，坐在前排副驾驶的位置上。警方接到报警后，立即赶赴现场。经过调查核实，发现这部车子就是常宏伟所说借给张晓红的轿车，而车上那具女尸就是常宏伟的前女友张晓红。尸骸检验没有发现外力打击的痕迹，判断张晓红是溺水身亡。由于张晓红坐在副驾驶位置上，说明当时开车的另有他人。车和人被发现，表明张晓红既没有外出流浪，也没有自杀，而是非正常死亡。于是，她的前男友常宏伟进入了警方的侦查视线，警方将他列为犯罪嫌疑人。经过研究分析后，决定对他进行传唤讯问。真是无巧不成书，常宏伟此时正举办婚礼，他的个人信息因新婚开房登记进入警方的网络系统。结果，婚礼的第二天早上，他在度假村被抓捕归案。

见死不救瞒真相　无情汉子成新郎

常宏伟被带到公安局以后，面对侦查人员的讯问，他坚称自己没有杀人，仍然像以前一样向民警陈述说自己当天是借车给张晓红，他不清楚张晓红为什么会在车里溺水而亡。民警让他解释：“既然你说自己没有责任，为什么借车的张晓红坐在副驾驶的位置上？开车的人又是谁？谈恋爱时你对张晓红又接又送，为什么当天她办事你借给她车，而不是亲自开车送她去？当天晚上你在何处？谁能够证明？”面对民警这一连串犀利的问话，常宏伟不知如何回答，他低头沉默了。民警适时地教育他说实话既可以从轻处罚，又能减轻他的良心负担。常宏伟听后抬起头来，神情有些犹豫地看看办案民警，伸手要了一支烟。民警给他点上烟，看着眼前朦胧散去的烟雾，常宏伟悔恨地讲出了一段深藏在他心中的秘密。

一年半以前，那是一个周末。此前，张晓红曾经几次跟常宏伟说：“宏伟，咱们分手吧，我觉得咱俩不般配。”但是，常宏伟想不通，他对张晓红一往情深，自觉配得上她。所以，常宏伟决定利用双休日约她到郊外野游，以进一步加深彼此的感情。当天下午，他开着车带张晓红来到了郊外。看到大自然的美丽景色，两个人心情十分放松，张晓红对常宏伟不冷不热的态度似乎也发生了变化。常宏伟看在眼里喜在心上，殷勤地拿出烧烤炉做烧烤给张晓红吃。天色渐渐暗了，阳光在远处的山峦上消失。常宏伟和张晓红支起帐篷，决定就地野营。到了午夜时分，突然外面电闪雷鸣，大雨顷刻间从天而降。他们带的帐篷无法抵御滂沱的大雨，地上的积水也漫进了帐篷中。于是，两个人决定开车回城里。常宏伟开车，张晓红坐在副驾驶的座位上，二人打道回府。由于大雨倾盆，夜色漆黑，虽然雨刮器不停地刷来刷去，前方的视野仍然模糊不清。常宏伟的车在过桥时由于打滑落入河道中，慌乱之中他丢下车里的女友张晓红，凭借自己的体能奋力自救游到岸边。常宏伟爬上岸以后，看着河面暴涨的水流已经淹没了车顶。他惊慌失措地大声呼喊：“救命啊！晓红，你在哪儿？”但是，四野之中回应他的只有霹雳的闪电和轰隆隆的雷声。常宏伟绝望地躺在河岸上，内心充满惶恐。女友张晓红十有八九淹死了，怎么办？她是和自己一起出来的，现在回去能说清吗？自己见死不救，今后人们会怎样评价自己？

天亮时分，雨停了。除了水面上涨和颜色混浊以外，河面平静如昔，仿佛什么都没有发生过，车辆和张晓红都不知所踪。常宏伟双手抱膝蹲坐在岸边，呆呆地看着眼前的一切。经过昨夜的思考，为了逃避责任，他已经下定决心，绝对不能说出事实真相，就对外说张晓红昨晚借自己的车子出去办事了，其他的什么都不知道。乘公交车回到家中以后，常宏伟换了衣服躺在床上睡了一觉。到了傍晚时分，他给张晓红家打电话，若无其事地问：“张晓红回家没有？”张晓红的母亲听后感到很奇怪：“宏伟，她不是和你一起出去了吗?”常宏伟解释说:“阿姨,我们没有在一起。本来我们要一起出去玩的,后来她说自己有事情要办,借我的车子自己开走了。她到现在也没有消息,打她手机提示无法接通,所以我打电话问问她回家没有?”张晓红的母亲一听也有点着急了:“她没有回家啊,我还以为你们在一起呢。我马上给她打电话,如果她回来了我让她给你回电话。”等到晚上九点多,张晓红的母亲给常宏伟打来电话,语气担忧地说:“宏伟,张晓红到现在还没有回家,手机仍然打不通,该不会遇到什么事了吧?”常宏伟说:“阿姨,您别急!我马上过来。”不久,常宏伟赶到了张晓红家,安抚女友神情急切的父母,装模作样地等到了晚上十一点多,然后和张晓红的家人一起到派出所报了案。接下来,常宏伟加入了寻找张晓红的亲友团,并且在寻找中不断做出自己悲痛欲绝的样子。

根据常宏伟的交代,他是因为害怕承担责任,所以隐瞒了张晓红溺水死亡的事实真相。法医经过鉴定,张晓红确实是溺水而亡,证实常宏伟的供述属实。这期间,警方向张晓红的家人通报了案情。张晓红的父母不相信自己的女儿会发生意外而亡,他们提供了张晓红对常宏伟不是很满意,那一段时间曾经跟他们说要结束两个人恋爱关系的事情;还回忆张晓红说过常宏伟和黄鹂比较般配。现在联想到常宏伟和黄鹂已经结婚的事实,怀疑常宏伟因为移情别恋而设计害死了张晓红,甚至不排除黄鹂参与了共同作案。他们强烈要求警方彻查本案。

警方为了进一步查明事情的真相,对黄鹂进行了询问。黄鹂介绍说自己的闺蜜张晓红从小就喜欢幻想,经常说要读万卷书,行万里路。她在和常宏伟谈恋爱期间,确实嫌常宏伟文化程度低,两个人缺少共同语言。所以,张晓红和常宏伟在一起的时候经常拉着她去做电灯泡。出事的那个周末,张晓红事先曾经提出来让她也一起去玩。后来,张晓红又说要和常宏伟摊牌,因此就没有让她一起去。自己虽然对常宏伟有好感,但在闺蜜张晓红和他结束恋爱关系之前,自己绝不会在中间插一杠子。张晓红失踪以后,黄鹂感到很突然,也很失落。常宏伟时常说起张晓红,觉得她失踪自己有责任,不应该把车钥匙给她让她自己开车。黄鹂听了以后既悲伤又感动，就经常和他在一起宽慰他。当常宏伟向她提出了谈恋爱的想法时，黄鹂觉得不能错过这个重情重义的男人，加上张晓红已经失踪很久没有消息。黄鹂觉得她或许真的厌倦了尘世，不会再回到他们身边，因此，决定和常宏伟恋爱，最后嫁给了这个有情有义的男人。

司法追究定责任　过失杀人终难逃

警方根据调查证实，常宏伟和张晓红谈恋爱时，黄鹂虽然对常宏伟有好感，但是碍于姐妹情分和道德约束，她并没有向常宏伟表露出来，两个人的关系属于正常交往。所以，最终确认黄鹂与张晓红的死亡没有关系。但是，常宏伟对于张晓红的死亡有没有责任？警方为此产生了不同的意见。

一种意见认定常宏伟的行为已经构成间接故意杀人罪。他明知雨夜在不熟悉的郊外开车有危险，仍然放任这一结果的发生，并且事后既不报警也不救人，因此，他的行为已经涉嫌构成间接故意杀人罪。

法点释义：间接故意杀人罪>>>

故意杀人罪，就是行为人明知自己行为会发生致人死亡的结果，并且不反对这种结果的发生。根据行为人的主观意志分为直接故意杀人罪和间接故意杀人罪，直接故意杀人积极追求被害人死亡的结果；而间接故意杀人则对被害人死亡的结果抱有无所谓的放任态度，不积极追求，但也不加防止，而听之任之。如持刀捅刺身体主要部位致人死亡者，主观方面是直接故意；而持刀割破血管给人放血后致人死亡者，主观方面就是间接故意。

另一种意见认为目前案件的事实经过只有常宏伟一个人的供述，根据我国刑事诉讼法规定，没有其他证据证实的，不能认定常宏伟有罪和处以刑罚。第三种意见认为常宏伟的行为构成过失致人死亡罪。

法点释义：过失致人死亡罪。>>>

过失致人死亡罪，是指过失致人死亡的行为，包括疏忽大意的过失致人死亡和过于自信的过失致人死亡。疏忽大意的过失致人死亡，是指行为人应当预见自己的行为可能造成他人的死亡结果，由于疏忽大意而没有预见，以致造成他人死亡。过于自信的过失致人死亡，是指行为人已经预见到其行为可能会造成他人死亡的结果，但由于轻信能够避免以致造成他人死亡。过失犯罪都是“误犯”，即“不意误犯谓之失”。我国刑法第 15 条第 2 款规定：“过失犯罪，法律有规定的才负刑事责任。”

结合本案而言，常宏伟确实没有杀害张晓红的主观故意，他不追求也不希望她死亡，所以他主观上没有直接或者间接杀人的故意。但是，客观上常宏伟驾车误入河中的事实造成了张晓红的死亡。因此，这时候正确认定常宏伟的主观认识因素就成为判定他是否承担刑事责任的前提条件。常宏伟作为机动车驾驶员，上路行驶的第一条要素就是要看路况，以保证安全驾驶。这是一般驾驶员都应有的认识，但是他当时急于雨夜开车回城而没有注意到行车安全，从而酿成了车毁人亡的惨剧。所以，他的行为确实符合过失犯罪的法律特征。

警方确定了常宏伟的犯罪性质以后，对他采取了取保候审的刑事强制措施。不久，常宏伟因过失致人死亡罪被起诉至当地人民法院。在法院组织的庭前调解中，常宏伟的家人与张晓红的父母达成了民事赔偿协议，给了一笔可观的赔偿金。张晓红的父母向法院出具了谅解书，建议法院对常宏伟从轻处罚。开庭那天，张晓红的亲属，常宏伟的亲属和新婚妻子黄鹂都到场旁听。公诉人在出示证据之后，指出常宏伟的行为已经构成过失致人死亡罪，建议人民法院以过失致人死亡罪追究其刑事责任。

常宏伟对于起诉书的指控没有意见，他在最后陈述时悔恨地说：“当天事发后我痛不欲生，内心感到深深的自责。曾经一个人几次偷偷来到事发的河边，希望找到失踪的晓红，看到流淌的河水有时候绝望得真想自己也投河死了算了。”常宏伟真诚地忏悔自己的罪行，表示愿意赡养张晓红的父母一辈子。

法院在开庭审理后，根据常宏伟的犯罪事实和他具备的从轻处罚情节，以过失致人死亡罪依法判处常宏伟有期徒刑三年，缓刑三年。

法律链接>>>

● 量刑

量刑，是指司法机关根据刑法规定，在认定犯罪事实的基础上，决定对行为人判处相应刑罚的裁量。量刑标准有法定、酌定之分；有从重、从轻、减轻、免除情节之别。我国刑法第5条规定：“刑罚的轻重，应当与犯罪分子所犯罪行和承担的刑事责任相适应。”第61条规定：“对于犯罪分子决定刑罚的时候，应当根据犯罪的事实、犯罪的性质、情节和对于社会的危害程度，依照本法的有关规定判处。”所以，量刑是综合全案对被告人的处罚。我国刑法第233条规定：“过失致人死亡的，处三年以上七年以下有期徒刑；情节较轻的，处三年以下有期徒刑。……。”两档刑期。而常宏伟案发时的恶劣天气、案发后的寻找以及悔罪态度和积极赔偿都是影响对他量刑的情节。

判决生效后，黄鹂向常宏伟提出了离婚的要求，她气愤地说：“常宏伟，咱们离婚吧！你的欺骗行为无论从道德上还是从情理上，都令人难以原谅和理解。”常宏伟恳求黄鹂再给他一次机会。黄鹂摇摇头说：“不行！跟你这样自私懦弱的男人在一起，我良心一辈子都不得安宁。”常宏伟看到婚姻确实无法维系下去了，就和黄鹂协议解除了婚姻。离婚后，他觉得自己没脸再在当地生活下去，就远走他乡另谋生计。

案件感言：见死不救的法律困局>>>

常宏伟因为疏忽大意过失致人死亡被追究了刑事责任，但是，他见死不救以及隐瞒真相的自私行为，不能给予法律上的处罚，只能在道德上加以谴责。近年来，见死不救的事例频频出现。广东省佛山2岁女童小悦悦遭两车碾压，而18名路人漠然相视；许多地方的老年人倒地，众人围观却无人伸手相扶。这些报道在社会上引起了广泛反响，人们感叹千年古国的优良道德已经沉沦，疾呼将见死不救纳入刑法调整。

但是，法律不是万能的。刑法作为最严厉的惩罚工具，调整的范围更需慎重，以公权力的强力侵入私权利的空间和道德的领域未必是社会稳定的最佳选择。与其立法惩罚见死不救者，还不如立法保障见义勇为者。做人不能没有道德观和责任感，政府和社会要提倡和维护优良传统和道德。这样才能避免小悦悦事件的悲剧重演，人们的血管里才能流淌着高尚道德的血液。

微信“好友”

关键词　数罪并罚：犯有数罪　合并处罚

年轻漂亮的徐虹是一个时尚潮人，每天拿着智能手机刷微博、发微信几乎成了她的必修课。徐虹在一家公司做行政工作，平时工作比较清闲，自从她把微信头像换成自己靓丽的照片以后，就收到了很多添加好友的请求。每次收到添加请求，徐虹都先看看请求人的资料和照片。如果看着跟自己年龄相仿，照片又比较顺眼就加为好友。

手机摇出“好友”　酒后求欢被拒

2011年10月的一个晚上，徐虹正在家中用手机上微信浏览，发现微信上一个陌生人要添加她为好友。徐虹按照惯例看了看他的照片，发现他和自己年龄相仿，又长得挺阳光，就点击了接受。一会儿，这个男孩发来一条语音信息，说自己姓王，既是王爷的王也是王八的王，名长生。他幽默的自我介绍逗得徐虹莞尔一笑。两个人你一言我一语地聊到了凌晨三点钟，徐虹打着哈欠跟王长生说：“睡吧，陌生的朋友，我明天还得上班呢。”王长生欣然应允，两个人互道晚安下了线。

自从认识王长生后，徐虹有些刻板无聊的生活顿时妙趣横生起来。王长生很会逗乐，似乎生活对他而言毫无烦恼。他说话就跟说相声似的，精彩段子一个接一个。他们二人又彼此加了QQ好友，还留了手机号码。在王长生的力邀之下，他们相约周末一起吃饭。见面后，徐虹发现王长生线下和线上一样有趣，言行举止颇有绅士之风。

两人相谈甚欢，很快就成了好朋友。徐虹有男朋友，两个人谈恋爱三年，已经谈婚论嫁。所以，在与王长生交往时她坚守底线，大家只做好朋友，不涉及男女私情。王长生经常约徐虹一起吃饭聊天，而徐虹不陪男友时就会赴约。有天晚上，为了筹办婚礼徐虹和男友发生了口角，她主动打电话约王长生喝酒。席间，王长生一边安慰徐虹一边陪着她喝酒买醉，十几个回合下来两人都喝多了。结束时，王长生看到徐虹走路踉踉跄跄，就扶着她到附近酒店开了房间。进了房间以后，王长生把徐虹扶到床上躺下，就趁势抱住了她，亲吻抚摸她。徐虹虽然喝多了，但是她的神智还清醒，无力地用手往外推王长生，嘴里说着："我快结婚了，咱们不能这样。"王长生一边搂着徐虹，一边瓦解她的意志说："他把你气成这样，你还事事处处想着他。咱俩的事情咱们做主，与其他人无关。"然后，他俯在徐虹耳旁反复说喜欢她，说徐虹像美丽的天使，他早就期待着和她在一起。王长生边说边动手悄悄地往下脱徐虹的衣服，就在他要解开徐虹的内衣时，徐虹再一次守住了底线。她牢牢抓住王长生的手恳求道："求求你别这样，我是把你当亲哥哥看的。"王长生仍然不想住手，这时徐虹挣扎着起身要去拿手机。她含糊不清地说："我要给男朋友打电话，让他来接我。"看到徐虹无论如何都不答应和他发生性关系，王长生不敢继续侵犯她了，有些生气地看了徐虹一眼说："你不用打电话，我马上走。"说完，他转身离开了房间。徐虹挣扎着反锁上房门以后，就回到床上昏昏沉沉地睡着了。

"好友"艳照要挟　烦恼必须面对

第二天早上，徐虹醒了。她回想了一下昨晚的经历，她还真有点后怕，不由得庆幸自己坚守住了底线，同时，也下定决心以后不能再多喝酒了。

到公司上班以后，徐虹一整天脑袋都晕乎乎的。到了下午快下班的时候，王长生发来了一段语音："徐虹，你昨天晚上休息的怎么样？"徐虹对回不回话犹豫了一下，基于礼貌还是回话说："我头还有点晕，感谢你帮我付了房钱。"王长生回了三个字："遗憾啊！"徐虹心里明白他指的是什么，就装糊涂回道："人生就是由无数个遗憾组成的。"王长生没有再回话。晚上，徐虹微信上收到王长生发来的一张照片，她打开一看顿时惊呆了。原来，王长生发来了一张女人的裸照，这个女人不是别人正是徐虹。徐虹以为自己眼花了，仔细一看就是自己的裸照。徐虹马上拨打王长生的电话，想质问他这到底是怎么回事？但是，王长生不接电话，接着又发来几张照片，全是徐虹的不雅照，甚至还有她和王长生合影的床照。

法点释义：不雅照>>>

不雅照，顾名思义是不宜在公众场所公开的个人隐私照片。这类照片往往涉及当事人的私密信息，不是裸体照片就是性爱照片。将这类照片上传至网络上的人，要么是利用技术手段窃取了私密照片后因好奇而传播，要么基于和照片主人的个人恩怨而泄愤发布。由于公民的私密照属于公民的隐私权，因此，传播这些照片涉及如下法律问题。

从行政法律规定来看，传播不雅照涉嫌违反治安管理处罚法。该法规定，利用计算机信息网络、电话以及其他通信工具传播淫秽信息的，处十日以上十五日以下拘留，可以并处三千元以下罚款；情节较轻的，处五日以下拘留或者五百元以下罚款。

从刑法规定来看，传播不雅照涉嫌传播淫秽物品罪。我国刑法第364条第1款规定："传播淫秽的书刊、影片、音像、图片或者其他淫秽物品，情节严重的，处二年以下有期徒刑、拘役或者管制。"另外，传播者若通过技术手段合成不雅照，捏造淫秽事实诽谤他人，则涉嫌诽谤罪。

从民法规定来看，传播不雅照侵犯公民的隐私权。我国民法通则第101条规定："公民、法人享有名誉权，公民的人格尊严受法律保护，禁止用侮辱、诽谤等方式损害公民、法人的名誉。"《全国人民代表大会常务委员会关于维护互联网安全的决定》第6条第2款规定："利用互联网侵犯他人合法权益，构成民事侵权的，依法承担民事责任。"

收到这些不雅照后，徐虹不停地问自己，到底是怎么回事？昨天晚上明明什么事都没有发生，王长生怎么会有这种照片？难道自己曾经酒后失忆过？难道王长生已经与自己发生了关系？徐虹为此十分懊悔自责，痛恨王长生竟然趁火打劫。这时，王长生发来一条微信："怎么样？我照的不错吧！"徐虹看后流下了屈辱的眼泪。紧接着，王长生的另一条微信又过来了："什么时候我们再温存一下？"徐虹恨不得立刻痛骂王长生一顿，但是理智告诉她不能这么做。因为她的不雅照在王长生的手中，如果把他惹火了，他用这些照片能给徐虹带来毁灭性的灾难。徐虹想了想，给王长生回了一条微信："你在哪里？咱们见个面吧。"徐虹一方面想弄清事实到底是怎么回事；另一方面想稳住王长生，劝说他把这些不雅照销毁。片刻之后，王长生回复了信息："好啊，地点你定。"徐虹立即和王长生约定了见面地点，然后急匆匆地赶了过去。

徐虹赶到约好见面的咖啡厅，看见王长生已经志得意满地坐在沙发上。这时候，再看王长生脸上灿烂的笑容，徐虹觉得里面充满了狡诈和阴险。徐虹把手机放在桌子上，板着脸问王长生："这些照片到底是怎么回事？"王长生笑嘻嘻地说："你自己干的事，还问我是怎么回事，谁也经不起你风情万种的诱惑啊。"徐虹恼怒地问："你是不是给我下药了？"王长生不屑一顾地说："你看我像那样的人吗？"王长生这么一说，徐虹更搞不清楚是怎么回事了。在她的记忆中自己昨晚根本没有失忆，但是照片上裸体的人确实是自己。难道自己记错了？看着王长生小人得志的表情，徐虹的思绪理不清，剪还乱。她知道对王长生态度强硬对自己没有好处，就转而温柔地对他说："长生，咱们也算是朋友了。求求你把照片删了吧！"王长生笑着对她说："删除干什么，我要留着做纪念。"徐虹恳求道："你知道我有男朋友，既然咱们是朋友，你就删了吧！"王长生看着她说："你要我删也可以，不过我有个条件。""什么条件？"徐虹充满期待地看着他。王长生厚颜道："咱们得再温存一下。"徐虹强咽下心中的愤怒，再次和颜悦色地对他说："过去的事就算了，咱们今后还做好朋友，我也可以在经济上帮助你创业。只求你把照片删了，千万别让别人知道。"徐虹话里的意思很明白，她可以用钱买照片。王长生听了以后不置可否，他故作深沉地对徐虹说："我学过点法律，你如果是为了销毁照片而掏钱资助我，我就构成敲诈勒索罪了。”徐虹急忙辩解：“不会啊，我是自愿的。”王长生一脸坏笑道：“你不用多说，我都明白。如果照片不在我手中，你是不会自愿的。所以，我既不能要钱得罪你，也不想自投法网。”徐虹看到王长生软硬不吃，气得咬牙切齿，但是也无可奈何。她绝望地问：“那你说怎么办？”王长生猫捉老鼠般地看着徐虹道：“该说的我都说了，你自己看着办。如果咱们不是朋友，这些照片早就满天飞喽。”徐虹听了以后没再说话，提上手包气愤地离开了。

年关将至，徐虹也喜事将近。但是，自从她的不雅照事发之后，她整天都惶恐不安，担心这些照片传出去被男友和家人看到。她已经全然没有了做新娘子的喜悦心情，在家人和男友面前强颜欢笑。她把王长生的电话号码拉入黑名单，不接他的电话，屏蔽了他的信息，把自己变成了鸵鸟。一个星期天，她和男友正在商场购物，王长生突然现身上前热情地打招呼，徐虹立刻浑身紧张起来。王长生若无其事地对徐虹的男友自我介绍说：“我是徐虹的好朋友，叫王长生。”徐虹的男友也客气地和他握手。王长生热情地说：“咱们今天见面是个缘分，我请你们喝酒。”徐虹的男友为难地表示：“我们今天一大堆购物的任务，改天吧。”王长生听后点点头说：“好吧，我听徐虹说你们要结婚了，喝喜酒的时候不要忘了我啊，我还要给你们送礼物呢。”说完，他意味深长地看了看徐虹，又要了徐虹男友的手机号码，然后告辞了。在这过程中，徐虹的心一直紧揪着，尴尬得不知所措。王长生走了以后，男友对她说：“你这个朋友我怎么以前没有听说过？他为人倒是挺热情的。”徐虹急忙解释说：“我们其实也不是很熟，他就是自来熟会说话。”男友看了看她说：“我觉得刚才你看见他有点紧张，没什么事吧？”徐虹矢口否认：“没事啊！不是我紧张，而是他话太多我插不上嘴。”男友建议道：“既然他为人这么热情，我们结婚时请他来喝喜酒吧？多个朋友多条路。”徐虹躲王长生都躲不开，哪里敢请他喝喜酒，立即否决了男友的提议：“他那是客气，咱们不用当真。”

当天和男友分别以后，徐虹觉得这件事必须解决。王长生不但要了男友的电话号码，还说什么要送礼物，说不定他为了报复自己会把照片给男友看。如果他到婚礼上这么一闹，那时候自己一切都完了。男友不但会和自己分手，自己今后也没脸见人了。徐虹越想越害怕，立刻拨通了王长生的电话，质问道："王长生，你今天在商场是什么意思？到底想干什么！"王长生厚颜无耻地回答说："我不干什么，咱们是商场偶遇。当然，你想和我温存一下，我也不反对。"徐虹听了他的话后犹豫片刻说："你找个地方，我过来见你。"

"好友"纠缠不休　法网疏而不漏

王长生以为自己施加的压力得逞，马上在一家宾馆开了房间。不久，门铃响了，来人正是他日思夜想的徐虹。徐虹面容憔悴地进了门，他上前把她紧紧搂住，亲热地说："徐虹，你再陪我一次吧！我一定把照片当你面删了，我如果失言就是王八。"徐虹僵立着一动不动，王长生开始对她动手动脚。突然，他在徐虹的衣兜里摸到一个东西，掏出来一看是个录音笔，上面的指示灯显示录音笔正在工作。王长生一下子明白了，他一边关录音笔一边对徐虹说："原来你跟我耍花招，要给我录音准备告我。你以为我傻啊！"徐虹上前抢录音笔，对他骂道："你欺人太甚了，我不会放过你。"王长生一边躲闪一边说："欺人太甚？我干什么了！这一切都是你自愿干的，我又没有强迫你。"徐虹抢不过他，就坐在沙发上一边哭一边把包打开，从里面拿出2万元扔给王长生："你混蛋，这些钱够不够？"王长生一看徐虹想拿钱摆平自己就笑着说："古人说春宵一刻抵万金，这怎么能用金钱衡量呢。"徐虹没想到他如此无赖，又从包里拿出1万元扔给他："你真是个无赖，3万元够了吧！"王长生看了看她没有说话，徐虹从包里又拿出一把剪刀："如果钱还不够你开个价，你再逼我我就死给你看。"王长生知道他不可能达到与徐虹交欢的目的了，看着眼前的3万元，想了想咽下口水道："好吧，看在朋友的分上，这3万元算是我借你的，以后我有钱再还你。"说完，他当着徐虹的面把手机里的不雅照删除了。徐虹拿着剪刀警告他说："这件事说到底，咱们今后再也不要联系，你把录音笔还给我。"王长生嬉皮笑脸地说："好好好，我平时不会联系你，还钱的时候再联系你。我知道录音笔的数据删除后还可以恢复，所以就不还给你了，算是你送给我的小礼物。”徐虹面对厚颜无耻的王长生，实在无计可施。

2012年春节期间，徐虹如愿以偿地结婚了，而王长生自徐虹以死相逼后也再没联系她。到了2012年3月，有一天王长生又给徐虹打电话，徐虹知道无法回避就接了。王长生讨好地说：“徐虹，恭喜啊！你如愿以偿了，我却心如刀割啊。”徐虹正色道：“你还想干什么？”王长生慢悠悠地说：“我心里一直放不下你，反正你已经结婚了。咱们再温存一次吧，我怕控制不了自己把照片寄给你丈夫。”徐虹惊恐地说：“你不是都删了吗？”王长生回答：“我电脑里还有一个备份，只要你跟我温存一次，我保证这次全部删除。你好好想想再回答我吧？”说完，他就挂了电话。一会儿，徐虹给王长生打了回去。王长生接听了以后，徐虹对他说了一句话：“你订个宾馆吧。”

王长生知道这次十拿九稳了，开好房间后他就先洗了澡。徐虹一进屋后，王长生穿着浴袍一把抱住了她，然后，迫不及待地把徐虹的衣服脱了下来。就在这时，门外响起了不合时宜的敲门声。王长生不耐烦地问：“谁啊？”“服务员，送报纸。”门外传来一个温柔的女声。王长生让徐虹上床盖好被子，自己径直走过去开门。门一开，冲进来几个穿制服的民警。“别动！我们是警察。”随即，他们给王长生戴上了手铐，把他押上了停在宾馆门外的警车。王长生万万没有想到，他期待的春梦竟然转眼间变成了噩梦。

原来，当王长生以不雅照为手段，要挟徐虹想与她发生关系时，徐虹认为自己在这件事上也有责任，所以一直想息事宁人，甚至决定破财消灾。但是，当王长生一而再，再而三地企图与她发生关系时，徐虹知道已经无法用金钱消除他的无耻欲望。如果自己再姑息下去，可能一辈子都将受制于人。于是她决定报警求救。徐虹将事情经过向丈夫和盘托出，丈夫宽容的表示原谅并坚决支持她与坏人作斗争。同时，告诉她今后交友要谨慎。他们夫妻二人到公安局报了案，在警方的安排下请君入瓮，将王长生当场抓获。

王长生因为涉嫌敲诈勒索和强奸（未遂）罪被警方刑事拘留。经过警方的侦查发现，王长生手中所谓的徐虹不雅照实际上是他利用那天徐虹喝醉，在宾馆给徐虹拍了照片，回去后通过电脑用软件与其他裸体照片合成的，徐虹实际上没有受到性侵。经过检察机关的审查起诉，王长生以敲诈勒索和强奸（未遂）两罪被起诉至当地法院。

公诉人在法庭上指出，被告人王长生利用与被害人交往之机，通过软件合成被害人的不雅照，企图强奸被害人，由于其意志以外的原因没有得逞。同时，被告人王长生用不雅照片要挟，勒索被害人 3 万元人民币。被告人王长生的行为已经分别构成敲诈勒索罪和强奸（未遂）罪，应依法予以数罪并罚。被告人王长生具备犯罪未遂情节，被捕后认罪态度较好，人民法院在量刑时可予从轻处罚。

被告人王长生对于检察机关指控的敲诈勒索罪没有异议，对于强奸（未遂）罪指控有异议。他表示自己对徐虹没有采取暴力胁迫手段，自己被抓当天徐虹是自愿到宾馆的，自己没有违反妇女意志，行为不构成强奸（未遂）罪，充其量属于道德品质问题。

根据王长生的自我辩解，本案的法律焦点就是他的行为是否构成强奸（未遂）罪？

法点释义：强奸罪>>>

强奸罪，是指违背妇女意志，使用暴力、胁迫或者其他手段，强行与妇女发生性交的行为。被告人无论是否采取暴力手段，只要行为导致妇女不敢、不能或者不知反抗，均已达到强奸罪的要求。王长生主观上具有与被害人徐虹发生性行为的意愿，客观上通过不雅照的要挟手段排除被害人徐虹的反抗，其行为已经触犯刑法。只是由于徐虹报警其犯罪行为才没有得逞，但这并不影响强奸罪的成立，只是未遂情节影响对王长生的量刑。

最后，法院认为，被告人王长生多次以散播其合成的被害人裸照威胁被害人与其发生性关系。由于被害人报警而使其强奸行为未能实施，行为已经构成强奸（未遂）罪。由于未造成损害结果，可以减轻处罚。同时，被告人王长生还利用不雅照勒索被害人财产 3 万元，行为亦构成敲诈勒索罪。鉴于被告人到案后如实供述自己的罪行，可予从轻处罚。根据我国刑法的有关规定，数罪并罚判处王长生有期徒刑五年，并处罚金八千元。

法律链接>>>

● 数罪并罚

数罪并罚，是指行为人在判决宣告以前犯有数罪，或者在判决宣告以后发现以前还有其他罪没有判决，或者在刑罚执行完毕以前又犯新罪的，法院依照刑法规定的数罪并罚原则和方法作出的合并处罚。我国刑法第 69、70、71 条规定了数罪并罚的不同情形，其中第 69 条第 1 款、第 3 款关于判决宣告前一人犯数罪的并罚规定如下："判决宣告以前一人犯数罪的，除判处死刑和无期徒刑的以外，应当在总和刑期以下、数刑中最高刑期以上，酌情决定执行的刑期，但是管制最高不能超过三年，拘役最高不能超过一年，有期徒刑总和刑期不满三十五年的，最高不能超过二十年，总和刑期在三十五年以上的，最高不能超过二十五年。""数罪中有判处附加刑的，附加刑仍须执行，其中附加刑种类相同的，合并执行，种类不同的，分别执行。"

王长生被判刑，徐虹的心头之患也解除了；但是，她内心的负担依旧没有减少。因为她的过失使她的名誉遭受了损失，虽然丈夫表示支持她，但是徐虹明显感觉到丈夫对她的感情已经发生了微妙的变化。自己今后婚姻的状态如何，她心里一点儿底都没有。

案件感言：技术进步与风险防范>>>

如今，科学技术迅猛发展，夜以继日地改变着我们生活的方方面面。古代移山填海，要愚公家一代代肩扛手提抡大锤；现代科技能让人上天入地，只需要科学家轻松操作现代化的机械设备。当然，技术进步本身又孕育出前人不曾遇到过的新风险，因此，新时代的人们要树立风险防范的意识。就人们的通信工具而言，过去电话要拨，电报要敲；今天语音视频，瞬间即达。尤其微信的开发，极大地促进了通信进步。以往要认识对方才能建立起联系，今天拿起手机摇一摇、扫一扫，附近的人和漂流瓶都会带给你新朋友，这些朋友不免良莠不齐。王长生就是通过手机微信摇出的“大灰狼”，徐虹不但财产蒙受损失还差点人身受到侵犯；而王长生企图借助现代化工具以满足自己的私欲，不但邪恶目的没有达到还要在监狱中度日如年。时代和科技在发展，不法分子也在与时俱进。善良的公民在通过网络交友时，一定要擦亮自己的双眼，避免因为轻信或者滥交而付出代价。这就是本案给我们的启示。

魔爪摧花

关键词 绑架：劫持人质 “撕票” 死刑

2010年的夏季很炎热，李峰的心里更烦躁，因为他到姐姐李岚家借钱碰了一鼻子灰。李峰在当地建设路小学门口开了一个小卖部，外甥女小敏就在该学校上学，平时都是由李峰关照。所以，李峰每次到姐姐家总是像贵宾一样受到热情招待。但是，当天上午，当他面对姐姐李岚探寻的目光为难地说自己要借15万元的时候。李岚听后瞬间愣住了，问：“小峰，你借这么多钱干什么?”李峰强装镇静地解释说：“姐，我要扩大经营啊。”李岚知道他的小卖部面积很小，根本不需要这么多的经营资金，心里就怀疑他可能借钱另有用途。看到弟弟不想跟自己说实话，李岚就委婉地拒绝道：“小峰，我这边有一笔生意刚交了20多万元的定金，目前手头紧无法借给你钱。”看到姐姐不愿意借钱给他，李峰只好悻悻地离开。出门后，听到树枝上知了恼人的鸣叫声，李峰感到浑身燥热，他气恼地把衣扣解开袒胸露怀而去。

婚外情离婚借钱难 外甥女遭绑陷险境

原来，李峰向姐姐李岚借钱有着难以启齿的秘密。他在老家农村有一个结发妻子张凤玲，还有一个7岁的女儿。李峰到城里开小卖部以后，接触的人多了，眼界也开阔了，乡下的妻子就显得土气衰老。不甘寂寞的李峰在城里找了一个相好：刘娟。刘娟年轻水嫩，20多岁还没有结婚。李峰跟她相处久了，就产生了和张凤玲离婚的念头。于是，他回家的次数越来越少，回去一次不是找碴儿吵架就是动手打妻子。半年后，他提出和张凤玲离婚。张凤玲知道留住他的人也留不住心，就同意和他离婚；但是，她提出了离婚的条件：给她30万元经济补偿。李峰的小卖部每年只能挣几万元，除去他自己吃喝玩乐攒不下多少钱，他手中根本没有30万元；但是，他心中感到对妻子有愧，就想满足她的要求。于是，李峰决定向做生意的姐姐借钱。没想到平时对他很亲的李岚竟然不借给他钱，这让自以为对姐姐家很够意思的李峰心里产生了巨大落差。

自从姐姐不愿意借钱给他以后，李峰就不再与她联系。很快，深秋时节降临。一天晚上十点多钟，姐姐给他打电话着急地问："小峰，小敏放学后没回家，你知不知道她去哪儿了？"李峰没好气地回答："她一个大活人，去哪儿怎么会跟我说呢！"姐姐没有介意他的态度，焦急地说："这都快半夜了，她还不回家。天越来越凉了，她会不会出什么事啊？"李峰听到姐姐如此焦虑，语气也和缓了下来："姐，你别着急！等等看，我现在就去你家。"说完，他坐出租车来到了姐姐李岚家。

面对焦急万分的姐姐一家人，李峰劝他们宽心："姐、姐夫，你们不要急。小敏不会出事，肯定会回家的。"时间一分一秒地流逝，很快到了后半夜。不停出门查看的李岚，突然在大门口地上发现了一张纸条，只见上面写着："小敏在我手上，迅速仇（筹）款等我通知，如果报案后果自付（负）。"女儿小敏被歹徒绑架了！全家老少得知噩耗抱头痛哭。李岚和丈夫商量后，决定马上报警。李峰担心地对她说："姐，现在小敏在坏人手中，如果报案他们杀人灭口怎么办？"李岚和家人一听觉得有道理，女儿在他们手上，如果歹徒知道他们报案，情急之下什么坏事都干得出来。于是，他们就商定先等等，看歹徒准备勒索他们多少钱。于是，全家人轮流守夜等候小敏的消息。李峰也谢绝了姐姐让他休息的建议，主动留下来陪姐姐一家。到了凌晨6点钟，在姐姐李岚家大门前又发现了第二张纸条，上面写着："带50万元，到城西小树林。钱到放人！"

歹徒终于提出明确要求了，但是，李岚一家发愁了，因为家里只有2万多元现金，远不能满足歹徒的要求。李峰建议道："姐，要不我先带这些钱去和他们谈谈？"姐姐看到歹徒狮子大张口，自己一时也凑不齐这么多钱，就担心女儿的人身安全，怕夜长梦多，决定立即报案。

很快，民警来到李岚家。他们发现两份勒索信字迹相同，字体比较娟秀，上面还有错别纸，说明纸条出自一人之手且书写人文化程度不高。写勒索信的纸经姐姐李岚辨认，是女儿小敏的作业本。由此警方判断，被害人小敏确实被绑架了！而且歹徒对李岚家庭情况比较了解，绑架的目的就是勒索钱财。为此，民警让他们仔细回忆周围邻居中有无可疑人员。李岚和家人肯定地说："他们一贯与人为善，从来没有得罪过什么人啊！"

警方根据目前掌握的线索立即作出侦查安排，一方面让李岚准备赎金，待歹徒收款时顺势将其抓获；另一方面派出民警在李岚家进行蹲守调查，以期发现破案的线索。

小天使折翅成冤魂　刽子手浮现惊世人

第二天上午，歹徒那边没有任何消息。下午，公安局传来指令，要求民警带李岚到公安局去。李峰立即陪姐姐和家人一同赶到公安局，接待民警神情凝重地告诉他们："有人在护城河河面上发现一具浮尸，死者是一个女孩，已经送到殡仪馆，想请你们去辨认一下。"李岚一听浑身瘫软，双腿迈不动步了。丈夫和李峰劝慰她要坚强，现在歹徒还在勒索钱，那个女孩不一定是小敏。全家人怀着忐忑不安的心情来到了殡仪馆，当工作人员把冰柜拉出来后，他们一眼认出里面的孩子就是失踪的小敏。李岚喊了一声女儿就昏死了过去，家人顿时悲痛欲绝抱头痛哭。

警方对小敏进行了尸检，发现她脸上有伤痕，颈部有扼痕，下唇黏膜有破损，双眼睑结膜点片状出血，双手甲床青紫，左右肺表面、肺叶间浆膜下及心脏表面可见大量散在点片状出血，甲状软骨、环状软骨、舌骨均未见骨折，气管黏膜轻度充血，以上特征分析符合机械性窒息之特征。结论：被害人小敏系被他人用外力致机械性窒息死亡。死亡时间是案发当天晚上九点钟左右，死后被犯罪嫌疑人抛尸护城河。

纯真少女为什么会被害身亡？家人得罪了谁，令歹徒向一个上学的孩子伸出魔爪！李岚和家人悲愤难平，他们几乎天天到公安局去催问破案的情况，希望警方尽快抓到凶手。李峰也抽出时间每次都陪他们一起去。

未成年的女学生被害，在当地引起了较大反响。家长们担惊受怕天天接送孩子上学，警方也为此承受了很大的破案压力。专案组召开了案情分析会，民警们对掌握的信息进行了冷静的分析。有人说，被害人的舅舅李峰在建设路小学校门口开店，但被害人放学后就与家庭失去联络，加上当天又没有人看见有暴力绑架案件发生，说明这是熟人作案，通过诱骗的方式将被害人带走。有人说，歹徒在敲诈勒索前就撕票了，说明其目的已经不是单纯的勒索金钱，勒索信很有可能是歹徒的障眼法，小敏的死亡除了勒索钱财或许还有其他原因。还有人说，犯罪分子在撕票后还要钱，要么是为了转移侦查视线，要么是他们确实需要钱财，只是由于发生了歹徒意料之外的情况才迫使他们杀人灭口。大家一致认为，勒索信的笔迹比较娟秀，像是女人的笔迹，本案应当是二人以上的共同犯罪案件。由此，警方决定围绕着熟悉被害人及其家庭的人作全面深入调查。

面对民警的全面了解和调查，李岚陈述了弟弟李峰在案发前三个月曾经向她借钱未果的情况，但是，她强调平时小敏上学都是李峰照顾她，所以李峰肯定不会害自己的外甥女。会不会是跟李峰熟悉的人中有人起了歹意，绑架杀害了自己的女儿？尽管姐弟之间血浓于水，但是警方并没有轻易放弃这条线索。随着侦查的深入，侦查人员发现李峰因为婚外恋正在和妻子张凤玲闹离婚，这说明他当时需要钱。但是，虎毒不食子，李峰因为借钱不成就杀死外甥女是要克服巨大的心理障碍的。为了确定案件是否和李峰有关，民警秘密找到了他的情人刘娟，以了解情况为由，让她亲笔书写与李峰的交往经过和与被害人及其家庭的关系。刘娟说这是自己的隐私不太情愿讲，但是迫于警方压力不得不写了一纸简单的说明。经过笔迹比对，警方确认勒索信就是刘娟所写，立即对她采取了刑事拘留的强制措施。

面对警方的讯问，刘娟无奈供出是她和李峰一起杀害了小敏，勒索信是按照李峰指示写的。至此，案件背后的凶手渐渐浮出水面，真正的犯罪嫌疑人就是被害人的舅舅。警方决定组织警力对李峰进行抓捕，民警侦查得知此时李峰正在自己的姐姐李岚家。

当民警驱车来到被害人家中时，李岚焦急地询问："案件破了没有?"民警们冲她点点头："我们已经找到了犯罪嫌疑人。"李峰关切地问："这是谁干的?"民警上前一把抓住他说："别装了，就是你!"这时，只见李峰的脸色立刻变得惨白，姐姐李岚和家人一脸惊愕。舅舅杀了自己的外甥女？是不是警方搞错了？面对李岚和家人的疑惑，民警郑重地告诉他们："你弟弟李峰和他的情人刘娟涉嫌共同杀害了小敏，具体案情我们将在侦查告一段落后向你们通报。"说完，李峰戴着手铐被带上了警车。至此，小敏被绑架案终于告破。

婚外情迷失理性　杀无赦法律昭彰

到了公安局，李峰眼看大势已去，再负隅顽抗也没有什么用处，就一五一十地交代了他伙同刘娟绑架杀害小敏的犯罪事实。

李峰向做生意的姐姐李岚借钱碰壁后，心中十分恼火。回来就对情人刘娟说："我以后要断绝和我姐李岚的姐弟关系。"刘娟也生气地说："你姐那么有钱，连这点忙都不帮，认这个姐姐也没有多少意思。"虽然李峰下定决心不和姐姐来往，但是断绝关系并不能解决他的离婚问题。他既然借不到钱，只能回家继续跟妻子张凤玲闹。可张凤玲是你有千条计，我有老主意。你李峰不拿钱来，说什么我都不和你离婚。李峰折腾了几个月，离婚的事情毫无进展。这时，李峰的父母知道了他闹离婚的消息。他们对李峰痛骂一顿，并告诉他："小兔崽子，家里的儿媳我们认定了。如果你坚持闹离婚，一辈子都不要回来，我们权当没有你这个儿子。"

父母坚决反对离婚，妻子没钱不离婚，内外交困把李峰搞得有点心灰意冷。他回到城里跟情人刘娟说："娟啊，要不离婚的事等几年再说。"不承想他的话音未落，刘娟的眼泪就流出来了。她伤心地告诉李峰："李峰，我已经怀孕了，这是咱们爱情的结晶。如果你不能离婚娶我，这孩子岂不成了野种。"看到刘娟手中医院的孕检报告，李峰犹如泰山压顶，压力陡增。从这以后，刘娟几乎天天跟李峰哭诉，要李峰想办法尽快离婚娶她。

面对怀孕逼婚的情人，李峰钱袋空空一筹莫展。怎么办？思来想去，他计划将外甥女小敏骗走，软禁在一个偏僻的地方，然后勒索姐姐李岚拿钱赎人。为了防止外甥女在软禁期间逃跑或者呼救，他决定让刘娟陪着小敏。为此，他告诉了刘娟自己想出的弄钱办法。刘娟有点担心地问："这样做是不是犯罪了？"李峰摇摇头说："我不是绑架小敏，只是把她带走，让她在外面待几天。你陪着她读课本做作业，一旦钱到手咱们就送她回家。"急于嫁给李峰的刘娟听了他的话以后，也觉得这是他唯一能够从婚姻枷锁中解脱的办法。于是，就同意配合李峰。李峰精心设计了一套诱拐小敏的方案，他让刘娟到城郊找了一处可以关押小敏的空房子，准备一个星期的火腿肠、方便面，待他将小敏骗出后就通知她赶来配合。

案发当天，他等小敏放学出来以后，将其骗至小卖部。然后，哄骗小敏说带她去抓鱼。小敏兴奋地说："好啊，舅。但是，你得跟我妈说一声。"李峰讲："我已经说过了。"小敏一听就高兴地背着书包跟他到了城郊护城河旁。李峰在路上给刘娟打电话："我现在和小敏去钓鱼，你没事也过来玩吧。"刘娟心领神会地说："我马上到。"

来到城边的小河旁，小敏开心地在河边摘花拔草。一会儿，刘娟也提着一大塑料袋东西赶来，李峰知道里面装的是吃的东西。他悄声问刘娟："你找到住的地方没有？"刘娟摇了摇头小声道："没有啊，我找了好几个地方，不是房子里还有其他租客，就是房子周围人太多不方便。"李峰一听，脸色马上阴沉下来，让她立刻去周围随便找一个地方。

天色慢慢暗了下来，河面上泛起了阵阵寒意。小敏这时也玩够了，她提出来要回家。李峰哄她说："小敏，你等等！那个阿姨去办事了，等她回来咱们一起走。"一会儿，只见刘娟带着吃的东西急匆匆回来了。李峰急忙哄小敏吃东西，他和刘娟对了对眼神，刘娟摇了摇头。李峰心里顿时恐慌起来，他万万没有想到百密一疏，刘娟竟然没有找到适合软禁小敏的地方。怎么办？把小敏送回家，他的计划就泡汤了；如果小敏回去把今天的事跟姐姐一说，姐姐肯定怀疑自己要报复她。就在李峰心烦意乱的时候，小敏又哭着说："舅，我明天还要上学，现在就要回家。"小敏这么一哭闹，李峰心里更害怕阴谋败露。就问刘娟："天不早了，怎么办?"刘娟也六神无主，对李峰说："小敏要回家，你说怎么办?"他们两个人莫名其妙这么一说，加上夜幕笼罩下四处死一般的寂静，小敏心里更加害怕了。她立即哭着说："你们不走，我自己走。"说着，小敏拔腿就向公路方向跑去。李峰急忙站起来冲刘娟说道："咱们不能让她回去。"说完，拔腿追上小敏伸手抓住了她的书包。小敏边挣扎边回头冲他喊道："舅，你让我回家!"在空旷的原野中，小敏的声音传得很远。李峰吓得急忙用手去捂她的嘴，小敏伸手掰他的手，同时拼命地挣脱。李峰情急之下用双手掐住了她的脖子，刘娟也上前帮助他抱住小敏。一会儿工夫，小敏不挣扎了，瘫倒在地开始抽搐。刘娟看着小敏惊恐地问李峰："怎么办？咱们跑吧！要不都得坐牢。"在月光映衬下李峰也脸色苍白，他摇摇头低沉地说："不能跑，一跑就暴露了。再说咱们没有钱，也跑不了多远。"就在两个人商量下一步怎么办时，小敏突然身体动了一下。她还没有死！李峰和刘娟更加惊慌了，为了掩盖自己的犯罪行为，他们决定把小敏掐死。李峰用小敏的书包带缠绕在她脖子上，和刘娟一起用力剥夺了小敏无辜的生命。看到小敏失去了生命，李峰又兽欲大发，在草地上和刘娟苟且。起身后，李峰指着小敏对刘娟说："一会儿，咱们把她扔到河里，然后按照计划要钱。等弄到钱了，咱们一起走，再也不回来了。"说完，李峰从小敏的作业本上撕下几张纸，让刘娟就着手机屏幕的亮光写了几封勒索信。然后，两个人合力把小敏抛尸河中。

随着犯罪嫌疑人李峰和刘娟的到案，案件事实真相大白。姐姐李岚万万没有想到因为自己没有借钱给弟弟，他竟然对自己的亲外甥女下毒手。为了让女儿的冤魂早日安息，伤心之余她下定决心要求司法机关严惩杀人凶手为女儿偿命。

经过侦查和审查起诉，李峰和刘娟以绑架罪被市检察院起诉至当地市中级人民法院。开庭前，白发苍苍的父母来到了女儿李岚家。一进门他们就颤巍巍地跪在女儿面前，向她赔罪道："我们从小没有教育好你弟弟，让他犯下了伤天害理的大罪。你弟弟是咱们李家的独苗，我们代表列祖列宗向你求情，你能不能放你弟弟一条生路。”看到年迈的父母涕泪纵横，李岚陷入极度痛苦和犹豫彷徨之中。一方面她恨不得对杀害女儿小敏的凶手扒皮抽筋，认为不杀李峰和刘娟不足以泄愤；另一方面，李峰又是自己的亲弟弟，他一旦被判决执行死刑，自己将失去第二个亲人。年迈的父母将如何度过晚年？本来，她已经聘请律师担任代理人，开庭时代表被害人亲属控诉被告人。现在，面对下跪求情的父母，她流泪表态：“爸妈，我可以辞去请的代理人，但不会让法院对他们从轻判刑。最后的判决结果如何，就看法院如何判刑了。”父母觉得女儿做到这一步已经非常不容易了，就千恩万谢地告辞离去。

爱人本是同林鸟，大难来临各自飞。法院开庭时，被告人李峰和刘娟面对检察机关的指控，为了保住自己的性命，开始推诿和互相揭发。李峰自我辩解说：“因为刘娟天天逼我离婚，所以我无奈走上了犯罪道路。由于我以前没有犯罪前科，被捕后认罪态度较好，希望法院对我从轻量刑。”刘娟辩解说：“我没有逼着李峰离婚，是他嫌弃农村的妻子，是李峰提出绑架勒索的主意，也是李峰提出不能让小敏活着回家。所以，在本案中我是从犯，是被动的，希望法院依法对我减轻处罚。”法院根据我国刑事诉讼法的规定，在开庭前已经通过当地的法律援助中心为李峰和刘娟指定了辩护人。他们的律师分别向法庭提出了被告人李峰和刘娟认罪态度好，没有犯罪前科，愿意进行民事赔偿等从轻处罚的理由。

法点释义：民事赔偿与刑事量刑>>>

在刑事案件审理过程中，被告人及其亲属愿意进行民事赔偿的，则可能影响法院对被告人的量刑。

从事实上看，由于犯罪行为而使被害人遭受物质损失，被告人理当进行民事赔偿，这与刑事量刑没有关系；但是，被告人进行民事赔偿既能减轻被害人的物质损失，又是被告人悔罪的表现，量刑时就可以对被告人酌情从轻处罚。最高人民法院法释（2000）47 号《关于刑事附带民事诉讼范围问题的规定》第 4 条规定："被告人已经赔偿被害人物质损失的，人民法院可以作为量刑情节予以考虑"。这里规定的是可以而不是应当，因为我们不能信奉金钱万能、以钱买刑的错误观念，对于被告人所犯罪行极其严重的以及被害人亲属不予谅解的刑事案件，必须依照法律的规定作出公正判决。

法院经过审理后认为，被告人李峰、刘娟以勒索钱财为目的，绑架并杀害被绑架人，其行为已构成绑架罪，依法应予严惩。公诉机关指控的罪名成立。被告人李峰辩解及辩护人认为，被告人李峰能如实供述犯罪事实，认罪态度较好，系初犯，请求对其从轻处罚。经查，李峰作案后虽有上述可酌定从轻情节，但其作案手段特别残忍，情节特别恶劣，后果特别严重，社会危害极大，依法对其不从轻处罚。在共同犯罪中，被告人李峰是主犯，刘娟是从犯，对于刘娟可以依法从轻处罚。同时，犯罪时刘娟已经怀孕，根据我国刑法的规定怀孕的妇女不适用死刑。为此，法院判决被告人李峰犯绑架罪判处死刑，剥夺政治权利终身，没收个人全部财产；被告人刘娟犯绑架罪判处无期徒刑，剥夺政治权利终身，没收个人全部财产。

法律链接>>>

● 绑架罪

绑架罪，是指以勒索财物或者绑架他人为目的，劫持人质的行为。侵犯的是他人生命健康和财产安全，属于严重的刑事犯罪。我国刑法第 239 条规定："以勒索财物为目的绑架他人的，或者绑架他人作为人质的，处十年以上有期徒刑或者无期徒刑，并处罚金或者没收财产；情节较轻的，处五年以上十年以下有期徒刑，并处罚金。犯前款罪，致使被绑架人死亡或者杀害被绑架人的，处死刑，并处没收财产。以勒索财物为目的偷盗婴幼儿的，依照前两款的规定处罚。"

不久，李峰被执行死刑。父母觉得愧对祖宗，坚决不要他的骨灰。刘娟被送到监狱服刑改造。小敏的在天之灵得到安慰；而姐姐李岚在经历这件事以后仿佛苍老了10岁。

案件感言：市场经济下的亲情>>>

人为财死，鸟为食亡，这句过去被批判的俗语，现在成为很多人拥戴的信条。我们毋庸讳言，随着市场经济的发展，人们的金钱观开始凌驾于传统道德和骨肉亲情之上。多年的律师生涯中，我看到了许多当事人因为房子和票子，父母子女争讼、兄弟姐妹争权。金钱无情地撕裂了亲情，而骨肉因为经济利益而反目。

本案的被告人李峰因为私欲没有得到满足，就丧尽天良地剥夺亲人的生命，从而把自己也送上了断头台。他的行为深刻地警示我们，为贪婪而抛弃亲情的人，必将受到法律和道德的审判。每个人都应当懂得：金钱有价，亲情无价！

双面男友

关键词 刑罚分类：主刑和附加刑

梁娉娉和马兰没有血缘关系，但是她们从小一起长大，情同手足。在人们眼中，她们是一对亲密的闺蜜。但是，在2009年农历大年三十这一天，梁娉娉和马兰竟然因为谈恋爱发生了矛盾，两个人不但吵得天翻地覆，甚至反目成仇。要说谈婚论嫁本来是件高兴的事情，她们为什么会吵起来呢？

“钻石男”变心易主　姐妹俩为爱伤情

梁娉娉和马兰两姐妹貌美如花，青春洋溢，身边从不缺乏追求者，不过眼界颇高的两姐妹从来不屑于对他们正眼相看。因为她们有着相同的求偶目标——嫁给一个白马王子，既要潇洒英俊，又要非常富有。

由于不安心于老家平庸的生活，她们相约到大城市闯荡。一晃时间已经过去了四年，在外面求职的生活并非她们想象的那么容易，不但每天要满负荷工作，而且没有时间和机会去结识心目中的白马王子。随着时间的推移，她们的年龄在增长，求偶的标准也在改变。既然白马王子都在荧幕上或者梦想中，那么，在现实生活中就找个有钱人做伴侣吧，至少可以不为开门七件事烦恼。在流逝的时光中，唯一不变的是她们姐妹俩深厚的友谊。

相比文静内秀的梁娉娉，性感迷人的马兰更活泼主动。她经常上网聊天，参加网友组织的各种活动，希望能够从中觅得金龟婿。2008年，她在网上认识了一个网友。这个网友自我介绍叫王志刚，35岁，单身，在本市经营着一家建筑公司。经过一个多月的网络聊天，马兰觉得王志刚虽然身为“钻石王老五”，但是为人并不张狂，而且善解人意，非常会说话，心中就对他产生了好感。而王志刚似乎对马兰也有好感，只要马兰一上网，他就找她聊天。于是，互有好感的两个人陷入了朦胧的网恋。不久，王志刚提出来见面的要求，马兰欣然答应了。

就在马兰热切期待和王志刚见面的前一天下班前，公司突然派她去外地出差，这可把马兰急坏了。回到住处后她急忙上网联系王志刚，谁知王志刚没有上网。由于两个人没有见过面，所以互相之间也没有留手机号码，情急之下她只好请闺蜜梁娉娉帮忙，求她代替自己去见王志刚，解释一下自己爽约的理由，顺便替自己相相亲。梁娉娉早就听马兰说起过王志刚，也很想见见这个“钻石王老五”。好姐妹有事不能不帮忙，所以她爽快地同意了。

梁娉娉按照马兰告诉她的时间和地址前去赴约，远远就看到一位身材挺拔，颇有气质的男人。梁娉娉心里猜想，这应该就是王志刚吧？那个男人也看到了她，主动迎上前来。梁娉娉小心翼翼地问：“先生，你是……”“我是王志刚。”两个人相视一笑，互相握了手。王志刚看着梁娉娉称赞道：“马兰，你长得很漂亮。”梁娉娉不好意思地说：“王先生，您误会了。公司派马兰去出差，她无法来见你。我是她的好朋友，叫梁娉娉，受她之托来向你说明情况。”“啊，原来是钦差大臣啊！那我可得好好表现啊。”王志刚毫不介意，自我解嘲地开起了玩笑。现场的气氛一下子轻松起来，两个人在咖啡馆里又喝又聊，然后王志刚又请她吃了饭。王志刚幽默的谈吐和绅士风度给梁娉娉留下了极其美好的印象，他们相处得很愉快。分手时，王志刚请求她留下电话号码，梁娉娉不假思索地把自己的手机号码给了他。

回家后梁娉娉给马兰打电话，想告诉她相亲的情况，结果马兰的电话关机了。第二天早上，梁娉娉打通了马兰的电话，刚说了没有几句，单位领导就找她谈工作。马兰在电话里对梁娉娉说：“这两天我就回去了，等咱们见面时再说。你先忙吧！”到了下午，梁娉娉接到王志刚打来的电话，他说为了感谢梁娉娉昨天陪伴自己，今天他要请她吃饭。梁娉娉感觉再陪闺蜜马兰的男朋友吃饭不合适，但是内心又无法拒绝王志刚的邀请。踌躇再三，她决定再与王志刚见一次面，替闺蜜马兰多了解点情况。下班后，她和王志刚分别来到了约会的地点。吃饭的时候，王志刚突然向梁娉娉表白："娉娉，昨天咱们见面后我就对你念念不忘，希望你能成为我的女朋友。"梁娉娉被王志刚这突如其来的表白惊呆了，结结巴巴地拒绝道："不行！你是马兰的男朋友，我不能和你好。"王志刚摇摇头说："娉娉，我和马兰不是男女朋友，到目前为止我们只是网友，还从来没有见过面，怎么能说是男女朋友呢?"梁娉娉内心十分挣扎，仍然表示不同意："不好！这不合适！"王志刚不以为然地说："这有什么，每个人都有选择爱的权利，更何况我又没有和马兰谈过恋爱。"面对自己中意的男人，梁娉娉没有强力拒绝，王志刚实际上已经看穿了她的想法，伸手握住了她的纤纤玉手。梁娉娉无力地抖了抖，没有把手抽出来。

闺蜜马兰网上的恋人，变成了梁娉娉生活中的男友。梁娉娉虽然理智上认为自己的行为没有什么不对，但是，从感情上还是觉得对不起马兰。她没脸也羞于再和马兰联系，心里一直想怎么向马兰交代。

纸包火难以持久　好姐妹恩义难断

两天后，马兰出差回来了。她急匆匆地找到梁娉娉询问他们见面的情况。梁娉娉别有用心地把王志刚描绘成一个吝啬小气的守财奴，马兰听了以后觉得恶心，庆幸自己没有陷得过深。马兰对好姐妹梁娉娉的话深信不疑，在网上不再和王志刚联络，而王志刚也没有再主动出现过。以后，马兰几次约梁娉娉双休日聚会，都被她以工作忙为由拒绝了。殊不知，梁娉娉和王志刚这会儿正陷入热烈的恋爱中，哪里还有时间上网聊天或者见好姐妹呢。

时间转眼到了2009年的春节，梁娉娉和马兰一起结伴回家过年。农历大年三十的晚上，她们像往年一样到梁娉娉家守岁。两姐妹边看电视边说话，等待着新年的到来。随着零点的临近，两个人的手机电话铃声和短信提示音络绎不绝地响起，拜年的电话和短信接踵而至。当新年的钟声响起时，梁娉娉看到手机上的一个来电显示，她忽然变得慌张起来，拿着电话就往屋外跑。马兰马上觉察到梁娉娉的异常表现，平时她们两个人在一起从无秘密，都是当面接打电话，现在这个电话她干嘛要鬼鬼祟祟到外面去接？马兰敏感地意识到，梁娉娉肯定谈恋爱了。等梁娉娉接完电话回来后，马兰笑着追问：“娉娉，你有什么秘密瞒着我啊?”梁娉娉的脸“腾”地一下红了，她矢口否认：“没有啊。”“好啊，咱们俩这么好的关系你竟然还瞒着我，太不够义气了。”“我真没有。”但是，梁娉娉脸上的表情明白无误地告诉马兰——她在说假话。马兰心里想：你越是不让我知道，我越要把证据找出来，看你还认不认账。于是，马兰趁梁娉娉上洗手间的时候，偷偷拿起她的手机查看，希望从里面找到证据。当她打开梁娉娉手机里的通话记录时，突然惊呆了。她看到刚才和闺蜜通话的人不是别人，正是自己以前网恋的男友王志刚。马兰接着打开梁娉娉的短信文件夹，发现短信大部分也来自王志刚，内容都是情侣间甜蜜的情话。马兰心里顿时明白自己被骗了，自己的男友被好姐妹夺走了，她还骗自己说对方是守财奴。等梁娉娉回到房间以后，马兰生气地拿着手机问她：“梁娉娉，这是怎么回事?”梁娉娉见东窗事发，也只好把事情原委和盘托出。马兰做梦也没想到自己最信任的姐妹竟然会欺骗自己，横刀夺爱！她气得与梁娉娉大吵一架，夺门而去。大年初一头一天，两姐妹不欢而散。

马兰和梁娉娉绝交了，决定今生不再往来。没有想到半年时间不到，两个人又见面了。原来，马兰在工作时突然因为低血糖晕倒，同事将她送进医院，并按她入职表上填写的紧急联络人通知了梁娉娉。当马兰在病床上看到梁娉娉的那一刻依然十分激动，她撑起虚弱的身体把梁娉娉赶出病房。梁娉娉非常沮丧地回到住处，看着马兰依然不肯原谅自己，她心里既委屈又惭愧，多年的姐妹情分因为一个男人而丧失殆尽。王志刚看到女友茶饭不思，唉声叹气，就向她献上一计。他说：“我有个好朋友叫肖强，也是个企业的老板，可以委托他代表你去看望马兰，还可以请他做个和事佬。”梁娉娉一听这是个好主意，就催着王志刚尽快安排。

第二天，一个高大潇洒的男人拎着礼物去医院探望马兰，他就是王志刚说的肖强。知道来者是梁娉娉的朋友，马兰马上表示不需要他来看望。面对马兰的逐客令，肖强毫无不快，笑着对她说：“马小姐，我没有得罪你。东西你不要我可以拿走，我这么远过来看你，总可以坐下休息一会儿吧。”俗话说，伸手不打笑脸人。马兰觉得自己再撵他就有点不近情理了，毕竟眼前这个肖强没有跟自己结怨，她干脆背过身子躺在病床上一声不吭。这时，护士过来换药，肖强微笑着和护士交流。护士走了以后，肖强又开导马兰好好治病，他富有磁性的声音娓娓道来，说的每句话让人听起来都特别舒服。马兰虽然没有作出回应，但在心里已经不再排斥这个谦谦君子。肖强走了以后，护士过来羡慕地对马兰说：“你男朋友真好，对你真关心。”听了护士的话，马兰怦然心动。

接下来几天，肖强每天都来医院探望马兰，陪她说话，哄她开心。在他的悉心照料下，马兰很快出院了，心里也对他产生了好感。肖强在马兰出院后对她展开了热烈追求，马兰答应和肖强交往，于是，他们谈起了恋爱。

俗话说，人逢喜事精神爽。有爱情滋润的马兰一扫心里的阴霾，又恢复了快乐的心情。在肖强的开导下，马兰心中逐渐平复了被横刀夺爱的伤痛，想想往日情同手足的姐妹之情，她也不希望和梁娉娉老死不相往来。看着眼前关怀体贴的爱人，她甚至庆幸自己没有错过这段情缘。于是，在梁娉娉再次来找她时，马兰也不再抵触了。一来二去，两姐妹又恢复了过去的友情。马兰尽管和梁娉娉冰释前嫌，但她对王志刚这个负心汉仍然心怀芥蒂，梁娉娉也极力避免提及王志刚。

马兰和肖强的恋爱进展得很顺利，她不止一次问梁娉娉：“这个好男人，你是怎么给我找到的啊?”对此，梁娉娉总是笑着敷衍说：“马兰，这是因为我欠你的，所以要给你介绍最优秀的男人。”后来，经不住马兰的软磨硬泡，梁娉娉才告诉她：“肖强是我男朋友王志刚介绍的。因为我知道你恨王志刚，所以一直不敢告诉你。其实，肖强是王志刚的朋友。”梁娉娉以前怕告诉马兰真相后影响她和肖强的感情，现在看到他们感情稳定了，才下定决心告诉她。马兰听后心中倒有些不好意思起来，觉得自己以前对王志刚成见太深了。谈情说爱本来就是你情我愿，况且自己跟王志刚从来没有真正开始，又何必耿耿于怀。于是，她提议有空四个人出来一起聚聚。梁娉娉欣然同意了她这个建议，因为她也希望见见马兰的恋人肖强。但是，非常不凑巧，马兰和梁娉娉几次安排见面，王志刚和肖强这两个男人不是你出差，就是我有事，总是凑不到一起，四个人聚会的事情一直没有成行。马兰和梁娉娉商量拍照片互相先看看，结果这两个男人不约而同地说，他们商量好了，现在不拍照片，要保持神秘感一直到大家见面。

转眼间，2010 年的春节又快到了。马兰和梁娉娉决定把各自的男友带回家，一来让父母看看，二来他们可以聚会。她们分别和男朋友约好大年三十到女方家里吃团圆饭并且很早就回家进行准备，两个家庭也都在热切地盼望准女婿上门。结果农历十二月二十九那天，马兰接到肖强的电话说："公司有急事要出差，春节我来不了啦。"马兰心情郁闷，结束通话后去了梁娉娉家。一见面，梁娉娉也闷闷不乐地告诉她："王志刚早上也说有事不来了，我正准备问他其他时间有空没有？"马兰一听，说："好啊，既然又见不着面了，你打电话让我听听未来姐夫的声音也好。"于是，梁娉娉用手机免提模式给王志刚打电话……

通电话真相败露　盗花贼落入法网

2010 年的春节对于马兰和梁娉娉而言，既痛苦又漫长。假期一结束，马兰就给男朋友肖强打电话："整个春节都没有看见你，我很想见你。我现在在锦绣宾馆 1129 房间，你快点来吧。"一会儿工夫，肖强就兴冲冲地推门而入。可是，一进房间他就傻了眼，原来等他来的不只是马兰，还有梁娉娉，同时房间里还有几个穿制服的民警。肖强成了瓮中之鳖，乖乖地束手就擒。

原来，农历十二月二十九那天，梁娉娉用手机的免提模式和王志刚通话，揭开了一个让人震惊的秘密。梁娉娉打完电话以后，发现马兰脸色有异，变得十分苍白。她急忙问："马兰，你身体不舒服了？"马兰不答反而焦急地问："你刚才是给谁打的电话？""我男朋友王志刚啊！"梁娉娉对马兰的问题感到奇怪。"你确定那个人是王志刚吗？"马兰又问。"当然啦，我们天天通电话，怎么会听错呢！"梁娉娉丈二和尚摸不着头脑。马兰停顿了一下，对她说："梁娉娉，我们都被骗了，这个人也是肖强。"原来，马兰从电话中听出来王志刚和肖强是同一个人。

梁娉娉不相信，自己的男友和马兰的男友怎么可能是同一个人呢？她们仔细一回忆，难怪每次叫王志刚和肖强出来四个人聚会，他们都再三推托，给他们拍照片他们也不同意，没想到背后竟然藏着不可告人的秘密。姐妹二人把各自交往的细节讲给对方听，试图找到更多的证据。发现她们除了被骗色外，还被这个男人骗了钱。王志刚在与梁娉娉交往过程中，有次突然打电话给她，说刚接到老家亲戚打来的电话说外婆在家门口跌了一跤，脚踝骨折住院了，急需15000元医药费，而他现在在外出差，身上没带那么多现金，请梁娉娉帮忙先汇过去，等他回来后再还给她。梁娉娉二话没说就把这笔钱汇到了王志刚指定的账号。可是，王志刚出差回来后竟然没再提起还钱的事情，梁娉娉碍于面子也迟迟没有追问。而马兰也有类似的遭遇。有一天，肖强和马兰吃饭，说起一个朋友沉迷赌博，被讨债的人打得住院了。为了帮助他，肖强借给他2万元，但是朋友欠了3万元赌债。肖强想帮人帮到底，却又因为最近手头紧，所以向马兰提出借1万元。马兰觉得肖强是个热心助人的好人，立刻就答应了。同样，肖强向马兰借了钱以后，也没再提起何时还钱。姐妹俩这么一交流，发现这个男人是个骗子，她们果断地决定报警。

警方立案后，得知她们没有当面戳穿骗局，决定让马兰约会肖强，梁娉娉也到场，以确认王志刚和肖强是不是同一个男人。所以，当肖强兴冲冲进门看到梁娉娉时，就知道他的把戏已经被戳穿了。根据警方侦查，“肖强”的真实姓名就叫王志刚，他1998年结婚，有两个孩子，妻子靠收购废品养活全家。王志刚没有固定工作，有时开黑车挣点钱花，他挣的钱从不交给妻子。王志刚的妻子在回答警方询问时说：“最近，我也发现他有些变化，不让我动他的手机，一动他就跟我吵架，甚至还威胁说我如果不信任他，就跟我离婚。”警方了解到，王志刚的外婆很多年前就已经去世，也没有所谓深陷赌债需要帮忙的朋友。根据警方侦查获得的证据材料，王志刚的行为已经涉嫌构成诈骗罪。

经过警方的侦查和检察机关的审查起诉，王志刚诈骗案很快被起诉到法院。对于这个骗财骗色的坏蛋，梁娉娉和马兰压根儿没打算放过他，毅然决定作为证人到法庭上指认王志刚的罪行。在法庭上，王志刚竭力为自己的行为辩解，说自己是真心爱梁娉娉，后来和马兰在一起，是为了帮梁娉娉挽回姐妹情谊而作出的牺牲，是不得已而为之。两个女人都是自愿和他交往，他并没有欺骗他们。至于借钱不还的事情，只是一时冲动犯下的错误，他对此表示抱歉，愿意退还全部借款。

法点释义：以恋爱名义借款不还是诈骗吗？>>>

诈骗罪，主观上以非法占有为目的；客观上虚构事实或隐瞒真相；结果是骗取数额较大的公私财物。司法实践中，认定行为人的行为是否构成犯罪要注意以下几点：首先，行为人实施了诈骗行为。诈骗行为是使被害人陷入错误认知的行为，并且因而“自愿”地向行为人交付财物；其次，诈骗行为使被害人产生的是错误认识，基于这种错误认识交付财物，而处分财产并不是被害人的真实意思表示；最后，行为人因诈骗行为获得不义之财，非法占有挥霍，从而使被害人的合法财产权益受到损害。

王志刚恋爱借款的自我辩解似乎很有说服力，好像男女之间一谈恋爱，经济上就你中有我，我中有你，相互之间产生纠纷就属于民事纠纷。然而，结合前述的诈骗罪构成要件，我们不难看出，王志刚作为有妻儿的丈夫，已经没有谈婚论嫁的资格。他的借钱理由都是编造的，亦无还钱的意图和能力，故其行为实际上为假意恋爱实则骗财，已经触犯法律，构成诈骗罪，应予惩处。

本案中，王志刚虚构自己是未婚大款的身份，编造了外婆受伤和朋友欠赌债的虚假事实，分别骗马兰和梁娉娉 25000 元钱不予归还，这种行为已经构成了刑法上的诈骗罪。我国刑法第 266 条规定：“诈骗公私财物，数额较大的，处三年以下有期徒刑、拘役或者管制，并处或者单处罚金……”因此，王志刚应当受到法律的追究。

王志刚的妻子在法院审理期间，代他退回了骗取的全部赃款，王志刚在法庭最后陈述时也表示悔罪。为此，法院认为，被告人王志刚的行为已构成诈骗罪，应予处罚。鉴于其在本案审理过程中，能够如实供述所犯罪行，认罪悔罪态度较好，且全额退还赃款以弥补被害人损失，故对其酌情予以从轻处罚。据此，法院判处王志刚有期徒刑一年，并处罚金一万元。

法律链接>>>

● 主刑和附加刑

在本书的案例中，读者会看到被告人被认定为犯罪后，常常既被判处有期徒刑，又被判处罚金。这就是我们要解读的刑罚主刑和附加刑。我国刑法将刑罚分为主刑和附加刑两大类。主刑，是指只能独立适用，不能附加适用的刑罚。主刑包括管制、拘役、有期徒刑、无期徒刑和死刑五种，附加刑又称从刑，是补充主刑适用的刑罚方法，既能独立适用也可以附加适用。附加刑包括罚金、剥夺政治权利和没收财产三种，此外，还有对犯罪的外国人独立适用或附加适用的驱逐出境。罚金主要适用于经济犯罪、财产犯罪和部分故意犯罪。剥夺政治权利主要适用于危害国家安全和严重的刑事犯罪。没收财产主要适用于危害国家安全、严重的刑事犯罪和严重的财产犯罪。

经历了一场虚假的恋爱，对于梁娉娉和马兰这一对好姐妹是一个沉重的打击。她们没有想到，灯红酒绿的背后隐藏着许多虚幻的泡影。回到阳光明亮的现实中，她们由此懂得想要走上人生的幸福路，还要自己脚踏实地。

案件感言：一场游戏一场梦>>>

现在富豪征婚征上了瘾，从离异富豪到富二代，打着各种旗号的征婚活动络绎不绝，而且都要求对方是靓女或处女。这种金钱与美女赤裸裸的结合，源自社会金钱至上的价值观。每个相貌姣好的姑娘心目中都有一个腰包鼓鼓的财主，是不是英俊的白马王子并不重要。于是，骗子也会利用靓女的虚荣，包装出成功人士的外表。由此，像本案这样的骗局上演过不知多少次，但还是有人前赴后继地上当受骗。这是因为受骗者沉迷于自己的幻想不可自拔，正可谓：为入豪门失财色，查出真相悔当初。

幸福的生活，是建立在两个相爱的人共同奋斗基础之上的；而不是嫁入豪门坐享其成。

爱恨情仇

关键词　激情杀人：故意犯罪

2011年秋季的一天，商人梁辉正在外面应酬，突然接到电话说家里出事了。梁辉挂了电话就急匆匆地往家赶，回到家后他看到一片狼藉的景象。室内雪白的墙壁上到处刷着血红的油漆大字“欠债还钱”，屋里的东西被翻得乱七八糟，贵重物品都被搬走了，妻子蒲晓兰也不见人影，亲属们在焦急地等着他。他急切地问：“蒲晓兰在什么地方?”大家表情严肃地摇头说：“我们没有看到她。”梁辉立刻拨打了蒲晓兰的手机，发现她手机已经关机了。亲属们着急地对他说：“你先查查看丢失了什么东西，向公安局报警吧!”梁辉果断摆手阻止道：“不行。”看着众人疑惑的目光，梁辉挠挠头不好意思地说：“前一段时间因为做生意资金周转不开，我借了50万元的高利贷，估计是放高利贷的派人上门催债，蒲晓兰十有八九也被他们带走了。如果报案激怒了他们，对晓兰没有什么好处。”大家觉得梁辉说得有道理，于是，就决定在家中等蒲晓兰的消息。

暴力讨债闯民宅　再婚妻子失踪影

梁辉和亲友们焦灼地等了整整一夜，妻子蒲晓兰依然是杳无音信。第二天，亲友们实在等不下去了，坚决要求梁辉报警。梁辉一看也无法再等下去了，就和亲友们一起去了派出所，他把妻子蒲晓兰失踪和家中被讨债的人闯入破坏的情况告诉了民警。警方立即展开了调查，办案民警要求梁辉提供放高利贷者的信息，他提供了一个手机号码，介绍情况说：“我是在街头小广告上找到的放高利贷者，上面留的是这个手机号码，联系好后有两个人送来现金，平时我从来没有联系过他们。”民警打电话过去但对方关机了，他们又问梁辉：“你借钱时用什么财产提供的担保？”梁辉说：“他们复印了我的房产证，我在上面签字担保；但是没有到房地产交易中心办理抵押手续。”警方调取了小区监控录像，民警发现有两个人形迹可疑，他们几次进出小区，每次手中都拿着东西，行色匆匆。由于监控摄像头的架设角度问题，视频中无法看清他们的面孔，致使辨认工作无法进行。

正当案件侦查工作暂时陷入僵局的时候，巡逻民警抓到了两个销赃的流浪汉，他们的体态特征与小区监控摄像拍到的人十分相似。经过审讯，二人承认案发当天有人雇他们到梁辉家讨债破坏，让他们在梁辉家刷讨债标语，还拿走了家中值钱的东西。民警问：“谁雇的你们？”他们回答：“是个30多岁的年轻人，由于只见过一面，没有什么印象了。我们只是拿钱办事，雇主让做什么就做什么。”民警又问：“你们是否绑走了女主人蒲晓兰？”那两个人异口同声说屋里没有任何人，他们也不可能劫持人质。因为流浪在外他们自己平时都没有地方住，绑了人质也没有地方藏。鉴于两个流浪汉的行为已经涉嫌盗窃，警方对他们采取了刑事拘留的强制措施。梁辉家入室盗窃滋事的人找到了，女主人蒲晓兰的下落依旧毫无消息。梁辉一方面经营着公司的生意，一方面让人四处贴寻人启事。

妻子尸体现枯井　再婚丈夫涉嫌疑

不久，有人无意间在城郊的枯井里发现一具女尸。尸体装在一个行李箱里，箱子外面被尼龙绳捆扎着。该女尸的衣着、体貌特征、年龄与失踪的蒲晓兰十分相似，办案民警通知梁辉前去辨认。梁辉看到尸体的一瞬间，蹲下身去双手掩面号啕大哭，嘴里喊道：“晓兰啊，是我害了你！你死的这么惨，你让我以后怎么办啊！”这具无名女尸就是失踪的蒲晓兰，她死亡的事实得以确认。警方对尸体进行了法医鉴定，证实她是外力致窒息死亡，死后被人抛尸枯井灭迹。

家人在悲痛之余给蒲晓兰筹备葬礼，告别仪式那天她的生前好友和同事纷纷前来哀悼。大家纷纷劝梁辉节哀顺变，人死不能复生，活着的人更要好好活着。梁辉眼圈发红、神情悲戚，痛苦地看着亡妻遗容。追悼会结束以后，人们纷纷上前和他握手告别。这时候，有两个陌生人来到梁辉身边，他们对梁辉说我们是民警，希望他到公安局配合警方调查。梁辉还没有说话，周围的亲友就不愿意了，他们七嘴八舌、情绪激动地说："蒲晓兰的追悼会还没有结束呢，能不能等到明天再去。你们不去抓凶手，现在来让家属配合调查有什么意义?"民警耐心地对他们解释说："请你们冷静，我们来找梁辉配合调查，就是为了抓到杀害蒲晓兰的凶手。"梁辉神情复杂地看了一眼蒲晓兰的遗像，向家人交代了善后的事情，然后坦然地跟着民警离去。

原来，民警在侦查蒲晓兰被害案件中，经过仔细观看小区的录像，发现两个流浪汉曾经抬过一个箱子走出小区，经过比对证实该箱子与装蒲晓兰尸体的箱子是同一种箱子。民警为此再次讯问了两个流浪汉，他们承认确实从梁辉家抬过一个箱子下楼，箱子挺沉的，里面装的是什么他们也不知道，箱子按照雇主的指令抬到小区外等候的一辆轿车的后备厢里。根据这些线索，民警怀疑蒲晓兰在两个流浪汉入室盗窃时已经被害身亡，那个箱子里放的就是她的尸体。由于两个流浪汉入室盗窃破坏了现场，房间里已经提取不到有价值的痕迹。警方分析，雇用流浪汉入室破坏，可能是凶手为了掩盖杀人的痕迹，而高利贷者讨债的说法十有八九是个借口。于是，警方秘密围绕着熟悉死者和梁辉的人进行调查，同时收集了与他们关系密切人员的照片，让两个流浪汉进行辨认。他们分别经过仔细地辨认，一致指着一个年轻人的照片说："他就是我们的雇主。"而这个男人就是梁辉的司机！民警马上将他秘密控制起来，他如实供认两个流浪汉是老板梁辉让他找的。梁辉那天苦恼地对他说："我和老婆经常发生矛盾，现在准备和她离婚。我已经把家中值钱的东西装进一个箱子里面，你去找人把它抬出来。"同时，梁辉还安排司机找人把家里搞乱，制造出被人讨债和盗窃的假象。于是，司机就花钱找了这两个流浪汉，让他们去梁辉家搞破坏搬东西。司机告诉侦查人员："这两个流浪汉把箱子放到车上以后，我开着车出小区就去见了老板梁辉，然后把车钥匙给了他。箱子里面装的是什么，后来梁辉把箱子弄到什么地方了，我一概不知道。”根据警方掌握的案件线索，梁辉故意杀人的嫌疑陡然上升。于是，警方决定传唤他到公安局进行询问。就这样，便衣民警出现在蒲晓兰的追悼会上，并将梁辉带到了公安局。

到了公安局以后，民警让他陈述案发的经过，梁辉深情地回忆起自己与蒲晓兰相识结婚的过程。那是五年前，梁辉已经到了知天命的年纪，由于和原配妻子感情长期不和，加上婚后没有孩子，所以他们就离婚了。经人介绍，梁辉遇上了不惑之年的蒲晓兰，他们两人一见钟情，从此深陷爱河无法自拔。蒲晓兰也曾经有过一段失败的婚姻，十分渴望真正的爱情。就这样，两个相爱的人走到了一起，重新组建了家庭，婚后的日子也过得和和美美。侦查人员打断他的话，明确告诉他：“梁辉，我们今天让你来，不是让你回忆恋爱结婚的事情，是想让你说清楚，案发那天你让司机从家里拉走的箱子里面装的是什么东西?”梁辉一听马上摇头否认说：“没有这回事。”民警冷笑着把有关证据材料摊到桌上，告诉他：“你不用演戏了！现在你自己主动说，还可以认定你认罪态度好。”梁辉看到警方已经证据在握，瞬间像泄气的皮球一样瘫软下来，他开始供述自己杀害妻子蒲晓兰的犯罪经过。

借腹生子成隐患　无情丈夫下狠手

梁辉和蒲晓兰都是离异再婚，按道理两个人应当珍惜这梅开二度的婚姻。事实上，婚后他们也确实曾经是一对恩爱的夫妻。但是，为什么突然间“拔刀相向”了呢? 这一切，还得从他们夫妻俩商量决定“借腹生子”开始讲起……

两个人再婚后，有一个现实的问题摆在他们面前。他们都没有生育过孩子，两人想要一个孩子，特别是梁辉的愿望十分强烈。随着年龄越来越大，资产积累越来越多，他要生孩子的愿望就越来越强烈。可是，蒲晓兰年龄大了，想要怀孕有些困难。梁辉抱着一丝希望陪蒲晓兰到医院进行了生育检查，医生告诉他蒲晓兰身体情况已经无法受孕了。这下子，梁辉后继有人的希望彻底破灭。蒲晓兰看着情绪低落的丈夫，心里也很不是滋味，担心自己的第二次婚姻不稳定。为了帮助丈夫梁辉完成心愿，蒲晓兰想到了“借腹生子”。她把这个想法告诉了梁辉，梁辉有些诧异地对她说：“老婆，你可想清楚了？这样做你心里能平衡吗?”蒲晓兰笑着说：“咱们都是过来人，‘借腹生子’只不过是为了满足你要孩子的愿望，你和代孕妈妈又没有感情。她生完孩子后，咱们给她一笔钱，把她打发走就行了。”梁辉听了蒲晓兰的话很感动，没想到再婚的妻子为自己竟然如此宽容和理解。

蒲晓兰开始四处张罗替梁辉寻找健康年轻的代孕妈妈，她亲自去见她们，和她们谈条件，然后安排她们和丈夫同房。但是，她先后联系了三个女孩都没能成功怀孕，只得继续找代孕妈妈。她万万没有想到，丈夫梁辉经常和年轻靓丽的女孩在一起造孩子后，他的心渐渐地偏离了正轨，喜欢上年轻女孩身上的朝气和活力，嫌弃自己的妻子蒲晓兰年老色衰。梁辉和蒲晓兰折腾了两年，孩子也没能生出来。蒲晓兰觉得丈夫生理上可能也有问题，让梁辉再去医院做检查。梁辉害怕听到绝望的消息，坚决不去医院检查，让蒲晓兰继续给他找代孕的女孩。蒲晓兰觉得丈夫这几年玩也玩够了，就算生不了孩子也该死心塌地地待在自己身边了。没想到，他竟然让她继续找代孕的女孩。蒲晓兰不愿意了，她开始拒绝给梁辉找代孕妈妈。梁辉其实也对生孩子逐渐失去了信心，但是，他已经习惯了身边有年轻漂亮的女孩子。看到蒲晓兰不给自己找代孕女了，他就开始到声色场所寻花问柳。让蒲晓兰更为恼火的是，梁辉越来越变本加厉，他不但在外面玩，有时还悄悄把年轻女孩带回家过夜。蒲晓兰和梁辉为此事争吵不休，梁辉总是以我要生孩子作为冠冕堂皇的借口，不管蒲晓兰如何歇斯底里地发作，他要么不理不睬，要么摔门而去，有时甚至一连几天都不回家。

蒲晓兰看着再次摇摇欲坠的婚姻，决定给自己准备一条退路，免得在婚姻结束时自己一无所有。她利用在梁辉公司掌握财务大权的便利，悄悄将公司 200 万元流动资金转至自己的私人账户上。不久，梁辉想要投资一个项目时发现公司账户上的流动资金所剩无几，他气急败坏地回到家，一进门劈头怒吼道：“蒲晓兰，你为什么擅自转走公司的流动资金，你到底要干什么?你马上把钱还给我!”蒲晓兰端着茶杯看着他淡淡地说：“钱现在还不了，我拿去买股票已经被套牢了。”梁辉气得在屋子里团团转，用手指着她说：“蒲晓兰，你等着！如果公司这笔钱受到损失，我跟你没完。”蒲晓兰抬头瞟了他一眼说：“我投资股票也是为了家庭，损失了只能怨股市不好。你不听我的话，我凭什么听你的话。”说完，她转身进了卧室。梁辉气得直跺脚，狠狠地摔门而去，到娱乐场所发泄去了。

从这次争吵之后，梁辉更加肆无忌惮，他公然把小情人带回家，甚至当着蒲晓兰的面两个人卿卿我我。蒲晓兰表面装作满不在乎，其实心里恨得牙根痒痒，两人的矛盾不断升级，到了不能开口讲话，一讲话就吵架的境地。

蒲晓兰实在忍受不了梁辉肆无忌惮的放荡，一怒之下带走了家里的现金和首饰出去租房子住。梁辉回到家后，发现保险柜开着，卧柜抽屉也开着，家中现金和蒲晓兰的东西都不见了。梁辉立刻拨打蒲晓兰的手机说：“蒲晓兰，我真是小看你了。我明修栈道，你就暗度陈仓，把我当作小孩耍。”蒲晓兰冷冷地说：“你都不把我当人，我只能自己照顾自己了。我不在家，你不是更自由？”梁辉提议说：“咱们年纪都不小了，吵架也没啥意思，找个时间谈谈吧，好聚好散。”蒲晓兰沉思了片刻说：“好，我明天下午回家和你谈。”

梁辉和蒲晓兰约好了见面时间，一场战争要在这对半路夫妻之间爆发了。第二天下午，蒲晓兰回到家，梁辉已经黑着脸坐在沙发上。蒲晓兰看了他一眼不客气地说：“要谈什么？你快点说！我还有事情。”梁辉没好气地说：“你把钱拿回来，首饰和衣服你可以带走，咱们协议离婚。”蒲晓兰回答道：“那些钱是我应得的，公司的股份我也要一半。”梁辉瞪大眼睛看着她：“你太过分了！是不是想让我倾家荡产！”蒲晓兰不依不饶地说：“你已经让家不成家了，我能忍到现在算不错了。”梁辉听后对蒲晓兰解释道：“我不是为了要孩子嘛，这不也是你允许的，现在倒成了我一个人的错了。”蒲晓兰听了梁辉的话情绪变得十分激动：“我是让你要孩子，但不是让你满足兽欲。”梁辉指着蒲晓兰说：“你说什么？兽欲？你是个泼妇！”蒲晓兰上前扯住梁辉的衣服吼道：“我是泼妇，那你是什么，禽兽！”梁辉想要推开蒲晓兰的手，蒲晓兰情绪激动地冲他吼道："梁辉，你还想对我动手！有本事你打死我啊！"梁辉被蒲晓兰的话彻底激怒了，他一把掐住蒲晓兰的脖子把她按倒在地上。蒲晓兰不停地挣扎，她越挣扎梁辉就越紧张，越紧张就越用力，直到蒲晓兰倒在地上不再动弹。梁辉颤抖着把手放在蒲晓兰的鼻子下试探，发现她已经没气了。妻子死了！梁辉吓得一下子瘫坐在地上，想了许久后决定掩盖自己的杀人行为。于是，他精心编造了放高利贷者讨债的情节以掩盖自己杀人的犯罪事实。

梁辉的口供与尸检相吻合，也与司机和两名盗窃嫌疑人陈述相一致，小区监控也证明了事发时间和经过，蒲晓兰失踪案告破。梁辉和司机被警方逮捕。案件侦查完毕之后移交检察院，检察院最终以故意杀人罪将梁辉起诉至法院，两个流浪汉和司机另案处理。梁辉的家人为他聘请了辩护律师，在开庭的时候，辩护人提出了"激情杀人"的辩护意见。

法点释义：激情杀人>>>

激情杀人与预谋杀人相对应，意指本无任何杀人故意，但在被害人的刺激、挑逗下而失去理智，失控而将他人杀死，在犯罪学中被认为是一种"挫折攻击型"犯罪。行为人主观上受到情绪的巨大影响，从而引起认识的局限和行为控制力上的减弱，对于行为的性质、后果缺乏必要的考虑而产生的突发性犯罪，与有预谋的故意杀人相比其主观恶性程度较轻。

结合本案，梁辉开始无意杀害蒲晓兰，只是在蒲晓兰"有本事你打死我啊"的话语刺激下，他认知能力和控制力减弱导致其激情杀人。虽然梁辉的犯罪情形可以认定为激情杀人；但是我国刑法并无激情杀人这一概念定义，也不是从轻处罚的法定或者酌定事由。故辩护人的辩护意见法庭并未采纳，最终法院判决认定梁辉故意杀人罪名成立，因为被害人没有过错，他不具备从轻处罚的情节。依法判处其死刑，缓期两年执行，剥夺政治权利终身。一审判决后，梁辉没有上诉。经过上一级法院核准后，他很快就去服刑改造了。这起半路夫妻半路情的案件落下了帷幕。

法律链接>>>

● 死缓

死缓是死刑缓期执行的简称，也是我国特有的刑罚制度，属于死刑的一种。死缓是对罪当判死但不必立即执行者，在判处死刑的同时给予二年的缓期，这期间罪犯如果没有故意犯罪，则自动减为无期徒刑；如果确有重大立功表现，则减为有期徒刑；如果故意犯罪，经查证属实，则执行死刑。死刑缓期执行的期间，从核准死刑缓期执行宣告之日起计算。

我国刑法第 48 条规定：“死刑只适用于罪行极其严重的犯罪分子。对于应当判处死刑的犯罪分子，如果不是必须立即执行的，可以判处死刑同时宣告缓期二年执行。死刑除依法由最高人民法院判决的以外，都应当报请最高人民法院核准。死刑缓期执行的，可以由高级人民法院判决或者核准。”

第 50 条规定：“判处死刑缓期执行的，在死刑缓期执行期间，如果没有故意犯罪，二年期满以后，减为无期徒刑；如果确有重大立功表现，二年期满以后，减为二十五年有期徒刑；如果故意犯罪，情节恶劣的，报请最高人民法院核准后执行死刑；对于故意犯罪未执行死刑的，死刑缓期执行的期间重新计算，并报最高人民法院备案。对被判处死刑缓期执行的累犯以及因故意杀人、强奸、抢劫、绑架、放火、爆炸、投放危险物质或者有组织的暴力性犯罪被判处死刑缓期执行的犯罪分子，人民法院根据犯罪情节等情况可以同时决定对其限制减刑。”

第 51 条规定：“死刑缓期执行的期间，从判决确定之日起计算。死刑缓期执行减为有期徒刑的刑期，从死刑缓期执行期满之日起计算。”

案件感言：刺猬的爱情>>>

两只刺猬，彼此抱得越紧就会伤害越深，只有忍痛拔掉自己身上的刺，才能互相拥抱取暖。国人之间的爱情，相当一部分都是这种刺猬的爱情，结婚之后相互之间就是赤裸裸的占有关系；结婚前的相敬如宾，举案齐眉都已消散殆尽。这种互相贴身防卫的夫妻极易产生情感疲劳，维护婚姻的功利思想也难以维系夫妻的爱情。尤其是再婚夫妻，婚前应当慧眼识人，避免短平快的婚姻；结婚后应当互相宽容和理解，遇人不淑则当机立断离婚，免得给自己生命财产权益造成更大的损害。这也是本案给我们的启示。

诈尸奇案

关键词 保险诈骗罪：伪造事故　骗取保险

2012年北方的冬季，天气异常寒冷。一天凌晨五点钟左右，某地交警部门接到报案。报案人用惊慌的口气说："我的车轧死人了。"交警问清具体位置后，要求驾驶员在原地等候，他们会马上赶过来。事故现场位于城郊接合部，在连接主干道的岔路拐弯处。一辆重型牵引车牵引着一辆半挂车停在路边，一个人倒卧在半挂车的车轮后面。双手抱头蹲在车头驾驶室处的司机，看到交警驱车来到事故现场，就上前惊魂未定地介绍情况说："我是驾驶员黄家顺，被轧的人和我在一家建筑公司工作，但是我不知道他叫什么名字。今天早上我开车要送一批建材去建筑工地，他说要去工地，就坐在了半挂车上。在刚才车辆拐弯的时候，不知什么原因他从车上摔了下来，遭到后轮碾轧。我发现异常以后马上刹车，打电话报了'110'和'120'。"他话音未落，"120"救护车也赶到了现场。经过现场检查，医务人员宣告该男子失去了生命体征，已经死亡。

离奇车祸现异常　死者死后又复生

司机讲不清工友是怎么从半挂车上摔下来的，经过现场初步勘察，交警也无法查清他是怎么从半挂车上摔落的。不过很快，交警就发现这桩看似平常的交通事故似乎没有那么简单。因为他们发现被轧身亡的男子尸体有些异常。他明明是在交通事故中被轧身亡的，但是该男子头部却有新近的术后缝合痕迹。"120"急救车到事故现场的时候，交警已经赶到了现场，急救人员对被轧男子并没有进行任何缝合手术，况且现场也不具备缝合手术的条件。

可是，一个头部做过手术的男子怎么可能坐在疾驶的半挂车车顶上？遭遇车祸前他受的是什么伤？与他的死亡有何关系？为了解决这些专业问题，公安局的法医来到现场，他对尸体进行了检查。结果，法医和交警都惊呆了。被轧男子不仅头部有术后的缝合伤口，在其腋下还有用医用凡士林纱布包扎固定的伤口。经过法医对伤口的位置、大小以及包扎固定方式判断，认定该男子腋下的伤口应该是胸腔闭式引流手术的切口。法医指出：“这个人做的手术是个大手术，除非他是个特殊材料制成的人，否则，不可能在刚做完这么大的手术后就随车到工地干活。”

交警凭借处理道路交通事故的经验，认为这起交通事故有蹊跷之处。因此，在事故现场勘查结束后，扣留了肇事车辆，将肇事司机黄家顺带回交警支队对其进行仔细询问。面对询问的交警，黄家顺脸色苍白，双手不停地揉搓，情绪也很不稳定，除了语无伦次地再次叙述了事故发生的经过外，还反复强调不认识这个工友，他之前是否受过伤更不清楚。如果自己的行为构成交通肇事罪，愿意为此承担法律责任。交警见此情形，无法确定黄家顺是否如实陈述了事情经过，决定围绕着车祸死者的情况继续调查，直至查清事故的全部真相。

经过多方了解，交警发现在本地只有两家医院具有做胸腔闭式引流手术的能力。如果死者在本地曾经做过该手术，那么通过走访这两家医院或许就能找到答案。于是，交警开始对这两家医院进行走访询问。其中一家医院近期做过胸腔闭式引流手术，患者正在住院治疗，与死者肯定没有关系。交警又来到另一家医院，刚到医院的大门口，他们发现该医院发生了医患纠纷。只见医院的门诊大厅里黑压压地挤满了人，患者亲属手中举着横幅，上书“还我亲人”几个醒目的大字，还有的患者亲属对围观的人群哭诉着什么。交警来到医院的医务科，负责人介绍说：“现在在医院门诊大厅闹事的人，就是做过胸腔闭式引流手术患者的亲属。五天前，下午三点多，一名因从高空坠落导致重伤的男患者被送来我院救治。他的名字叫刘金伟，年龄 43 岁。护送人员说他在建筑工地楼顶作业时，不慎踩空跌下楼来。送到我们医院后，患者生命十分危急，我们组织专家会诊后进行了全力抢救，并为他做了胸腔闭式引流手术。但是，刘金伟手术结束后一直未能脱离生命危险，两天后因为抢救无效而死亡。当天晚上，刘金伟尸体暂时放在我院的太平间，准备第二天上午送殡仪馆，没有想到天亮时发现尸体不见了。亲属由此认为刘金伟死亡是个医疗事故，说我们医院为了掩盖事故的责任把尸体藏匿起来了，已经从昨天早上闹到现在了。”交警听了介绍后，觉得死者刘金伟可能与车祸被害人之间有点联系，就拿出了事故现场被轧男子的照片让医生辨认。主治医生看到照片上的死者以后，很肯定地告诉交警：“这个人就是死亡的患者刘金伟。”他满脸疑惑地问：“患者抢救无效已经死亡，他的尸体怎么跑到交通事故现场去了？”不但医生感到困惑，交警听了以后也不敢相信。如果车祸死者确实是刘金伟的话，那死人肯定不会动了。会不会是医生认错人了？为了慎重起见，交警又来到医患纠纷现场，把照片给死者的亲属看。看过之后，死者的亲属说照片上的人就是因工死亡的刘金伟。于是，交警安排他们前往殡仪馆认领尸首。到了殡仪馆以后，他们确认死者就是自己的亲人。

诈尸传闻遮望眼　拨开迷雾真相现

死者刘金伟做手术的医院找到了，做手术的原因也查清了；但是，一个已经死亡的人怎么会死而复生，而且还坐在公司的车上到工地去。除非他当时是假死？一时间这个离奇的车祸传遍了全城，死者诈尸的说法不胫而走，听闻者无不毛骨悚然。刘金伟的家属又开始到交警部门讨说法，要求查清死者为何死后又发生了一次交通事故。办案交警深知，在这个看似普通的交通事故背后一定隐藏着什么秘密。因为，死人不可能复活。

死者生前工作的建筑公司老板田国庆被传唤到交警支队，田国庆挺着发福的肚子走进交警办公室，不多的头发被定型啫喱抹得油光锃亮，整齐地梳向脑后。他向交警叙述道：“我们公司承揽了一处厂房拆除重建工程，刚开始施工的第二天，刘金伟就从厂房屋顶上失足掉下来。他受伤之后，我们派人把他送到医院进行抢救，并垫付了医药费用，同时也通知了他的亲属。刘金伟死亡以后，为了维护公司稳定，也为了不给政府添麻烦，我们及时化解矛盾，决定给刘金伟亲属工伤赔偿款50万元。”田国庆说到这儿，表情惊奇地说：“这几天我正在四处筹款，没有想到刘金伟又复活了，而且又被公司的车辆轧死。难道他诈尸了？”交警意味深长地看了他一眼说：“田老板，刘金伟工伤抢救无效死亡的事实你没有意见吧？”田国庆点点头：“我没有意见，他确实抢救无效在医院死亡。”交警又问他：“你认为死人能复活吗？”田国庆没有正面回答，闪烁其词地说：“现在社会上都传着刘金伟诈尸了，这事我也不敢太肯定。他是不是死得冤枉这口气没有咽下去？”

交警从公司老板田国庆和肇事司机黄家顺嘴里没有得到刘金伟为什么死后又从公司工程车上掉下来的真相。但是，交警坚信，一定是有人把死者放到车上的，而把一个死亡的人放到车上肯定是有什么目的。交警了解到肇事车辆的牵引车和半挂车分别投保了交强险，两家保险公司分别作为保险人，依法应在各自的交强险责任限额12万元内承担无过错责任的赔偿责任。

法点释义：交强险>>>

交强险，机动车交通事故责任强制保险的简称。2006年7月1日正式施行，是由保险公司对被保险机动车发生道路交通事故造成受害人（不包括本车人员和被保险人）的人身伤亡、财产损失，在责任限额内予以赔偿的强制性责任保险。我国《机动车交通事故责任强制保险条例》第2条规定：“在中华人民共和国境内道路上行驶的机动车的所有人或者管理人，应当依照《中华人民共和国道路交通安全法》的规定投保机动车交通事故责任强制保险。”

让已经死亡的人再发生一次车祸，难道是为了骗取保险？这么做能达到目的吗？交警们在讨论这个问题时产生了争论。有人说，死者是从半挂车上摔下来的，应属半挂车的车上人员，而不是车祸中的第三者，不属于交强险赔偿的范围。还有人说，车祸中的第三者和车上人员，均为特定时空条件下的临时身份，二者可以因特定时空条件的变化而变化。本案中，交通事故发生之前死者坐在车上，确实是被保险车辆的车上人员，不属于交强险赔偿的范围；但当他从半挂车上摔落又被车碾轧身亡时，他已经不在半挂车上，而在车下。属于车祸中的第三者，应当由保险公司理赔。换句话讲，如果刘金伟交通事故死亡是真实的话，他只能在车下才能被车轧死，自然可以获得保险赔偿。交警们分析到这里，明显感觉已经找到了破案的线索和方向。

于是，交警再次传唤了肇事司机黄家顺。黄家顺面对交警的询问，回答和之前的笔录如出一辙。交警问他："你当天早上和乘车人刘金伟说话没有?"黄家顺摇了摇头。"没有?"交警盯着他的眼睛说："你为什么不跟他说话？拉个人你都不问一声?"黄家顺有点惊慌失措地说："因为，因为我不认识他，就没有问他。"交警冷笑了一声说："到底是你不认识他，还是他已经永远不能说话了?"交警犀利的问话让黄家顺额头上的汗冒了出来，他下意识地用手抹去冒出的冷汗。交警看在眼里，知道时机已经成熟，就把调查到的证据一一摆在黄家顺面前，告诉他如果不如实说出事实真相，将会面临法律的制裁。黄家顺方寸大乱，思想的防线被攻破了。他双手捧头犹豫了片刻，抬起头用颤抖的声音说："我交代，我把我知道的都告诉你们；但这不是我的主意，是田老板让我这么做的。"于是，随着黄家顺的交代，一起现代诈尸案件的真相浮现在大家的面前……

伪造车祸欲骗保　机关算尽仍落网

刘金伟在建筑工地上出事以后，公司垫付了几万元的医药费，结果人还是没有抢救过来。这期间，刘金伟的亲属闻讯也从安徽老家赶了过来。他们强烈要求建筑公司进行赔偿，否则将围堵工地不让继续施工。建筑公司老板田国庆为了息事宁人，经过和死者亲属的几轮艰难谈判，同意给刘金伟亲属50万元工伤赔偿款。刘金伟的亲属同意后，田国庆开始筹措赔偿款。看到一下子要拿出这么多的现金，他突然又觉得自己太亏了。刘金伟从楼顶摔下来他自己也有很大责任，而工程刚开工还没赚到钱就搭进去这么多钱。田国庆越想越亏。怎么办？如何弥补公司的经济损失？苦思冥想之后，他决定演一出诈尸戏，通过制造车祸让保险公司为赔偿埋单。想好了之后，他找来了公司的司机黄家顺，给了他3000元，然后说了自己的妙计。拿人钱财替人消灾，黄家顺同意和田国庆一起弄虚作假。于是，他们晚上来到医院，找到太平间的看门人，以祭奠死者的名义骗开了门，又利用看门人的疏忽，将尸体抱出太平间，放到半挂车上拉走。随后，导演了尸体遭遇车祸的闹剧。

事情真相大白了，老板田国庆被再次请到交警支队。面对警方出示的证据，他长叹了口气，沮丧地说："我认罪!"供述完犯罪事实以后，他低着头说："当时我看到工程还没赚钱就要赔这么多钱，头脑一糊涂就做了这样的蠢事。"医院太平间的看门人也接受了警方的询问，他辨认出了田国庆和黄家顺，气愤地说："他们就是去祭奠死者的人，当时还给了我一瓶酒和两盒烟。我为了晚上喝酒出去买菜，回来后他们就不见了。我估计他们就是借我出去的机会把尸体偷走的，他们害得我也丢掉了工作。"

这起蹊跷的道路交通事故案件背后的秘密终于被揭开了，不是死者诈尸了，而是尸体成了诈骗的工具。他们的行为已经涉嫌保险诈骗罪。

法律链接>>>

● 保险诈骗罪

保险诈骗罪，是指以非法获取保险金为目的，违反保险法规，采用虚构保险标的、保险事故或者制造保险事故等方法，向保险公司骗取保险金，数额较大的行为。简单说，就是伪造事故，骗取保险。我国刑法第198条第1款规定："有下列情形之一，进行保险诈骗活动，数额较大的，处五年以下有期徒刑或者拘役，并处一万元以上十万元以下罚金；数额巨大或者有其他严重情节的，处五年以上十年以下有期徒刑，并处二万元以上二十万元以下罚金；数额特别巨大或者有其他特别严重情节的，处十年以上有期徒刑，并处二万元以上二十万元以下罚金或者没收财产：（一）投保人故意虚构保险标的，骗取保险金的；（二）投保人、被保险人或者受益人对发生的保险事故编造虚假的原因或者夸大损失的程度，骗取保险金的；（三）投保人、被保险人或者受益人编造未曾发生的保险事故，骗取保险金的；（四）投保人、被保险人故意造成财产损失的保险事故，骗取保险金的；（五）投保人、受益人故意造成被保险人死亡、伤残或者疾病，骗取保险金的。”鉴于田国庆和黄家顺的行为已经涉嫌保险诈骗罪，警方对他们采取了刑事拘留的强制措施。

案件侦查结束后，警方将案件移送至检察院。检察机关经过审查起诉以保险诈骗罪将二人起诉至当地法院。被告人田国庆和黄家顺都聘请了辩护人。在法院开庭审理的时候，控辩双方围绕着被告人的保险诈骗行为是犯罪未遂还是犯罪预备展开了争论。

法点释义：犯罪预备和犯罪未遂>>>

我国刑法规定，为了犯罪，准备工具、制造条件的，是犯罪预备。对于预备犯，可以比照既遂犯从轻、减轻处罚或者免除处罚。已经着手实行犯罪，由于犯罪分子意志以外的原因而未得逞的，是犯罪未遂。对于未遂犯，可以比照既遂犯从轻或者减轻处罚。由此可见，犯罪预备和犯罪未遂都是犯罪未达目的的形态，都可以从轻、减轻处罚，犯罪预备还可以免除处罚。

以此衡量本案，田国庆和司机让死者诈尸主观上是为了骗取保险，客观上“从申请理赔之日起，系着手实施保险诈骗的行为”就构成了保险诈骗罪。而本案他们还没有来得及向保险公司报案就被警方识破了犯罪阴谋，因此田国庆等人虽然虚构了保险事故，但是由于未向保险公司报案实施申请理赔行为，故应构成犯罪预备，不是犯罪未遂。可以比照既遂犯从轻、减轻或者免除处罚。

法院开庭审理后，采纳了辩护人关于被告人的行为属于犯罪预备的观点，结合本案的全部情况，依法对被告人作出了判决。被告人田国庆判处有期徒刑二年，缓刑二年，判处罚金一万元；被告人黄家顺判处有期徒刑十个月，缓刑一年六个月，判处罚金一万元。

刑事判决作出后，两名被告人都没有上诉。判决生效后，田国庆主动将

50万元的工伤赔偿款送到刘金伟亲属的手里，向其家人鞠躬道歉，以期救赎自己曾经犯下的错误。

案件感言：手莫伸，伸手必被捉>>>

“手莫伸，伸手必被捉。”陈毅这句诗形容犯罪必被追究非常恰当。人人都有趋利避害的本能，但是，减损必须符合社会规则，这个规则就是不能逾越法律的界限。如果抱着侥幸的心理或者无视法律的尊严，恣意妄为，则必将应验“善有善报，恶有恶报；不是不报，时候不到”的箴言。

这个诈尸案件启示我们，公民和单位的权利义务要相辅相成，应当承担责任的时候不要妄图转嫁责任；否则，可能会像本案的主人公田国庆一样，阴谋不但没有得逞还将自己送进了牢房。

残酷父爱

关键词 犯罪未遂：意志以外 没有得逞

2012年夏收后的一天早上，家住城郊的菜农老张正在菜地里浇水。他忽然发现地头田埂边的土堆在动，开始他以为是车辆经过产生的震动。但是，定睛一看，发现土堆不是被外力震动了，而是确实在微微掀动。他正在疑惑间，突然看见两条细小的胳膊从土堆里伸了出来。天啊！土堆里有人！老张吓得一个趔趄坐到了地上，他双腿急忙往后挪动。紧接着，他看到一个小孩子的脑袋从土堆里露了出来，头上和脸上都是与血凝固在一起的泥土。看到眼前这一情景，老张赶紧上前把小孩从土堆里抱出来。这是一个四五岁的小男孩，他看着老张用虚弱的声音对他说："伯伯，求求你救救我爸爸！我……"话还没说完，他就昏了过去。老张急忙从口袋里掏出手机，拨打了"120"急救电话，同时也给自己的妻子打了电话。

土堆里钻出受伤男孩 为救父恳求民警相助

一会儿，呼啸而来的"120"急救车把孩子接到医院进行救治，老张两口子也跟着去了医院。医生看到孩子这种情形后，打电话报了警。民警很快来到医院了解情况，医生介绍情况说："经过我们检查，这个无名孩子头部有两处外伤，目前还处于昏迷状态中，不过没有生命危险。"民警马上向菜农老张了解发现受伤男孩的经过，然后让老张带着来到案发现场，对现场进行了勘查。

发现受伤男孩的现场紧邻公路，是老张一家承包的农田。田埂上没有血迹和打斗的痕迹，民警初步判断小孩被凶手伤害后误被认为已经死亡，从而把他草草地埋在土堆中。民警在感谢老张的配合之后，希望他发扬救死扶伤的精神照顾好受伤的男孩，直至警方查清孩子的身份或者找到他的家人。老张和妻子都连连点头，表示凶手连这么小的孩子都不放过，真是伤天害理！老张的妻子抹着眼泪说："你们放心，我们一定照顾好孩子。如果将来找不到他家，我们愿意抚养他。"民警安排好老张两口临时照看孩子后，决定到案发现场附近进行走访，以了解是否有孩子走失。

民警们一番走访下来，既没有发现什么可疑的线索，也没有人家报孩子失踪。而这个受伤男孩身上，没有发现任何身份信息，他姓甚名谁，家住哪里？父母在什么地方？他为什么头破血流地被埋在菜地旁？一概都不得而知。这一连串的疑问困扰着办案民警。现在，除了等待受伤男孩苏醒以外，警方无从下手。

到了当天下午，受伤男孩苏醒了。他睁开眼看了看老张，用微弱的声音说："伯伯，我要喝水。"老张赶紧喂他喝水，告诉妻子通知医生孩子苏醒了。值班医生过来查看情况以后，对老张夫妇说："他可以进食，你们喂点好消化的饭。"老张的妻子马上到医院外面买回来一碗面条，一边喂他一边流泪说："谁对孩子这么狠！造孽啊！"民警们得知孩子苏醒的消息后也赶到病房，这时受伤男孩已经吃完饭，身上多少有了点劲儿。他看到穿制服的民警走进病房，立即挣扎着要起来。民警趋步上前说："小朋友，你不要动！有什么话对我们说吧。""警察叔叔，你们快去救救我爸爸，求你们救救我爸爸。"受伤男孩急切地说。民警和蔼地问他："小朋友，到底发生了什么事？你告诉我们，我们来就是救你和你爸爸的。"受伤男孩艰难地回忆着："晚上，我睡觉了。爸爸突然叫醒我说他不想活了，我就跟着爸爸一起从家里出来了，再后来我就不知道了。"民警拉着他的手问："你叫什么名字？你爸爸叫什么名字？你们住在哪里？"孩子抬起头对民警说："我叫东东，我爸爸叫马国明。我家住在农村。"民警通过进一步询问，发现东东不能回忆起他住的村庄名称，就按照他说的他和父亲的姓名进行了查询，很快找到了他的家庭住址。然后，警方立刻派民警前去解救东东的父亲马国明。

婚外情拆散完整家庭　伤今生幻想寄托来世

男童东东受伤后差点儿被活埋，他说最后和父亲在一起，马国明的情况怎么样？他是不是也遭遇到了不幸？民警们带着疑问迅速赶往马国明所在的村子，到了村子以后经过村委会主任的指认，民警们赶到马国明的住处。他们发现这是一处破旧的宅院，有三间土房，院子里杂草丛生，一幅残败的景象。民警发现马国明家房门紧闭，窗帘遮掩，里面情况不详。于是，他们上前敲门，里面无人应答。民警侧耳细听，听见里面有动静。情急之下，民警强行破门而入。只见一个消瘦的中年男子端坐在桌子旁边，手里拿着一个塑料汽油桶，屋子里弥漫着汽油味。这个消瘦的中年男子，就是东东的父亲马国明。他一看民警们破门而入，情绪显得十分激动，大声喊道："你们别过来啊！你们过来我就点火了。"他一边说着，一边拿起打火机在眼前左右晃着。民警们停住脚步，好言劝阻道："老马，你先冷静一下。我们过来是救你的，不会伤害你。"村委会主任也在一旁说："国明，你这是怎么回事？快把打火机放下！有话好好说！"马国明绝望地说："你们还救我干什么？我什么都没有了，死了才能解脱。"民警马上安抚他道："你还有儿子，东东！你难道不为东东着想？"马国明一听到东东的名字，情绪立刻又激动起来，他带着哭腔说道："东东，他已经先上路了，我就要和他在天上相见了。"说着，马国明要把打火机打着。说时迟那时快，一位民警迅速冲上前去夺走了马国明手中的打火机，其他几个民警上前合力将马国明牢牢控制住。马国明还想拼命地挣扎，民警告诉他："马国明，东东没有死。他在医院接受治疗呢，是他让我们来救你的。"听到这些话，马国明不反抗了，被民警带回了公安机关。

在去公安局的路上，马国明一直焦急地说："我要见东东，我要见东东。"民警安抚他说："东东的伤情很稳定，我们正在找东东的妈妈，准备让她去医院陪护他。"马国明一听，情绪激愤："她是一个坏女人，不能让她陪东东。"在他冲动地讲述中，民警们知道马国明的妻子和别人好上了，现在他已经和妻子离婚了，东东由他抚养。

到了公安局以后，民警们对马国明说：“为了尽快查明东东被伤害的事实，你先配合警方将事情调查清楚，然后我们会安排你去见东东的。”马国明听了以后，低着头沉默不语。民警再次对他说：“老马，你不要有思想顾虑，告诉我们到底发生了什么事?”马国明抬起头，眼中满是悔恨的泪水说：“是我干的，东东是我害的，我不想活了。”接着，他交代了企图害死亲生子东东的犯罪经过……

马国明从小就被父母遗弃，是吃乡亲们的百家饭长大的。由于没有家庭呵护和稳定的收入，马国明小学毕业后就不上学了，尚未成年就外出打工。到了结婚的年龄，别人给他说媒认识了邻村的罗翠萍。罗翠萍家里兄弟姐妹6个，经济条件也很差。罗家父母见过马国明以后，觉得他虽然没有父母和亲人，但是为人忠厚老实身体健康，女儿嫁过去不会受欺负。没有家底自然也没有负担，只要他们努力打工，赚了钱也会过上好生活。于是，罗翠萍的父母同意女儿和马国明结婚。

结婚不久，他们夫妻二人就一同出去打工了。他们来到西北一个小煤矿，工作条件虽然尘土飞扬，但是努力干活挣钱多。两个人怀着对未来的憧憬，工作得十分卖力。不久，罗翠萍怀孕了。马国明把她送回家拜托自己的好朋友秦祥林照顾，一个人回到煤矿继续勤奋打工。10个月后，儿子东东出生了。马国明得知这个喜讯后，工作更加勤奋卖力了。但是，天有不测风云。正当马国明干得欢快时，他身体出了毛病，开始莫名的咳嗽。马国明的身体底子好，没有把这当回事儿，继续下井卖力干活。慢慢的他咳嗽日益严重，吐痰量也明显增多，并且呈黄色黏稠状或块状，还常常憋在气管里咳不出来。这时，有经验的工友告诉他：“老马，你可能得了尘肺病。”煤矿老板得知马国明可能得了职业病的消息后，给了他2万元，让他先回家看病，把马国明打发回了老家。

马国明回到家乡以后，经过医院检查确诊得了尘肺病，于是他开始在家中休息治疗，身体情况也越来越差，渐渐不能从事体力劳动了。而这个时候，正是家中抚养孩子需要用钱的时候，马国明由挣钱的机器变成了花钱的药篓子，他在家中的地位也直线下降。这时，他发现罗翠萍以为他身体着想作借口，回来后一直不和他同房，对他的态度也日趋冷淡。不久，马国明从乡亲们的嘴里听到了一些风言风语，说罗翠萍和自己的朋友秦祥林搞在一起了。他默不作声地细心观察，发现罗翠萍和秦祥林在自己面前时，说话办事似乎显得有些尴尬。为此，他决定和妻子好好谈一谈。一天晚上，东东睡着以后，马国明问罗翠萍："翠萍，你为什么晚上拒绝和我同床？"罗翠萍矢口否认："没有啊，我这不是顾及你的身体嘛。"马国明根本不相信，他又问："那你白天为什么对我也不理不睬？别人说你跟秦祥林好了，这是不是真的？"罗翠萍闪烁其词地说："你不在家的时候，他帮了我们母子不少忙。你身体现在这个样子，今后我们更离不开他了。"马国明马上追问："翠萍，你这话是什么意思？是不是我不能挣钱了，你嫌弃我，喜新厌旧了？"罗翠萍下定决心直言相告："马国明，不是我嫌弃你，而是你太窝囊。得了职业病，老板2万元就把你打发回来了。你知不知道你的病有多重？"罗翠萍说着打开家中的电脑让他看，只见尘肺病介绍资料上写道：尘肺病是一个没有医疗终结的致残性职业病。尘肺患者胸闷、胸痛、咳嗽、咳痰、劳力性呼吸困难、易感冒，呼吸功能下降，严重影响生活质量，而且每隔数年病情还要升级，合并感染，最后会因肺心病、呼吸衰竭而死亡，目前对此尚无特效药物治疗。看完以后，马国明心情十分沉重，埋头想了半天，他对罗翠萍说："翠萍，咱们离婚吧！离婚以后你愿意跟谁过我不管，但是东东得归我。"

不久，马国明和罗翠萍协议离了婚，一个人带着东东过日子。罗翠萍自觉对不起马国明，也同意东东给他做个伴儿。离婚后，为了避免流言蜚语，罗翠萍和秦祥林一起到外面打工了。马国明得病回家之后，本以为自己在外面辛苦挣钱，终于可以过上老婆孩子热炕头的日子了。没有想到，他的理想在疾病的重压下成了泡影，家庭也在妻子出轨后破裂。

日子一天天过去了，马国明脾气变得暴躁，健康状况更是每况愈下，基本上丧失了劳动能力。看到家中已经一贫如洗，马国明又来到工作过的煤矿找老板。谁知道，煤矿的老板已经易主，新老板根本不承认他曾经在煤矿工作过。马国明以前干活时的工友也都因为各种原因离开了煤矿，他不能证明自己是在煤矿打工时得的职业病。他满腹冤屈无处诉说，最后经过村里协调，煤矿老板给了他 1 万元把他打发回家。

回到家乡以后，马国明觉得自己命运坎坷，做人太窝囊了，天天借酒消愁。一天酒后，看着懂事的儿子东东，他觉得自己不能给孩子一个幸福的未来。东东跟着他只会受苦受穷，马国明顿时产生了绝望的心理。他觉得活着毫无意义，于是决定和儿子一起死，这样父子俩来世托生时才能永不分离。下定必死的决心后，马国明决定先把 4 岁的儿子东东送走……

人生路坎坷滋生绝望　糊涂父忏悔法难留情

案发当天晚上，马国明喝酒喝到半夜，他觉得是离开痛苦人世的时候了。他进屋把熟睡的东东叫起来，抚摸着东东的脸对他说："东东，爸爸心里太痛苦了，实在没办法活下去，我要去死了，你是跟着我走还是跟着你妈生活？"东东当时吓得哭出声来，他用瘦弱的胳膊抱着马国明说："爸，你不要死！我跟着你过日子。"马国明没再说话，挣脱东东走出家门。东东在后面一边哭一边跟着他，走着走着他的哭声渐渐小了。马国明听到身后传来儿子喘息的声音，他回头看着东东问："东东，你累了？咱们歇会儿吧？"东东摇摇头说："我不累！爸爸休息，我就休息。"马国明只好坐在路边，东东就乖乖地倚坐在他身旁，用手拉着他的胳膊。不一会儿，东东就靠在马国明身上睡着了。马国明双手搂着东东，看着儿子恬静的脸庞他内心百转千回，越想越觉得自己一旦不在了，儿子肯定会像自己小时候那样受尽人间凄苦。他不能把孩子一个人留在人间受苦受难，要让他早日托生到富贵人家。想着想着，马国明不由自主地拿起身边的一块石头朝东东的头上砸了下去。东东大叫了一声，手脚抽搐起来。马国明吓得浑身颤抖，眼一闭狠了狠心又朝儿子的头部砸了一下。东东顿时手脚瘫软，昏迷过去。马国明以为儿子已经死亡，他既绝望又紧张，环顾四周无人之后，在附近找了棵特征明显的小树，徒手堆土把儿子埋在菜地旁边。然后，马国明徒步向家走去。他边走边想自己刚才杀死儿子的那一幕，感觉自己手脚已经发软。到家后，他呆坐着开始想自己怎么死？用刀割腕，太痛苦了；泼油自焚，死相太难看；上吊自杀，又怕绳子不结实。在马国明左右为难时，天已经亮了，看到明媚的阳光，他自杀的勇气更少了。马国明想想媳妇跟朋友跑了，儿子也被自己害死了，自己真没有理由再活下去了。于是，他下定了必死的决心，洗漱好以后，换上一身干净衣服，把门窗关好，窗帘拉上，准备自杀。这时候，屋外响起了民警的敲门声。马国明急忙拿起油壶往自己身上淋汽油，准备点火自杀。就在这生死一瞬间，民警制止了他的愚蠢行为。

民警听了马国明的供述以后，指着他生气地斥责道："马国明，你知道嘛，东东被人从土里刨出来以后，说的第一句话就是'救救我爸爸。'虎毒不食子，你竟然亲手伤害活埋自己的儿子，你还有人性没有！"马国明听完民警的话，伏在审讯台上号啕大哭，不停地拿手打自己的脸："我不是人啊！我真该死，该死啊……"马国明哭过之后，还要求去见儿子。民警严肃地告诉他："马国明，你的行为已经涉嫌犯罪。你不能去见东东，好好考虑如实交代自己的罪行吧。现在东东由好心的人照顾，你就不用操心了。"马国明因为涉嫌故意杀人罪，被警方采取刑事拘留措施。

不久，马国明企图杀害自己亲生儿子一案侦查完毕，被移送到检察机关审查起诉。法律援助中心为马国明指定了援助律师。经过审查，检察院以故意杀人罪对马国明提起了公诉。

法点释义：法律援助>>>

法律援助，是国家对某些经济困难或特殊案件的当事人给予减、免费用提供法律帮助的一项法律制度。由法律援助机构根据法律法规的规定，负责组织、指导、协调、监督及实施本地区的法律援助工作。法律援助的范围包括：法律咨询；民事、行政诉讼代理；刑事辩护和刑事代理等法律服务。简单地说，法律援助就是帮助穷人免费打官司。

法律援助制度是一项社会公益事业，是现代社会文明进步的标志，以法治、平等、公正为基本价值取向。它是政府承担的社会责任，依靠律师无私的奉献精神和负责的工作态度，为需要法律帮助的公民雪中送炭。

在法院开庭审理时，被告人马国明对于检察院起诉书指控的犯罪事实供认不讳，痛哭流涕地悔过不已。法律援助律师说他在会见马国明时，被告人对自己所犯罪行供认不讳，愿意悔过自新，弥补他犯下的罪行。希望儿子东东能原谅他愚蠢的行为。同时，律师还指出被告人马国明故意杀人未遂，且系初犯偶犯，认罪态度好。在公安机关没有掌握他犯罪事实的情况下，主动坦白交代了犯罪事实，这一情节符合自首的规定，建议人民法院依法对被告人马国明减轻处罚。

马国明实施了杀害儿子的行为，但是东东没有死。辩护人指出这一行为属于犯罪未遂，同时，他还有自首情节。那么，马国明能因此获得法院的减轻处罚吗？

法律链接>>>

● 犯罪未遂

犯罪未遂，是指犯罪分子已经着手实行犯罪，由于其意志以外的原因而未得逞。犯罪未得逞，说明行为人的犯罪目的没有达到，没有造成意图造成的危害后果，应当和犯罪既遂加以区别。所以，我国刑法第23条规定：“已经着手实行犯罪，由于犯罪分子意志以外的原因而未得逞的，是犯罪未遂。对于未遂犯，可以比照既遂犯从轻或者减轻处罚。”以此衡量马国明的行为，他不管出于什么样的动机，主观意志就是杀害自己的儿子，只是由于判断失误，误以为自己已经杀死被害人，所以没有造成东东死亡的危害后果。因此，这种没有达到目的的行为，法律认定为犯罪未遂。

法院审理合议后认为，被告人马国明无视国家法律，故意剥夺他人生命，在实施犯罪过程中，因意志以外的原因而未得逞，其行为已构成故意杀人罪（未遂）。马国明归案后，能主动坦白公安机关没有掌握的犯罪事实，行为属于自首。鉴于被告人马国明确有悔罪表现，且属犯罪未遂和自首，可依法减轻处罚。我国刑法第232条规定："故意杀人的，处死刑、无期徒刑或者十年以上有期徒刑；情节较轻的，处三年以上十年以下有期徒刑。"据此，法院判决被告人马国明犯故意杀人罪（未遂），判处其有期徒刑三年，缓刑四年。

一审判决作出后，马国明变更刑事强制措施为取保候审。他从看守所放出来以后立即去看了儿子东东，而此时东东已经被送到孤儿院寄养。他的不幸遭遇传开后，激起了社会公众的同情。很多人在他住院时来医院看他，给他捐钱治病，给他买礼物和衣服；寄养在孤儿院以后，人们还陆续来看望他，东东的身体康复得很快。马国明看到面色红润的东东，羞愧得无地自容，他面对在场的人长跪不起。而不明真相的东东抱着他十分开心，喊着要和他一起回家。

社区矫正中心对马国明非常关心，为他请了主任医师诊断疾病。医师在检查完以后告诉马国明："现在医学上对于尘肺病的治疗有很好的疗效，你不要丧失对生活的信心。"很多热心的市民知道他们父子的情况后，也鼓励马国明勇敢面对疾病积极治疗，还给他推荐了力所能及的工作。这时，远在外地打工的罗翠萍也得知了儿子的遭遇，她回来找到马国明父子，和儿子亲热以后，不好意思地对马国明说："秦祥林出去后就变心了，我愿意重新回到这个家庭来。"马国明摇头说："翠萍，不是我不原谅你，我实在无法面对你们曾经在一起的事实。咱们都好好反省吧！各自过好今后的日子。这样才对得起关心我们的人！对得起儿子东东！"

案件感言：夫妻之道>>>

过去有句话，夫妻本是同林鸟，大难临头各自飞。说明在灭顶之灾来临的时候，夫妻之间只能各自逃生。而在本案中，马国明的家庭虽然不富有，但是也没有面临灭顶之灾。先是妻子红杏出墙，然后是丈夫心灰意冷，结果苦了无辜的孩子。他们家庭的破裂，其实有一个重要原因：夫妻责任感的缺失。

幸福的家庭是相同的，不幸福的家庭各有各的苦恼和忧愁。能够在人生路上携手同行，自然是一种缘分。所以，夫妻之间要互相体谅和包容，生病或者困难的时候也要不离不弃。这不仅是道义的要求，更是法律的规定。面对困难时，退缩和绝望都不能解决问题，更不能带来幸福的明天。夫妻只能勇敢地面对和抗争，特别是不能让无辜的孩子受害。这或许就是本案给我们的启示！

“嫖”来儿子

关键词 缓刑：罪轻 悔罪 无危害

2012年4月的一天，正是春暖花开的时节。某建筑公司的工程总监王兵正在单位上班，突然接到一个电话。他看了看电话号码不熟悉，就漫不经心地按了接听键，里面传来一个温柔的女声：“王总，我是陈芳。你没有忘了我吧？”王兵一听马上热情地应道：“陈芳啊，我怎么能忘记你呢！你在哪里啊？”陈芳说：“王总，我已经到你这儿了，刚下火车。”王兵精神立刻紧张起来，他声音略微僵硬地问：“你来出差吗？”陈芳笑着说：“出什么差，我来找你啊！我给你带来了惊喜，一个珍贵的礼物。咱们见面再细说吧！”王兵一听有些手忙脚乱，本能地拒绝道：“我现在没有时间啊，马上要出差了，回头咱们有时间再联系啊。”说完，他就挂断了电话。陈芳再打电话，王兵看了看没有接。陈芳接着不停地拨打他的手机，王兵心烦意乱，后来索性关机了。

包养女携子来访 风流汉尴尬见面

王兵为什么接到陈芳的电话无比紧张呢？原来，这个女子不是一般的熟人，而是他两年前在外地干项目时包养过的陪酒女。王兵和陈芳通完话后，一整天都不在工作状态，手机也不敢开机，心里不停地想：陈芳来干什么？难道她到本地歌厅来当陪酒女郎了？为什么还要给自己带礼物？肯定是打着送礼的旗号向自己要钱或者想和自己重叙旧好。王兵有老婆有家庭，女儿已经上初中了。当年，他在项目结束回家时，已经和陈芳告别。他以为与陈芳的风流已经成为往事，没想到陈芳竟然找到自己居住的城市。王兵心里明白，陈芳这次来绝对不是什么好事。所以，他本能地拒绝了陈芳的见面要求，并且关闭了手机，幻想这样可以避免陈芳的骚扰。他没有想到，陈芳接下来的举动让他的生活发生了天翻地覆的变化。

晚上下班后，王兵心神不定地回到家。当他准备用钥匙开门的时候，发现家门没关虚掩着。他推门进屋后，看到陈芳抱着一个小孩儿和妻子李欣静面对面地坐着。他头“嗡”的一下子大了，陈芳找上门来了！他忐忑不安地看看李欣静，发现她脸上表情没有什么异常。这时，李欣静也看到丈夫王兵进屋了，她指着陈芳说：“老王，这位陈小姐来找你。她在楼下问咱们家住在哪儿？正好问到我。”陈芳抱着孩子站起来笑意盈盈地对王兵说：“王总，我来你们这儿出差，手机联系不上你，顺便到你家看看你。”王兵立刻在脸上强堆起笑意，装模作样地笑道：“陈芳啊，欢迎你来。我手机今天电池坏了，刚买了一块装上，还没有开机呢。”妻子这时站起身说：“你们聊！我去做饭，陈小姐在家吃饭吧。”陈芳婉言谢绝道：“谢谢！不麻烦嫂子了。我看到王总就安心了，不打扰你们，我还要回宾馆给孩子喂饭。”说着，她抱起孩子向门外走去。李欣静客气地请她再来玩，并交代王兵送客。王兵殷勤地把陈芳往楼下送，听到身后传来关门声。陈芳的脸马上板了起来：“王兵，你不要以为手机关机，我就找不到你了。”王兵也气急败坏地压低声音问：“陈芳，你到我家来干什么？”陈芳回头瞥了他一眼：“今天说话不方便，我明天打你手机，咱们见面再说。”

香艳照证明暧昧　私生子打动老公

王兵送陈芳走后回到家，妻子有些奇怪地问他：“我以前怎么没有听你说过这个陈芳呢？她竟然能找到咱们家。”王兵装作若无其事的样子说：“这个陈芳是我们公司以前的客户，过去在项目上有过多次合作，现在还有笔尾款没有跟他们公司结清。估计这次抱孩子上门来，可能是想给我施加压力。”李欣静不相信地说：“你们公司的事情她到咱们家来施加什么压力？你们之间是不是还有什么事啊？”王兵严肃地把手一摆：“你不要胡思乱想啊！商场如战场，供货时他们千方百计讨好我们，要钱不成就变脸威胁呗。为了钱，有些人什么事都干得出来。”王兵坚决否认和陈芳有任何关系，但是妻子李欣静仍然心存疑惑。因为她知道老公王兵事业有成，是公司的高管，又经常在外地出差，心里知道他肯定不是一个省油的灯。现在一个年轻女子抱着孩子上门，没有说什么话就走，显然说明他们关系有点不正常。但是，自己手上又没有证据，据此就兴师问罪也显得心胸太狭隘。所以，李欣静没有再追问下去。

第二天，王兵不敢再关手机了。果然 8 点多，陈芳的电话就打进来了，约他到一个酒店见面。王兵急忙来到该酒店，看见还有一个女人和陈芳在一起。陈芳介绍说：“这是我朋友小青。”然后，她让小青抱着孩子出去了。王兵恼怒地说：“陈芳，咱们不是已经结束了吗！你怎么又到我家里来了？现在我老婆已经怀疑我了。”陈芳不以为然地说：“活该，谁让你关手机的。”王兵一看硬的不行，只好放下身段，讪笑道：“陈芳，你这次来是不是想我了？”陈芳微笑着对他说：“我是给你送礼物来了，这个礼物就是——你儿子。”什么？陈芳带来的小孩是自己的儿子！王兵不敢相信自己的耳朵，用手指指门外说：“你说的是刚才抱出去的小孩儿吗？我记得我走的时候你没怀孕啊？”陈芳解释说：“我又没有生过孩子，我怎么知道自己当时已经怀孕了。”王兵一时思绪万千，不知如何是好了。他问陈芳：“陈芳，你想怎么办？”陈芳凑近王兵说：“我记得，以前你多次说你只有一个女儿，心里特别想要一个儿子。现在儿子有了，我又没有能力和经验，所以就带孩子来找你，想离你近点咱们好一起照顾。”王兵一听心里叫苦不迭，过去包养陈芳时，他确实说过想让陈芳给自己生个儿子，那完全是一时冲动之语。现在陈芳真给他生下了儿子，他顿时又六神无主了。王兵思忖着对陈芳说：“陈芳，咱们在一个城市可能不大方便。这样吧，现在我先去公司上班，让我好好想想再说。”说完，他起身就要走。陈芳警告他道：“王兵，如果你今天下班前不给我一个负责的答复，我晚上就去你家告诉你老婆真相。”

王兵回到办公室，左思右想不知如何是好。把陈芳和孩子安顿在自己身边，就等于埋下了一颗定时炸弹，说不定什么时候就会把家庭炸个四分五裂；给陈芳一笔钱让她回去养孩子，自己手上又没有那么多的私房钱。苦思冥想了一天，他仍然毫无办法，自然也没有给陈芳任何答复；但是，他对事情败露后如何应付妻子已经做好了预案。当然，他更希望陈芳威胁说到家闹只是吓唬自己的气话。

晚上下班后，妻子李欣静先回到家中。还没有走到家门口，她看到昨天来的陈芳抱着孩子已经站在自己家门口了，心中更加坚信丈夫王兵肯定跟她关系不正常。她客气地将陈芳让进屋说："陈小姐，王兵还没有回来，您要么先等一会儿，要么有什么话您跟我说。"陈芳笑道："嫂子，我这次来不是找王兵的，我就是来找你的。"李欣静睁大了眼睛。陈芳对她说："我这次来是想让孩子认亲的，这个男孩是王兵的儿子。"说着，她打开包裹让李欣静看。李欣静的脸色马上就变了："你们这是怎么回事？"陈芳说："王兵几年前在我们那儿干工程的时候，骗我说他已经离婚了，所以我们两个就好了。他离开我以后，我发现自己怀孕了。现在，我还没有结婚，带孩子没有经验，所以就来找王兵来了。"李欣静气得脸色苍白，丈夫在外面花天酒地她想到了，但是没有想到他竟然有了私生子。她追问陈芳："你有什么证据证明这个孩子是王兵的？"陈芳没有说话，从包里拿出几张照片递给她。李欣静一看，这是陈芳和王兵的艳照。李欣静火冒三丈，怒目圆睁。这时，陈芳突然抽泣起来，她哭诉道："大姐，我来后才知道你们没有离婚，我被王兵骗了。我不想破坏你的家庭，但现在我一个人也养活不起这个孩子。请你帮帮我！"李欣静强压心头怒火，让陈芳先回去，道："我问过王兵以后，一定给你一个答复。"

陈芳走了之后，李欣静几乎是咆哮着给王兵打了电话，让他马上回家。后院起火，江山不稳。王兵急匆匆地赶回家，妻子把照片摔在他面前。王兵一看头皮发麻，他知道陈芳肯定已经把一切都对李欣静说了，只好硬着头皮辩解说："这些照片是假的，肯定是人工合成的。"李欣静愤怒地盯着他："王兵，你和陈芳到底是什么关系？孩子是不是你的？今天你必须说清楚，否则这日子你也别想过了。"王兵知道自己无处可逃，没有办法只好避重就轻地说："这个陈芳是歌厅的陪酒小姐，我老陪客户应酬认识了她。因为一个人在外地寂寞，酒后和她发生过几次关系。"他小心翼翼地看看妻子，发现她没有什么反应，就继续编："陈芳每天都和许多客人打交道，这孩子肯定不是我的。"说完，他一个劲儿地向妻子检讨。"欣静，我对不起你！有时为了应酬难免会和客户到歌厅酒吧玩玩，我犯了天下男人都可能犯的错误。实际上，我这就是嫖娼，跟她没有任何感情。如果那个孩子真是我的，那也是'嫖'来的儿子。只有你是我的挚爱，祈求你原谅！"

妻子李欣静在哭过闹过之后，也明白丈夫王兵是家中的顶梁柱，平时对自己和女儿也很好，如果真为此离婚她心里也有些不忍。但是，陈芳已经抱着私生子上门了，这个问题又必须解决。王兵看到妻子态度和缓了，就开始和她商量怎么办。李欣静说："陈芳这是敲诈勒索，咱们报警吧！"王兵急忙阻止道："不行，有风险！一旦孩子真是我的，她再反咬一口控告我重婚，我就得坐牢。"李欣静一想也是这个理儿，报警抓别人不能把自己的老公也弄到监狱去。于是，报警的想法就放弃了。既然陈芳抱孩子来是为了讹钱，那就只能破财消灾了。但是，孩子是不是王兵的还不能确定，如果不是王兵的，给钱养别人的孩子岂不是成了冤大头。

王兵夫妻二人商量了很久不知如何是好，王兵看见时机差不多成熟了，就把自己想好的主意对妻子说："欣静，你还记得咱爸咱妈在世时说过，没有孙子终生遗憾，死不瞑目吗？当年你生下女儿后，妈曾经劝我跟你离婚，但是我没有听妈的话。现在我突然有儿子了，你能不能宽宏大量把孩子留下来？让王家有后，咱们晚年也有个依靠。"李欣静听后心里五味杂陈，按照传统观念她没能给王家传宗接代，当年如果不是王兵坚持，这个家早就没有了。这些年王兵在外打拼，创下这份家业确实不容易。面对这个突如其来的情况怎么办才好？接受王兵和别的女人生的私生子？她心理上还没有做好准备。李欣静迟迟没有说话，良久之后她吐出四个字："让我想想。"就独自走进了卧室。

突然冒出的儿子，让整个家庭陷入了危机之中。妻子李欣静伤心不能接受，丈夫王兵为此焦头烂额。这场纠纷怎样才能平息呢？

抛重金换取收养　空城计露出马脚

王兵晚上在客厅沙发上睡了一夜。第二天早上，李欣静从卧室出来了。王兵用目光探寻地看着她，妻子声音嘶哑地说：“我已经想好了，你去和陈芳谈。你这个孽债孩子由我们来养，给她一笔钱，让她永远消失。”王兵抑制住自己心里的喜悦，连连点头说：“我保证，以后一切都听你的，我现在就和她去谈。”王兵一出门马上联系陈芳要见面，陈芳笑着说：“我正等着你呢。”两个人一见面，陈芳又让朋友小青带孩子出去了。王兵看着孩子红扑扑的小脸，心里顿时产生了亲近感。陈芳嘲笑他道：“王总，看来你敬酒不吃吃罚酒啊。”王兵没有心思和她调笑，开门见山地说：“陈芳，你把孩子留给我们养，你要多少钱？”陈芳继续调戏他：“你老婆想通了？看来你哄女人确实有一套啊，这么大的事情都搞定了。这孩子是你们王家的骨肉，你愿意出多少钱？”王兵摇摇头道：“你生的孩子，你说吧！”陈芳点点头说：“好吧，看在你以往对我还不错，我给你一个代孕的价格，你补偿我20万吧。但是，以后孩子你得让我看望。”王兵立刻打电话向妻子李欣静报告，价钱李欣静同意了，但是不同意一次性支付。她说先支付10万元，待确认孩子真是王兵的以后再给10万元，同时，也不准陈芳探望孩子。王兵转达完老婆的意见后劝陈芳：“陈芳，你就接受吧，否则我老婆要报警说你敲诈。等孩子长大了我会告诉他你是他妈妈，到时候他会自己去找你的。”陈芳不太情愿地同意了。于是，王兵写了一个协议，让陈芳签了字，他还复印了陈芳的身份证，双方商定明天下午一手交人，一手交钱。

第二天下午，王兵在银行门口等着陈芳，到了约定时间，只见她一个人走来。王兵关心地问道：“孩子呢？”陈芳愁眉苦脸地说：“孩子水土不服有点儿低烧，我没敢把他抱出来，让小青在宾馆看着他。一会儿回去我带他到医院看看，然后就送到你家去。”王兵听后没有说什么，就把10万元转到陈芳给的银行卡上。陈芳告诉王兵回家等着，她现在就带孩子去医院。然后，两个人分手。

回家后，王兵坐卧不安，期待着自己的儿子上门。等到窗外天渐渐黑了，仍然不见陈芳的身影。难道孩子病情严重住院了？王兵打陈芳的手机，发现她已经关机。王兵坐不住了，急忙来到陈芳住的宾馆。前台小姐告诉他，客人上午就已经退房了。王兵又赶紧到当地的几家医院查找，没有一家医院收治了母亲叫陈芳的孩子住院。王兵一下子蒙了，残酷的事实摆在他面前：陈芳已经携款带孩子跑了！他马上给妻子李欣静打电话说了情况。两个人一商量，决定立即报案。

无奈之下，王兵只好硬着头皮到派出所报案，把前因后果讲了一遍。民警询问王兵："你确定那是你的儿子？做过亲子鉴定吗？"王兵摇了摇头。

法点释义：DNA **鉴定**>>>

亲子鉴定，又称DNA鉴定。DNA，即脱氧核糖核酸，被称为"遗传微粒"，是染色体的主要化学成分，也是基因组成材料。每个人的DNA是独一无二的，就好像指纹一样。用于亲子鉴定，DNA是最为有效的方法。否定亲子关系的准确率几近100%，肯定亲子关系的准确率可达到99.99%。《最高人民法院关于适用〈中华人民共和国婚姻法〉若干问题的解释（三）》第2条规定："夫妻一方向人民法院起诉请求确认亲子关系不存在，并已提供必要证据予以证明，另一方没有相反证据又拒绝做亲子鉴定的，人民法院可以推定请求确认亲子关系不存在一方的主张成立。当事人一方起诉请求确认亲子关系，并提供必要证据予以证明，另一方没有相反证据又拒绝做亲子鉴定的，人民法院可以推定请求确认亲子关系一方的主张成立。"

由于王兵没有与孩子做亲子鉴定，民警初步判断他可能被骗了。于是，警方立案展开侦查行动。民警去查询、冻结陈芳收款的银行卡号，结果发现该款已经迅速被转走。这更加坚定了警方对案件诈骗性质的判断，马上展开了对陈芳的追捕。不久，经过警方的技术侦查，查到了陈芳隐匿的地点，并将其抓捕归案。

到案后，陈芳开始不承认自己诈骗，说拿钱是自己应得的补偿。当民警说要给孩子和王兵做 DNA 鉴定时，陈芳低头不语了。经过民警的说服教育，陈芳供述了事情的经过：陈芳在歌厅酒吧当陪酒小姐，已经习惯了不劳而获的奢靡生活。当王兵不再包养她以后，歌厅的生意也越来越不景气，所以她的收入锐减。于是，陈芳开始寻思怎样才能尽快挣到大钱。这时候，她想到了王兵。他当年甜言蜜语，实际上只是把自己当成了玩物。两个人分手后，一年多他连个电话都不打，实在是无情之辈。陈芳知道王兵一直想要个儿子，就琢磨利用他这一点骗钱。她经过精心策划，找到刚生孩子不久的朋友小青，说带她出去玩，两个人带着孩子来到王兵所在城市。陈芳瞒着朋友小青上演了送子上门一出戏，没想到还真骗了王兵 10 万元。钱一到手，陈芳迅速转移并隐匿起来。哪知天网恢恢，疏而不漏，她还没有挥霍完骗来的钱就被抓住了。

陈芳被刑事拘留，诈骗的钱款警方追缴了 7 万元退还给被害人王兵。警方侦查终结后将该案移送至检察院，检察院将陈芳以诈骗罪向法院提起公诉。法院在开庭审理时，陈芳承认检察机关指控的犯罪事实，但是自我辩解是因爱生恨走上犯罪道路，主观恶性程度较小；大部分赃款退还，希望法院判处自己缓刑。

法律链接>>>

● 缓刑适用

缓刑，是有条件地不执行所判决的刑罚。犯罪分子在缓刑确定后，不通过监禁矫正，在社区内由专门国家机关在相关社会团体和民间组织以及社会志愿者的协助下，在缓刑期限内，矫正其犯罪心理和行为恶习，并促进其顺利回归社会的非监禁刑罚执行。我国刑法第 72 条规定："对于被判处拘役、三年以下有期徒刑的犯罪分子，同时符合下列条件的，可以宣告缓刑，对其中不满十八周岁的人、怀孕的妇女和已满七十五周岁的人，应当宣告缓刑：（一）犯罪情节较轻；（二）有悔罪表现；（三）没有再犯罪的危险；（四）宣告缓刑对所居住社区没有重大不良影响。宣告缓刑，可以根据犯罪情况，同时禁止犯罪分子在缓刑考验期限内从事特定活动，进入特定区域、场所，接触特定的人。被宣告缓刑的犯罪分子，如果被判处附加刑，附加刑仍须执行。”

以此对照本案，陈芳诈骗他人财物数额10万元既遂，还有10万元未遂，属于诈骗数额巨大，根据刑法第266条规定，应当在3年以上10年以下量刑。法院鉴于陈芳系初犯，认罪态度好，赃款大部分退赔，具有酌定从轻处罚情节，以诈骗罪判决陈芳有期徒刑三年六个月，并处罚金一万元。陈芳要求判缓刑的主张没有得到法院支持，她受到了应有的惩罚。

王兵虽然是陈芳诈骗的被害人，但是他不检点的行为也随着案件曝光。出门遇到熟人，他总觉得人们会在他背后指指点点；下班回到家，妻子李欣静也总是脸色阴沉。王兵将自己小金库里的钱都交了出来，恳求妻子原谅。最后，李欣静说看在女儿的分上，对他暂不追究，以观后效。

案件感言：婚姻的七年之痒>>>

七年之痒，作为舶来词，是指人们婚姻到了第七年可能会发生变故。这其中的原因既有婚姻生活归于平淡而苦闷，也有一方产生外遇而感情破裂。总之，婚姻从缔结那天起，就注定要经受考验。所以，那些执子之手，与子偕老的楷模也不是一帆风顺过来的。

人与动物的本质区别就是社会性，也就是说人不能像动物那样仅凭自己的本能行事，道德素质、社会伦理和法律规范都在约束着人们的言行。因此，古人说，三思而后行。王兵在包养陈芳的时候如果能想想自己的妻子和女儿，陈芳在骗钱的时候如果能想想事情败露的后果，相信本案就不会发生了。

复仇代价

关键词 非法拘禁：控制人质　剥夺自由

2009年的深秋时节，江南某地。一天清晨，天空上乌云密布，细雨淅沥地飘洒下来。法院的刑事审判庭里已经座无虚席，大部分人都是被告人的亲属和朋友，他们神情凝重地低声交谈着。九点整，随着书记员“全体起立！”的话音，三位身穿法官袍的法官从专门的通道走上法庭。审判长用锐利的目光环视法庭以后，请大家入座。他敲下手中的法槌，发出命令：“带被告人到庭！”

审判庭的侧门打开，5名戴手铐的被告人依次被带上法庭，其中还有2名年轻的女性。几位被告人在走上法庭的时候，都侧目向旁听席巡视。旁听席上也随即产生一阵骚动，被告人的亲属纷纷倾身挥手向他们示意。值庭的法警立即上前指着他们进行喝止。

审判长交代法警将被告人戴的械具去掉，然后开始了法庭调查。随着公诉人对起诉书气宇轩昂地宣读，一起非法拘禁案的犯罪事实展现在公众面前……

五光十色人生梦　浪漫爱情从天来

被告人之一周小红是在江南水乡长大的女子，她面容姣好、皮肤白皙。虽然从小生长在农村，但是没吃过什么苦。高中毕业以后，周小红不甘心像其他女同学一样嫁人生子，终老乡村。她心里还有浪漫的幻想，渴望到五光十色的大城市生活、工作、安家。在这个人生理想的鼓舞下，周小红辞别父母来到城市打工。由于形象出众，她很快就找到了超市收银员的工作。两年工作下来，周小红已经从一个有着单纯幻想的女孩子变成了一个务实的女人，手上也积攒了一些辛苦钱。工作中，她看到了许多衣着光鲜在超市购物的女人，相比之下，她觉得自己无论是气质上还是形象上都不输给她们，为此更坚定了这辈子要在城市中生活的信念。

2009年春节前的一天上午，一个西装革履的中年男人在超市买了不少东西。在收银台结账后，他发愁地看着这堆东西，然后微笑着对周小红说："小姐，能不能麻烦您帮我搬一下东西。"周小红看到超市里面现在购物的人不多，就爽快地答应道："好的，先生。我帮你提出去!"于是，周小红帮助他把东西搬到超市外的车上。那位先生感谢再三，从口袋里掏出一张名片递给周小红说："谢谢小姐，我叫陆兵，咱们以后多联系。"回到超市后周小红拿出名片阅看，发现陆兵是一家投资咨询管理有限公司的董事长。在接下来的工作时间中，周小红脑海里老是浮现出陆兵西装革履的成功男人形象。她的心"怦怦"直跳，他为什么给我名片？是不是对我有意思了？虽然他年龄大了点，但是，看起来是个成功人士。整整一天，周小红心不在焉地胡思乱想着，工作中几次出现了差错；要不是顾客提醒，结账时她就要自掏腰包赔偿超市的损失了。

从那天开始，周小红发现陆兵又到超市来过几次。他每次都是西装革履，购物后专门走周小红负责的收银通道，和她热情地打招呼。很快，他们就变成了熟人。不久，到了2月14日，西方的情人节到了。那天，陆兵专门到超市里约周小红下班后出来吃饭。周小红一想今天是情人节，心里就特别激动，她知道改变自己人生的机会来了。下班时间一到，她急切地走出超市，看见陆兵已经西装革履地站在轿车旁等她。陆兵开车来到了一家酒店，吃饭前把一束鲜花献给了她。陆兵深情地告诉她，第一眼看见她就认定她是上帝赐给他的礼物，希望能够和她成为人生伴侣。于是，他当天故意买了许多东西制造了和周小红认识的机会，这些天来他都生活在急切地等待中，今天他终于可以把埋藏在心底的话告诉她了。他要她做他的女朋友，成为陪伴他终生的爱人。饭还没有吃，酒也没有喝，周小红就已经被陆兵的表白感动得晕头转向。

当天，他们两个人确立了恋爱关系。周小红觉得自己的人生理想就要实现了，格外珍惜和陆兵的感情。她把自己租的房子退掉，搬到陆兵三室两厅的房子里与他共同生活。两个人开始甜蜜的同居生活之后，陆兵就要求周小红辞去超市的工作。他皱着眉头说："董事长的太太不应该做别人的员工。"他递给周小红 5000 元说："这是你本月的零花钱。"周小红觉得与陆兵的爱情是她立足城市的基础，从心里感谢陆兵能看上从农村来的她，内心已经把他当成自己的老公。于是，周小红辞去工作做起了"全职太太"。每天洗衣做饭，任劳任怨。但是，她逐渐发现陆兵不像他以前说的公司生意很兴隆、业务很繁忙的样子，每天他出去上班的时间很晚，平时在家里也从不谈论公司业务。周小红关心地问他："公司业务怎么样?"陆兵察觉到她探寻的目光，上前拥抱着她解释说："你是不是觉得我工作不勤奋啊？我是公司董事长，下面有员工干活，业务也不需要我操心。加上现在有了亲爱的你，我要好好地享受生活，陪伴自己的爱人。"周小红听了以后，心里感觉很温暖，疑惑也烟消云散，庆幸自己找到了一个可以依靠终生的男人。

骗局被戳露嘴脸　无私真情被玩弄

一天晚上，陆兵兴高采烈地回到家。一进门他就兴奋地告诉周小红："现在我手上有一单业务，一旦做成就是退休工程了。以后咱们也不用再干活了，可以尽情地游山玩水，享受人生了。"周小红听后打心眼儿里为陆兵高兴，上前紧紧地拥抱他。可是，她的高兴劲儿还没有下去，就见陆兵叹了口气话头一转："唉！对方现在要求先付 10 万元保证金，承诺事成之后退回。目前公司资金不太足，怎么办呢?"周小红一听马上表态："我手上这两年攒下了 4 万多元，你如果急用我可以给你。"陆兵高兴地抱住她说："小红，你真好。这样吧，公司先用你 2 万元，每个月给你 20% 的利息。"周小红嗔怪道："说什么利息，难道我们不是一家人嘛。"于是，周小红把自己打工攒下的 2 万元从银行取出来给了陆兵，陆兵给她写了借条。过了几天，他又对周小红说："客户今天过来签合同，要招待一下，你能不能再借给公司 2 万元?”周小红听后二话不说，又从银行取出2万元给了陆兵。陆兵拿到钱后，依旧给周小红写了借条。但是，此后他一直不对周小红说业务做成了没有，而且以业务忙应酬多为借口，开始夜不归宿。周小红以为陆兵在忙着承接利润丰厚的退休工程，对于他的反常举止也没有在意。几天后，一个陌生的男人上门来找陆兵。周小红客气地说：“陆兵最近比较忙，我是他女朋友，你有什么事情跟我讲吧。”那个男人看着她严肃地说：“既然你是她女朋友，那我告诉你我是房东，来收房屋租金的，他已经拖欠两个月了。”周小红听后愣住了，她在与陆兵同居后陆兵曾经告诉她这个房子是他买的，以后要做他们的结婚用房，并且当时还给她看了房产证。现在怎么又冒出了一个房东?周小红不相信，让那个男人拿出证据来。那个房东不耐烦地说：“这个房子是陆兵租我的，我们双方是签订了合同的。”说完，他拿出合同的复印件给周小红看，并且告诫她说：“如果你们再不付房租，明天我就派人帮你们搬家。”说完，房东气呼呼地走了。

房东一走，周小红急忙给陆兵打电话让他回家。陆兵进门后，周小红责问他：“这到底是怎么回事?”陆兵眼看无法隐瞒下去，只好嬉皮笑脸地承认房子确实是他租的，因为他的钱都投资到公司了。之所以搞假房产证，是因为现在的女孩子太现实，找对象要车要房，他怕漂亮的周小红看不上他，就通过街头小广告联系制作了假房产证。而这一切都是因为爱她。周小红听了以后又气又怜，对他说：“我是从农村来的，没有你们城里人那么多虚荣心。只要你真心爱我，我们可以共同创业。”陆兵悔恨地说：“我以后再也不骗你了。”然后，告诉周小红他的业务进展顺利，希望周小红能再支持他一下。周小红点了点头，决心和自己的男人同舟共济，她又取出6000余元，交了一个季度的房屋租金。然后，告诉陆兵自己要出去工作，和他共同分担生活的开支。

周小红抱着改变自己人生的理想来到城里，认识陆兵以后她为自己所爱的人无私奉献，两年积攒下来的钱几乎都用在他的生意中。她希望自己的付出会获得相应的回报，但是，现实远比她的理想复杂。

常言道，纸里包不住火。周小红与陆兵同居生活了几个月后，逐渐发现陆兵公司的生意毫无进展，而且业务费用和房租还要自己交，生活费眼看也没有着落了。她开始怀疑自己遇到了骗子，心中感到十分苦闷，就找到十分要好的姐妹刘萍商量。刘萍听了以后分析说："这个男人可能是吃软饭的小白脸，你把他的情况告诉我，我有老乡专门开调查公司的，帮你查一查。"于是，周小红就把自己知道的陆兵的情况告诉了刘萍。过了一个多星期，刘萍那边的消息反馈回来了。陆兵曾经因为赌博罪被判刑，刑满释放后不务正业，四处游荡，以欺骗为生。他原来有妻女，后来妻子与他离婚带孩子离他而去。尽管周小红心中已经有了不好的预感，但是，预感得到证实对她而言无疑是残酷的。听到这样的消息后，她感觉天塌地陷，一时不知如何是好。刘萍给她建议道："对这样的男人要当机立断，马上向他摊牌，把钱要回来后彻底分手。"周小红觉得除了这么办也没有什么好办法，头昏脑涨地回到出租屋。等晚上陆兵回来后，周小红立即严肃地逼问他。陆兵发现周小红已经什么都知道了，马上装出诚恳的样子说："我以前确实犯过错误，因为我爱你不想伤害你，所以我没有告诉你。这不是骗，这是善意的谎言，希望你能够理解我。"周小红知道甜言蜜语是骗子的惯用伎俩，就毫不动摇地对他说："别跟我谈什么感情。你还想骗我啊？认识你算我倒霉！但是，我的钱你得还给我，这是我的血汗钱！"陆兵装出一副可怜样说："小红，我真的爱你，遇到你以后我就告诉自己要重新做人。公司经营虽然很困难，但是我一直很努力，你的钱不久就可以连本带利地还给你了。"周小红不为所动："陆兵，我不要利息，你把本金还给我就可以了。以后你走你的阳关道，我走我的独木桥。"陆兵一看周小红不像以前那样好哄了，就露出一副无赖面孔，他摊开手说："你既然认定我是骗子，就应当知道我要有钱就不会去骗人了。"周小红气愤地说："我要告你去！""随便，这是你的权利。"说完，陆兵甩手就走了。周小红感到痛苦无助，委屈地哭了起来。

江湖朋友要赖账　恩怨难了添新愁

第二天，周小红把她与陆兵交谈的情况对刘萍说了，两个人商量到公安局告陆兵诈骗。为了一次性成功，周小红决定先找房东告诉他陆兵伪造房产证的事情。她按照房东上次留下的电话号码，给他打电话说陆兵伪造了他的房产证，自己也被陆兵骗色骗钱，现在准备去公安局告陆兵诈骗，如果房东愿意的话，他们可以一起去告状。房东听了以后问："他伪造的房产证在哪里？"周小红说："我以前看到过，但是，现在找不到了。公安局一立案肯定能从陆兵那里追出来。"房东不同意去告状，他说："没有证据我不能去告状，反正房子他也搬不走。他想偷卖房子光有假房产证也没有用，没有我本人身份证和亲自到场他也办不成。"房东拒绝了周小红提出共同去告状的请求，于是，周小红决定自己去告状。她到派出所陈述了自己被骗的经过，接待民警听完后对她说："你的感情被欺骗，我们公安机关管不了，你只能吸取教训，今后与人交往时睁大眼睛。你为陆兵做生意拿出的钱，一来是你自愿拿出来的，二来陆兵给你写有借条，公安局也无法按照刑事案件立案。至于你垫出的房租，由于你本人也在房屋里共同居住，所以同样无法追究他的责任。"民警最后劝告她通过民事诉讼的方式解决双方纠纷，并且马上离开这个骗子。

由于周小红没有证据证明陆兵的行为有犯罪嫌疑，所以公安机关对她的报案没有立案。从派出所出来后，周小红感到很无奈。如果公安局都不立案的话，法院能管她的案件吗？周小红把她的疑惑对刘萍说了，刘萍安慰她说："要不咱们还是去找我那个开调查公司的老乡，让他找人帮你要账。陆兵如果回到你们租的房子你就发个短信给我，我就和老乡带人过去。"周小红认为闺蜜的这个办法简单实用，就同意了刘萍的建议。

回到出租屋后，周小红给陆兵打电话说两个人最后再谈一次。陆兵就回来了，说到感情他还说自己对周小红一往情深；说到钱他就说公司资金紧张。陆兵最后对周小红讲："这一切都是我对不起你！我们还是先分开吧，等我混出个样子来，再回来见你。"说完，他就进房间里收拾东西去了。周小红发现他想溜走，一边给刘萍发短信让她速带人来，一边设计要稳住陆兵。她对陆兵说："虽然你是个骗子，但是，你毕竟是我的初恋情人。咱们好合好散，最后一起吃顿饭吧。”陆兵一听分手了还要被款待，就满口答应。

真是痴情反被无情骗，怨女无奈了恩仇。周小红对爱情的全心付出犹如黄浦江水无遮无拦，被陆兵骗得浩浩荡荡逝去，没有留下一丝温暖的回忆。既然你不仁，休怪我不义，周小红心中期盼着闺蜜速带人来惩治这个负心人。

话说陆兵坐在客厅里正跷着二郎腿等着周小红为自己做饭，心里想着靓女被骗后还要与自己好合好散，看来以后至少还可以继续来骗吃骗喝啊。这时候，门外传来了敲门声。陆兵上前把门打开，只见外面站着一女三男。他张嘴问道：“请问你们找谁？”面前的壮汉用力把他推进门来，一边推一边说：“骗子，我找的就是你。”进门后，三个男人把他围在中间，陆兵急忙赔着笑脸说：“先生，你们误会了吧？咱们不认识呀！”为首的那个壮汉说：“你叫陆兵？”看见陆兵点头，壮汉阴森地笑了，他把周小红拉到自己的身旁：“你得罪我妹妹了。”原来，来人正是刘萍和她的几个老乡。陆兵这才发现周小红今天摆的是鸿门宴，好汉不吃眼前亏，他立刻乖乖地检讨：“大哥，我错了，我对不起小红！”“你少废话！今天你把骗我妹妹的钱拿出来我就让你滚蛋，拿不出来就让你变成鸡蛋。”陆兵虽然不解变成鸡蛋是什么意思，但是他知道肯定不是什么好事，就求饶道：“大哥，我手头现在确实没有钱，能不能给我几天时间……”他话音未落，壮汉甩头示意，那两个男人上前把陆兵按倒在地，把他双腿往胸前一推，用绳子捆了起来，捆好后用力一拽绳子，陆兵缩成一团疼痛难忍，他嗷嗷求饶。壮汉冷笑道：“受不了啦？告诉你，这还不是鸡蛋，只是个鸭蛋。怎么样，要不要捆成鸡蛋！”“不要！不要！我马上还钱。”为首的壮汉示意了一下，陆兵身上的绳子被松了绑。他立刻用手机给一个人打电话，带着哭腔说自己摊上事了，让对方尽快送钱来。通完话后，他哭丧着脸对壮汉说：“大哥，他明天才能送钱来。”壮汉说：“那就让兄弟们和你同居一晚上喽。”他的手下一边等人送钱来，一边对陆兵进行辱骂。周小红看着陆兵的无赖嘴脸，想起自己曾经把他当成人生的依靠，不禁恨上心头，上前伸手打了陆兵几个耳光。

到了第二天上午，有人给陆兵送来了 3 万元赎金。于是，壮汉他们押着陆兵离开。他们开着陆兵的车到了郊区，找了一个僻静的地方停下，把陆兵从车上推了下去，警告他："等你把利息还了以后，我们再把车还给你。如果你报案的话，兄弟们对你不客气！"说完，开着车扬长而去。

以毒攻毒，这一招确实见效，江湖上的朋友一出手，立马帮助周小红要回了血汗钱，但是，天底下没有免费的午餐，这 3 万元回来后周小红并没有拿回属于自己的钱。壮汉们留下 2 万元，1 万元给了刘萍，而刘萍只给了周小红 5000 元。刘萍对她说："我老乡留下一部分辛苦钱，先给你 5000 元，其他的钱以后再帮你要吧。"周小红打落牙齿咽肚里，只好收下这 5000 元。她重新租赁了小房子，又回到超市工作。

东窗事发成被告　法院判决释疑团

骗子陆兵远离了自己，周小红刚把心态调整好。刘萍有一天给她打电话说："我老乡他们出事了。"周小红感到莫名其妙，问她出什么事了？刘萍说："上次帮你要账的老乡帮别人要账，涉嫌非法拘禁被公安局抓起来了。"周小红一听马上表示："那跟我们没有关系啊。"刘萍着急地说："有关系！估计他们已经把帮你要账的事供出来了，公安局刚才通知我去一趟。"周小红不以为然地说："欠债还钱，天经地义。陆兵赖账不还，你老乡帮我要账有什么错误！"刘萍发现周小红一点也不懂法，就告诉她："他们捆绑殴打陆兵了，还关了他一晚上，咱们已经犯法了。"周小红依然愤恨难消："陆兵挨打活该，谁让他四处行骗。"

刘萍刚和周小红通完话，公安局的民警就给周小红打电话，让她到公安局配合调查。尽管周小红不认为自己有过错，但还是按时到了公安局。到了以后周小红才知道，刘萍找的老乡实际上是一个犯罪团伙，他们以讨债为名，多次非法拘禁人质。而且他们不但限制陆兵人身自由一晚上，还非法扣押了他的车子，他们的行为已经涉嫌非法拘禁罪。由于此事是帮周小红要账引起的，并且她也动手殴打了陆兵，并分得 5000 元，所以她的行为也触犯了法律。鉴于周小红本来是被害人，她被采取了取保候审的刑事强制措施。警方要求她必须随传随到，不得有妨碍侦查的活动。

经过公安机关的侦查和检察机关的审查起诉，周小红、刘萍和其他几个被告人站在法庭的被告席上。刘萍等四位被告人对于检察机关起诉的犯罪事实和定性都没有表示异议。周小红想想自己因为向骗子要账竟然站在法庭上成了被告人，眼泪就止不住地流了下来。她自我辩解说："我从来没有犯罪的念头，只是想要回自己的血汗钱，也不想非法剥夺他人人身自由。我虽然采纳了刘萍找老乡帮忙要钱的建议，但是，我不知道他们采取违法的方式要账，他们限制陆兵的人身自由也不是我的本意。"

法点释义：共同犯罪中的实行过限>>>

周小红的辩解理由在法律上叫实行过限，是指共同犯罪中的实行犯实施了超出共同犯罪故意的行为。就是说周小红只委托其他被告人要账，没有让他们对陆兵进行打骂和非法拘禁，其他被告人应当对犯罪行为自行负责。好比让你买酱油你连醋都买回来了，委托人只对你买酱油的事情负责，买醋的事得自己负责。

周小红还辩解，她没有参与实施囚禁陆兵的行为。她虽然打了陆兵耳光，但那是基于自己钱财与感情被骗而作出的愤怒反应，不是非法拘禁的殴打行为。而且这一行为发生在陆兵被非法拘禁之前，因此她觉得自己被指控为犯罪十分冤枉。周小红本来是被害人，为什么通过朋友帮忙要账却涉嫌刑事犯罪？难道要让陆兵这样的骗子四处招摇撞骗吗？那么，民事法律行为和刑事犯罪行为怎么区分呢？

法点释义：民事法律行为和刑事犯罪行为的区别>>>

民事法律行为是公民或者法人平等主体之间设立、变更、终止民事权利和民事义务的合法行为。刑事犯罪行为是危害国家、危害社会、侵犯他人权利，依照法律规定应当受刑罚处罚的行为。

民事行为违法，视情应当承担停止侵害；排除妨碍；消除危险；返还财产；恢复原状；修理、重作、更换；赔偿损失；支付违约金；消除影响、恢复名誉；赔礼道歉等相应的民事责任。刑事犯罪行为是自然人或者法人违反我国刑法分则所列犯罪罪名中的规定，视情应当受到管制、拘役、有期徒刑、无期徒刑、死刑或者罚金、剥夺政治权利、没收财产等相应刑罚处罚的违法行为。民事行为违法不构成犯罪，但是，犯罪行为一定构成违法。民事行为需要当事人自行向法院起诉救济，而刑事犯罪行为则是由国家公权力部门主动进行干预。

公诉人和被告人周小红双方对于罪与非罪产生了不同的认识，法院会怎样判决呢？

法院经过审理后认为，虽然周小红在同意其他被告人帮她要账时，主观上不清楚他们将采取何种方式“要账”；但是，在其他被告人捆绑、殴打被害人陆兵时，事件的违法性质已经明朗，此时周小红并没有表示反对，这表明她对非法拘禁的行为持默许的态度。这种明知行为可能发生危害结果，仍然放任这种结果发生的心理态度，属于间接犯罪故意。客观上周小红没有直接实施非法限制陆兵人身自由的行为，但是她事先为其他被告人提供了犯罪线索，又参与了打骂陆兵，事后又分得了5000元。所以，周小红的行为已经与其他被告人一起构成共同犯罪。周小红自我辩解是为了要回自己被骗的财产，而不是勒索被害人的财物。根据我国刑法第238条非法拘禁罪第3款规定：“为索取债务非法扣押、拘禁他人的，依照前两款的规定处罚。”可见非法拘禁的动机不影响罪名的成立，周小红的辩解在定罪后的量刑过程中可作为从轻处罚的情节予以考虑。考虑到本案被害人陆兵的行为确实有过错，周小红在共同犯罪中不起主要作用，应当认定为从犯。由此可见，法院认定被告人周小红的行为符合我国刑法非法拘禁罪的要件，已经构成犯罪。

法律链接>>>

● 非法拘禁罪

非法拘禁罪，是指非法拘禁他人或者以其他方法非法剥夺他人人身自由的行为。其他方法，是指以绑架等手段实施犯罪。本罪侵犯的客体是他人的身体自由权，即人身自由不受非法干预的人格权。人身自由，是公民从事民事法律行为的基础，也是公民人格尊严的体现。我国刑法第238条规定："非法拘禁他人或者以其他方法非法剥夺他人人身自由的，处三年以下有期徒刑、拘役、管制或者剥夺政治权利。具有殴打、侮辱情节的，从重处罚。犯前款罪，致人重伤的，处三年以上十年以下有期徒刑；致人死亡的，处十年以上有期徒刑。使用暴力致人伤残、死亡的，依照本法第二百三十四条、第二百三十二条的规定定罪处罚。为索取债务非法扣押、拘禁他人的，依照前两款的规定处罚。国家机关工作人员利用职权犯前三款罪的，依照前三款的规定从重处罚。"

最后，法院判处被告人周小红拘役六个月，缓期一年执行。周小红虽然判的是缓刑，但是，她的人生档案有了犯罪的前科。走出看守所的大门时，寒冷的北风迎面扑来，周小红双手裹紧了衣服。她内心十分惶恐，不知道自己今后的人生路要怎样走……

律师说法：人生理想与奋斗>>>

拿破仑说过，不想当元帅的士兵就不是好士兵。每个人特别是年轻人都有自己人生的理想，他们为此而奋斗。奋斗无极限，做人有底线。尤其是在实现人生理想的道路上遇到困难和挫折时，奋斗者头脑要保持清醒和理智，不要因冲动而做出过激行为。以我近30年的办案经验看，大部分刑事案件的被告人都是临时起意犯罪，就是人们常说的一念之差；而不是故意预谋犯罪。这说明大部分的被告人本质上并非不可救药，但是当他们误入人生歧途站在法庭上的时候，往往悔恨不已却不得不接受法律的制裁。可谓一失足而成千古恨！有些被告人在看守所或者监狱内，互相交流犯罪事实又使他们对错不辨，善恶不分，回归社会后还可能发生“二进宫”“三进宫”的情况，这部分人的人生理想至此恐怕已经彻底破灭。所以，每一个在实现理想过程中遇到困难的人，一定要牢记三思而后行的古训，一定要扪心自问我这样做有没有违法。只有这样，才是对自己负责，对家庭负责，更是对社会负责。

性奴复仇

关键词 间接故意：听之任之　量刑情节

2011年9月的一天，某地公安局接到了报警。一个中年妇女在电话里哭泣着说："快来呀！出人命案了，我丈夫死了！"警方接到报警后迅速派人赶往现场。案发现场在望江小区的一幢居民楼里，只见事发房间的门敞开着，一个中年妇女蹲在门口无助地哭泣，双手不停地抹着眼泪。客厅地板上躺着一个中年男人，脸色发紫已经没有了呼吸，脖子上还系着一根绳子。"120"急救中心的救护车也几乎同时赶到了现场，医生在对男子进行了检查以后告诉民警："患者已经没有生命迹象，不需要进行抢救了。"

丈夫意外死亡　妻子存疑报警

哭泣的中年妇女对民警介绍说："我叫何敏。他是我丈夫，叫李海，经营一家建筑公司。我在农村老家照顾孩子和老人，我今天刚来就发现他上吊了。"根据何敏断断续续的讲述，民警了解到今年春节后，李海又按照惯例离家外出，准备工程年后的开工事宜。这半年期间，李海与家庭的联系越来越少。妻子何敏几次给他打电话，发现他说话老是有气无力的，态度完全是敷衍了事，心里就觉得丈夫有点不对劲儿。于是，何敏决定在夏收后来丈夫身边看看他到底怎么了。没有想到，今天她用钥匙打开家门，竟然看到了意想不到的景象：卧室的门敞开着，丈夫跪坐在墙边低垂着头。他脖子上还系着一根绳子，另一头拴在窗框上。丈夫李海自杀了！惊恐之中，何敏急忙上前将绳子剪断，把李海拖到客厅里，然后拨打了"120"急救电话和"110"报警电话。

根据死者妻子何敏介绍的情况，民警进行了现场勘查，没有发现室内有异常情况，初步判断李海由于自身原因而自杀身亡。遂告知何敏，李海死亡系意外事件，不属于警方管辖的案件范围。

由于警方认为本案不属于刑事案件，何敏开始为丈夫筹办后事。在收拾家中的物品时，何敏看见床头柜和地板上散落有白色药片，仔细查看后发现不是李海每天吃的降压药。但是，装药的瓶子还是降压药的瓶子。何敏为此心里觉得有些蹊跷，不过现在人已经死了，探究李海生前吃什么药也没有意义了。不料，很快她又有了新的发现。她在卧室的床头柜里发现了一张碟片，放进电脑点击播放一看，是她老公李海和一个年轻女孩的性爱视频。而且，从视频的内容来看李海不止一次和这个年轻女孩在一起。丈夫李海在外面有了情人！怪不得他春节后跟自己通电话爱答不理的。何敏心中又气又恨，想想这么多年自己在家中带孩子的艰难和伺候老人所受的委屈，老公竟然在外面和别的女人寻欢作乐。这次李海如果不是意外死亡的话，自己今后的下场不知道会有多么悲惨。想到这里，何敏悲痛欲绝，瘫倒在床上号啕大哭。

虽然老公生前出轨不忠，毕竟两人结婚这么多年，何敏对于春节期间还健壮的李海在短短半年期间就这样突然走了，心里还是觉得难以接受，总认为老公的死可能另有原因。于是，她拿着现场找到的药片来到医院请教。医生辨认以后马上说："这种药是盐酸曲马多片，主要作用于中枢神经系统，用药过量会产生依赖，对人体的作用类似吗啡和海洛因，咱们国家已经将盐酸曲马多作为精神药品进行管制。"何敏不解地问："服用这个药对于高血压病治疗有好处吗?"医生奇怪地看看她，然后严肃地对她说："盐酸曲马多跟治疗高血压没有关系，这种药吃多成瘾后可以要人命。"

从医院出来后，何敏来到公安局。她把李海吃的盐酸曲马多和他的性爱视频提供给警方，并称半年来老公李海变化很大，性格越来越孤僻，体重也减轻不少，怀疑有人用这种药给李海投毒，要求警方立案侦查。

案件剥茧抽丝　疑凶浮出水面

根据死者妻子何敏的报案，警方决定对案件进行初查。民警带着药品到医院了解情况，医生肯定地说："这种药就是盐酸曲马多，属于中枢性镇痛药，用于各种术后止痛、癌痛、分娩痛等的治疗。此药有成瘾现象，世界卫生组织将其列入世界第五大被滥用的药品。成瘾后导致记忆力下降、反应迟钝；食欲下降、体重减轻；甚至脾气暴躁、不愿意与人沟通、自卑、自闭、自虐、自杀等，后果非常严重。"听了医生的介绍，民警结合李海死亡的事实，认为不能排除其死亡与服用的药物有关。这时，法医的尸检报告也验证了侦查人员的怀疑，报告指出死者体内残留有大量盐酸曲马多的成分。

鉴于盐酸曲马多是用于中度、严重、急性、慢性疼痛和外科手术术后止痛的，侦查人员询问了何敏及李海的同事，了解李海生前是否有较为严重的慢性疼痛症状或者近期内做过外科手术？得到的答案都是否定的。何敏和李海的同事都说他只是患有高血压病，每天要吃药控制血压，没有发现他染上吸毒的恶习。现在李海住处降压药瓶里装的不是降压药，而是这种限制类的药物，到底是什么原因导致李海服用此类精神麻痹药物呢？警方决定正式立案侦查，并确定从盐酸曲马多片的来源和李海的私生活两个方面展开调查。

侦查人员了解到，从2008年起盐酸曲马多作为精神类药物被进行了严格管控，只有特定的医院才具有此类药物的处方权。经过向医药管理部门问询，知晓当地只有四家医院具有处方权，走访中发现李海并没有在其中任何一家医院开过此类药物，倒是有一个五十多岁叫林富安的男人多次开过这种药。医生回忆该男子有严重的肩周炎，要求医生给他开这种药。因为这是合理要求，就在允许的范围内给他开了处方。侦查人员通过医院登记的信息联系到了患者林富安，希望他配合警方调查。

民警通过询问发现，这位林富安先生竟然是李海建筑公司的员工，他和妻子已经离婚，家中还有一个女儿。林富安对民警解释说："我开这种药是因为肩周炎疼得实在受不了，需要长期大量服药。我在医院开的药都自己治病吃了，没有提供给任何人。"侦查人员在李海的建筑公司走访调查得知，林富安在公司里担任工地保安职务，与李海的工作没有直接接触，也自然谈不上有什么矛盾和过节，他平时的表现也没有什么异常之处。

正当案件的侦查工作停滞不前的时候，调查李海私生活的民警有了新的发现：李海的情人叫林玉洁，刚从大学毕业。李海的生前好友回忆，李海很喜欢林玉洁，经常带着她出入各种应酬的场合。他们也多次发现林玉洁在李海的住处出入，可以看出来李海对林玉洁情有独钟。但是，林玉洁的态度始终是不冷不热，不知道是个性高傲还是不爱李海。警方为此传唤了林玉洁。林玉洁面对民警坦然承认，自己就是性爱视频里的女主角。她回忆说："我和李海是情人关系，平时都是他主动找我。由于我们不经常在一起，他的健康情况和生活习惯我不是很了解。他死亡之前我们已经有一个多月没有联系了，发生这样的事我也很意外。不过对于我来讲也是一个解脱，因为我已经有男朋友了。"由于警方没有证据证明林玉洁和李海的突然死亡有关联性，不能仅凭其情人关系就认定她将李海设计杀害，因此案件的侦查陷入了僵局。

警方在对案件事实进行重新梳理的时候，发现在医院频繁开药的林富安与李海的情人林玉洁竟然是父女关系。为什么案件的线索如此巧合地集中在李海和林玉洁父女三人身上？林玉洁父女与李海的死亡之间到底有什么不可告人的秘密呢？难道他们父女联手毒害李海以攫取他的财产？警方为此决定同时传唤林玉洁父女。

林玉洁再次来到了公安局，她神情依旧镇静坦然。但是，看到父亲林富安也被民警带了进来，她脸上的表情就发生了微妙的变化。她平静地对民警说："我爸爸和这件事无关，李海的死跟我有关。你们把我爸爸放了，我告诉你们事情的经过。"面对神情专注的民警，林玉洁难掩悲戚之情，开始讲述那段不堪回首的往事……

靓女沦为性奴　恶主遭受报复

那是三年前，林玉洁刚刚上大学二年级的时候，她父亲林富安在李海的公司做工地保安。一个星期天她回到家中，一进门满屋飘逸着香味，她寻香推开厨房门，看见父亲给她炖了一大锅肉。林玉洁吃后连声说好。父亲自豪地告诉她，自己捉了一条流浪狗，要给女儿开荤驱寒。林玉洁万万没有想到，就是这顿美餐让她开始了噩梦般的生活。

星期一下午，父亲林富安就给她打电话说出事了。林玉洁急忙赶回家中，只见父亲耷拉着脑袋坐在屋内，一个陌生的中年男子怒气冲冲地站在旁边，这个男人就是公司老板李海。看见林玉洁进屋，李海手里拿着一张照片指着上面的那条狗问林玉洁："你和你爸把这条狗吃了？"看到来人如此凶悍，林玉洁有些胆怯地回答："狗活着是什么样我没有看到过，你怎么能证明我们吃了你的狗呢？"李海听后气愤地把手中的照片往桌子上一拍说："不要狡辩，你们吃了我的德国牧羊犬！"林富安仍然耷拉着脑袋不吭声，林玉洁小声辩解道："如果真吃了你的狗，我们赔你就是了。""赔！你们知道这条狗值多少钱吗？这是条名贵纯种的德国牧羊犬。我刚买回来放在工地，你爸晚上就当流浪狗给我吃了。"林富安这时抬头争辩说："老板，我晚上去工地接班，没有人跟我说这是你买的狗。"李海怒吼道："没有人跟你说你就杀狗吃啊！你嘴怎么这么馋呢。"他说着拿出买狗的凭证对林玉洁父女讲："你们自己看清楚，这条狗价值20万元。既然你们愿意赔偿我的损失，就给你们一周时间准备钱。否则，别怪我不客气。"说完，他转身摔门而去。

李海走后，林玉洁父女俩愣了很久，房间里一片寂静。林玉洁看着父亲小心地问："爸，这件事怎么办？"林富安摇摇头叹了口气："唉，他是老板，咱们惹不起，只能砸锅卖铁赔他了。"他看着女儿说："小洁，你回学校去吧，爸爸会想办法的。"

回到学校之后，林玉洁眼前始终浮现着父亲无奈的神情和李海霸道的吼声。林玉洁觉得如果父亲赔偿这20万元，家里就倾家荡产了。自己既然也吃了狗肉，就不能让父亲一个人承担这个重担，她决定去找李海，求求他放过自己和父亲。于是，林玉洁鼓起勇气来到了李海的办公室。

一进门，林玉洁还没开口两行热泪就流了下来。看到美女进门，李海急忙从办公桌后面出来双手扶住她的肩膀笑着说："请坐，有什么话坐下来慢慢说。"林玉洁坐下后双手捂着脸抽泣，用哀求的语气说："李老板，求求你放过我们，我们真的拿不出这么多钱。要不然你多给我点时间，等我毕业后挣钱了分期还你。”李海哈哈大笑道：“小姑娘，你也太天真了，不过我就喜欢你的天真。”说着，李海的手就握住了林玉洁的手，油光光的脸凑近她，直直地盯着她说：“没想到老林有这么标致的女儿，我也实话实说，以后只要你跟了我，那些钱就算了。老林好造化呀！否则，这20万元你爸干到退休也还不起。”说完，李海拉着林玉洁就往办公室的套间里面走。此时的林玉洁知道李海要干什么，她内心惶恐不安，想反抗又不敢。一想到李海要她家赔偿20万元，就浑身乏力，无力反抗。就这样，林玉洁紧闭双眼任凭李海在她身上发泄。从此，林玉洁在李海的威逼利诱下成了他的情人。

李海常常到学校去找林玉洁带她出去开房约会，要她陪同参加各种应酬。林玉洁一方面为了父亲和家庭平安，另一方面成为李海的情人后也获得了物质利益，于是，就默默地承受着这一切。父亲林富安后来好奇地问她：“小洁，你到底和李海说了什么，他竟然不追究这件事了。”林玉洁只是简单地告诉他：“我说服了李海，他同意不要赔偿了。”林富安听了以后也没再追问下去，只是长长地叹了一口气，心里恨自己没能耐，还得女儿出面办事。

年轻人总有自己的生活。不久，林玉洁在学校里遇到了喜欢的人，她恋爱了，并慢慢与李海疏远。李海知道后发现不能强逼林玉洁和男朋友分手，就改变策略以叔叔的身份出现在她男朋友面前，邀请他俩一起吃饭。只要林玉洁拒绝和李海交往，他就要把她是自己情人的事告诉她男朋友，搞得林玉洁心里总是忐忑不安，只好和李海继续周旋下去。好不容易熬到了毕业，林玉洁决定和男朋友一起到外地工作，以摆脱李海的纠缠。没有想到，李海冷笑着对她说：“现在社会通信交通这么便利，你到哪里能躲得了我？你如果喜新厌旧把事做得太绝情了，我就把咱俩的一切告诉你爸和你男朋友，让你身败名裂。”听到李海赤裸裸的威胁，为了自己的名声和爱情，林玉洁只好再次满足了李海的兽欲，继续留在当地做他的情人，生活陷入了无止境的绝望之中。林玉洁心里越来越憎恨李海，一次偶然的机会她陪父亲去看肩周炎。医生给父亲开了盐酸曲马多片，反复嘱咐他按照医嘱服药，否则，将可能成瘾并产生严重的后遗症。听了这些话，林玉洁突然心里闪过一个念头，她问医生："医生，我问您一个问题，高血压病人能吃这种药吗?"医生马上回答："这不是治高血压的药，如果乱吃药危害更大。"原来，李海有高血压病，林玉洁发现他吃的降压药和盐酸曲马多片外形、颜色十分相似。林玉洁心里开始酝酿一个大胆的设想：把李海吃的降压药偷换成盐酸曲马多片，等他吃药上瘾以后或许就能逃出他的魔掌。

于是，林玉洁主动给李海打电话说要去看他，林玉洁的主动让李海心花怒放。等到李海满足欲望之后沉沉地睡着。林玉洁蹑手蹑脚地起来找到李海服用的降压药瓶，把里面的药换成盐酸曲马多片。从这一天开始，林玉洁经常以男朋友家里有病号为由，让父亲去医院给她开盐酸曲马多片。同时，她每周都和李海见几次面，观察他服药的效果。很快，她发现李海发生了变化，不仅体重减轻，而且性格也日益封闭，对药产生了依赖性，服用量也越来越大。当李海怀疑他吃的药不对的时候，林玉洁主动坦白交代："我给你换了强身健体药。"李海瞪着眼质问她："你为什么不提前告诉我?"林玉洁撒着娇说："我想给你一个惊喜呗！你回忆一下这一段时间吃了药以后，是不是比以前感觉舒服了？你身体好了以后就不需要再吃降压药了。"李海听后一回想，也感觉服了情人偷换的药以后确实身心愉悦，于是就放松了警惕，轻信了林玉洁为他好的话，继续服用盐酸曲马多片。林玉洁也大胆地托人给李海弄药，李海吃药的剂量越来越大，成瘾的反应也越来越强烈。案发的前一天，林玉洁来到了李海家，给他带来了几盒药，笑着对他说："老李，这够你舒服一阵子了。"林玉洁没有想到，她走后，李海服用药片过量，一念之差竟然自杀了。

林玉洁供述完犯罪经过之后，心中如释重负，表示李海的纠缠毁了她的生活，现在自己已经解脱了，愿意为此承担任何法律责任。侦查人员根据林玉洁的供述，通过调查取证，印证了她供述的真实性。

林玉洁因涉嫌故意杀人罪被刑事拘留，在讨论林玉洁的犯罪故意是直接故意杀人还是间接故意杀人时产生了不同的意见。一种意见认为，林玉洁为了摆脱李海的纠缠，明知服用盐酸曲马多片成瘾可能产生死亡的后果，而追求这个结果的发生，其犯罪的主观故意是直接故意；另一种意见认为林玉洁对于服用该药成瘾会死亡并无明确的认识，她只希望李海上瘾后自己能够摆脱他，所以，她的主观故意是间接故意。

法点释义：直接故意和间接故意>>>

任何犯罪都是在主观意志支配下进行的，犯罪的直接故意是指明知自己的行为可能发生危害社会的结果，仍然积极主动的追求；而犯罪的间接故意是指行为人明知自己的行为可能发生危害社会的结果，并且放任这种结果发生的心理态度。"放任"并不是希望，不是积极追求，而是行为人在明知自己的行为可能发生特定危害结果的情况下，为达到自己的既定目的，仍然决意实施这种行为，对阻碍危害结果发生的障碍不去排除，也不设法阻止危害结果的发生，而是听之任之。间接故意犯罪比直接故意犯罪主观恶性程度较轻，是量刑时考量的情节。

结合本案来讲，林玉洁在偷换李海药物的时候其心理态度是希望摆脱他的控制，造成什么危害后果并不关心也不追求。这种心态是放任的故意，应当是间接故意杀人，但犯罪情节较轻。

不久，检察院以故意杀人罪将林玉洁起诉至当地中级人民法院。李海的妻子何敏没有想到丈夫仗势欺人，竟然逼迫一个女孩子沦为性奴。在林玉洁父亲的积极赔偿下，何敏为林玉洁出具了刑事谅解书，希望法院对她从轻处罚。

法院开庭审理后认为，被告人林玉洁长期受到被害人李海的胁迫，受到了极大的精神压力，愤而实施犯罪行为致被害人死亡，故意杀人犯罪情节较轻。她犯罪后自首，同时又获得了被害人亲属的谅解。法院据此根据我国刑法的有关规定，结合林玉洁具备的法定酌定从轻处罚情节，以故意杀人罪判处她有期徒刑八年。

法律链接>>>

● 故意杀人罪

故意杀人罪，是指故意地非法剥夺他人生命的行为，侵犯了公民人身权利。本罪是故意犯罪中性质较重、社会危害性较大的一种犯罪，也是我国刑法中性质最恶劣的少数犯罪之一。

我国刑法第232条规定："故意杀人的，处死刑、无期徒刑或者十年以上有期徒刑；情节较轻的，处三年以上十年以下有期徒刑。"

案件感言：解决纠纷的途径>>>

马克思主义原理中讲，矛盾无处不在，矛盾无时不有。这说明人们生活的世界上，矛盾和差异是永恒的主题。既然如此，说明人与人的交往过程中，就是不断解决矛盾、求同存异的过程。因此，面对纠纷，采取什么样的解决方法，决定了用什么法律进行裁量。在本案中，李海和林玉洁既是受害者又是害人者，他们的亲属也将面对支离破碎的家庭，承担心灵上永远无法抹去的痛楚。林玉洁之父林富安误杀牧羊犬，只是民事侵权赔偿纠纷。如果李海不是仗势欺人，不是强行霸占林玉洁，林玉洁就不会用鱼死网破的方式进行挣脱，本案的悲剧也会避免。我想，这就是本案值得我们深思和警醒的地方。

忘年血案

关键词 犯罪中止：自动中止犯罪　防止危害结果

2012年初夏，一天凌晨3点多，路上车辆飞驰、行人稀少。在某地一条马路上忽然出现一个身上沾有血迹的年轻男子，他叫庄晓峰。只见他左手腕处被布包扎着，不停挥动着右手拦车。路过的司机看到他浑身血迹，都害怕惹祸上身皆绕行而过。无奈之下，庄晓峰冲到路中间张开双臂拦下一辆出租车。汽车急刹车的声响还没有消失，他一下子跪在司机面前，哀求司机救救自己的女朋友。出租车司机看着他身上的血迹和哀求的眼神，就赶忙让他起来带路，跟着他跑到附近一家小餐馆，发现一个中年女子躺在地上，已经神志不清，呼吸急促。司机赶忙抱起她，将庄晓峰他们二人送往医院。

受伤男女各执一词　祸起何因初露端倪

到了医院以后，医院立刻对他们展开救治，出租车司机也拨打了“110”报警电话。民警赶到后向出租车司机了解了事情的经过，给他做了询问笔录。此时，庄晓峰已经缝合包扎好左手腕处的伤口，民警随即向其了解事发的情况。庄晓峰语气深沉地说：“现在被抢救的人叫胡洁，我和她是男女朋友，我们共同经营一家餐馆。昨天晚上餐馆营业结束后，我们因为个人的私事发生争执，后来开始互相撕扯，我失手掐昏了她。我在给胡洁做人工呼吸时由于慌乱，打碎了桌子上的玻璃杯，把自己的左手腕划伤了。”按照庄晓峰所言，他和胡洁发生了情人间的纠纷，进而误伤了胡洁。

一会儿工夫，胡洁也被护士推出急救室送到了病房。民警发现病床上处于昏迷中的胡洁看上去有40多岁，与庄晓峰年龄相差大概有20岁，看来他们之间应该是忘年恋。这对忘年恋人之间到底发生了什么？单凭庄晓峰的叙述还难以定论，只有等到胡洁醒来后再调查核实。但是，庄晓峰的行为已经涉嫌刑事犯罪，他被警方采取了刑事拘留的强制措施。

第二天上午10点钟左右，民警接到医院电话说胡洁醒过来了，现在可以接受询问。民警迅速赶到医院向她了解情况，只见胡洁面色苍白，对民警哭诉道："昨天晚上，我店里的员工庄晓峰喝酒后因为要求涨工钱和我发生争吵，我不同意他就说要杀了我。然后，他就用手狠掐我的脖子，嘴里还喊着你去死吧。之后我就昏过去了，醒来后发现自己在医院了。"民警一听她的陈述跟庄晓峰的供述大相径庭，当时就愣住了。对她不解地问道："只是为了涨工钱也不至于杀人啊，你俩之间是否还有其他关系？"胡洁肯定地答道："没有。他是餐馆的伙计，我是餐馆的老板。"民警又问："庄晓峰的左手腕受伤是怎么回事？"胡洁摇摇头回答道："这我不知道，我昏迷前他手没有受伤。"询问过程中，民警得知胡洁有过婚史，已经和前夫离婚，婚生女也由丈夫抚养，她自己开了一家小餐馆谋生。庄晓峰供述二人是情侣关系，而胡洁回答是雇佣关系，并且他们对事发经过的描述明显相悖。可见，这起人身伤害案件背后另有隐情。

在民警询问胡洁的过程中，病房里走进来一个个子不高的中年男子。他关切地上前询问胡洁的伤势，态度亲昵，表情关切。胡洁主动向民警介绍说："这是我男朋友丁立国。"丁立国接着对民警说："我今天早上听说餐馆里的小伙计差点儿把她杀死，就急忙从外地赶过来了。幸好人无大碍。"民警立即问他："你认识这个小伙计吗？"丁立国沉吟片刻道："因为我平时在外地，很少来这儿，所以对庄晓峰印象不深。他好像个子挺高，少年老成，寡言能干。但是，我不知道他为什么突然要杀胡洁。"

至此，民警发现案情出入很大。按照庄晓峰的供述，他因为和胡洁恋爱发生矛盾，失手误伤胡洁，充其量是过失致人重伤罪；按照胡洁的说法，庄晓峰是杀人未遂后企图编造自己和胡洁的恋爱关系来逃避法律的制裁。如果确实如此，说明庄晓峰的行为更加恶劣了，他已经涉嫌故意杀人（未遂）罪了。难道庄晓峰没有向警方说实话？民警为此再次对庄晓峰进行讯问，他仍然说胡洁是自己的女朋友，自己绝对没有杀死她或者伤害她的想法，这一切都是无意中造成的。当民警告知庄晓峰他们已经见过胡洁认可的正牌男友丁立国后。庄晓峰情绪崩溃了，他失声痛哭，在抽泣之间，讲述了自己和胡洁之间发生的故事……

寂寞难耐成为情人　忘年痴恋妒火中烧

庄晓峰家庭贫困，父母生活艰辛，他从小缺乏关爱。高中毕业以后为了减轻家里的负担，他就外出到大城市打工。在陌生的城市里他干过很多活，可是没有一份工作是长久的，直到他应聘到胡洁的餐馆做服务员。按照庄晓峰的话来讲，胡洁的餐馆是他人生中最温暖的地方。老板娘胡洁对他格外照顾，不克扣工钱，也不打骂训斥，逢年过节还发奖金。庄晓峰知恩图报，勤奋干活从不偷懒，把餐馆当成了自己的家，把胡洁当成了自己的亲人。心里如果有什么不开心或者想不明白的事情他都会告诉胡洁，而胡洁就像知心大姐一样帮他分析，开导他，劝慰他不要想太多，要有年轻人该有的心态。渐渐地，胡洁对庄晓峰的关心和爱护，让青春萌动的庄晓峰产生了异样的感觉。他不再单纯地把胡洁当成餐馆老板和知心大姐，觉得她是浑身散发着成熟美的女人。庄晓峰心里对老板娘胡洁产生了爱恋之心，这种感情一产生就似滔滔江水一发而不可收拾。湍急的江水会冲开前进路上的梗阻，庄晓峰炽热的情感也要向心上人胡洁表白。

一个周末的晚上，餐馆到半夜 11 点多才结束营业。收拾完之后，其他员工都走了，庄晓峰还在看有无可干的活。胡洁叮嘱道：“晓峰，你回去早点儿休息，明天可以晚点来上班。”而这时，庄晓峰两眼直直地盯着胡洁，呼吸有些急促。他的状态让胡洁有点担心，出于关心她上前摸了摸庄晓峰的额头，嘴里自言自语道：“没有发烧呀！你脸怎么这么红？”这时，她欲收回去的手被庄晓峰一把握住。他语无伦次地对胡洁说：“胡姐姐，我爱你。”胡洁顿时被庄晓峰的告白搞得有些不知所措，她呆立片刻抽出被他紧握的手说：“晓峰，我的年龄可以当你妈妈了，你比我女儿也大不了几岁，我们只能做朋友。”“不，我要和你谈恋爱，我知道你已经离婚了。”胡洁笑道：“晓峰，我不能跟你在一起，你还小，不会明白的，我们俩之间是不会有结果的。”尽管庄晓峰一再表示，我是认真的，你要相信我，但这似乎都没有打动胡洁，胡洁拒绝了他的求爱。

庄晓峰并没有因为胡洁的拒绝而放弃。由于临近夏季，餐馆的生意越来越好，每天都忙到很晚，大多数时候胡洁都会睡在餐馆收银台后面的房间里。庄晓峰总是趁其他员工走后去找她聊天，倾诉自己对她的感情，排遣漂泊在外的孤独寂寞。

七夕，中国的情人节。当天晚上，天空月朗星稀。客人走后餐馆关门，这时胡洁突然对庄晓峰说：“晓峰，一会儿你陪我喝几杯吧。”庄晓峰内心不禁狂喜，这暗示着老板娘对他有意思了。推杯换盏之间，两人喝了不少酒。胡洁感叹道：“晓峰啊，今天天上的牛郎织女都相会了，但是人间的我却无人陪伴。”说着，她喝下手中的酒说道：“我等的人竟然陪伴着别的女人，一个女人在外打拼太累了。”庄晓峰以为胡洁在泛泛地感叹人生，就不停地和她碰杯，劝她杯酒解千愁。酒醉之后，两个寂寞的人突破了友谊界限发生了关系，庄晓峰和胡洁从此成了关系密切的秘密情人。但胡洁知道自己和庄晓峰之间永远不可能有结果，只不过寂寞之中互相安慰而已；可庄晓峰却认为胡洁已经接受了自己，便开始要求她和自己结婚。面对庄晓峰频繁的逼婚行为，胡洁索性明确拒绝。她说：“晓峰，我已经经历过一次失败的婚姻，不可能把自己以后的生活交给和自己女儿一样大的男孩。”庄晓峰仍然不死心，以为自己付出就会有回报。直到有一天，一个名叫丁立国的中年男人出现在小餐馆里。

庄晓峰本以为这个男人只是老板娘的熟人，哪知道餐馆老服务员都说这个男人是老板娘的情人。他们过去在同一个地方居住，后来老板娘到这里开饭店做生意，这个男人会不定期地来看望她，而且他自己还有家庭。说者无心，听者有意。庄晓峰果然发现老板娘和丁立国的关系确实暧昧，看到他们一起走进胡洁住的屋子，一直到半夜结束营业二人都没有出来。庄晓峰这才明白，七夕那天晚上胡洁感叹的不是泛泛人生，而是老情人丁立国不能来陪她。他顿时被这个半路杀出来的情敌搞得心烦意乱，其他员工走后他一直在餐馆附近徘徊。等到凌晨两点二人还没出来，妒火中烧的庄晓峰跑到厨房拿了一把菜刀想要找丁立国决斗，他悄悄走到房间门口听到屋子里他们在聊天。丁立国说："明天早上我就走了。"胡洁应道："行啊，以后有空再来。"听到这些话，庄晓峰立刻冷静下来，他竭力安慰自己，只要过了今天晚上，一切都会恢复原样的。庄晓峰没有回宿舍，他将就着在餐馆椅子上睡了一夜。第二天早上，胡洁出门看到庄晓峰吓了一跳，问："晓峰，你怎么来得这么早？"庄晓峰轻描淡写地说："睡不着觉，就过来了。"胡洁看了他一眼，没有再往下问，叮嘱了几句就送丁立国离开了。

庄晓峰一天心情愉快，期盼着一切恢复原样。谁知道傍晚时分，丁立国又回到了餐馆。庄晓峰听到他对胡洁说："我今天事情没有办完，明天再走。"庄晓峰心里又怒又恨。到了餐馆打烊的时间，胡洁专门出来交代庄晓峰说："今天晚上你早点回去休息，不要影响明天的工作。"庄晓峰明白胡洁是担心自己影响她和情人约会，心里越想越气，站在餐馆外面看着房间里的灯熄灭，他恨得牙根儿直痒痒。在强烈的妒火驱使之下，庄晓峰做出了一个意外之举。他拨打"110"报警说："我要报警，有个叫丁立国的人犯重婚罪，他现在正和第二个老婆非法同居，你们如果不管可能会发生人命案。"民警接到报警后非常重视，立即派人赶到餐馆。听到民警喊话和敲门后，胡洁神情茫然地打开门，民警进去找到丁立国，对他们二人分别进行了询问。

法点释义：重婚罪>>>

重婚罪，是指有配偶又与他人结婚或者明知他人有配偶而与之结婚的行为。重婚包括法律上的重婚和事实上的重婚两种情况。法律上的重婚，指前婚尚未解除又与他人登记结婚的行为。事实上的重婚，指前婚尚未解除又与他人形成事实婚姻的行为。根据有关司法解释，有配偶的人与他人以夫妻名义同居生活的，或者明知他人有配偶而与之以夫妻名义同居生活的，仍应按重婚定罪处罚。我国刑法第258条规定："有配偶而重婚的，或者明知他人有配偶而与之结婚的，处二年以下有期徒刑或者拘役。"男女偷情，不属于重婚行为。

民警经过询问，确认胡洁和丁立国是情人关系，双方没有以夫妻名义稳定同居，只是偶尔相聚会面。于是，决定对举报不予立案。同时，民警批评了他们的婚外情行为，让他们二人自觉维护婚姻家庭秩序。当胡洁送民警出门时，看见了门外装作看热闹的庄晓峰，她心里顿时明白是怎么回事了。

激情杀人险酿恶果　法网无情警醒世人

庄晓峰妒火中烧告发老板娘的婚外情，胡洁知道再这样下去他们之间要出大问题，就决定和庄晓峰好好谈谈。民警离开之后，胡洁给庄晓峰打电话说："晓峰，一会儿我要和你好好谈谈。"庄晓峰犹豫片刻说："好吧。"

庄晓峰扰乱了胡洁的婚外情，她没有心情再和丁立国缠绵。她让丁立国在附近的宾馆住下，告诉他："明天你自己走吧，我也不送你了。"回到饭店以后，胡洁打电话叫庄晓峰来，自己气得在屋里走来走去，看见庄晓峰进来就对他吼道："庄晓峰，你要干什么？是不是要公安局把我抓起来你才高兴！"庄晓峰上前一把抱住她："胡姐姐，我不想失去你。你跟我结婚吧！我真的离不开你。"胡洁用力挣开庄晓峰的手臂，指责他道："你到底有完没完？我不是都跟你说清楚了吗，咱们不可能在一起。"庄晓峰手指着门外，气愤地对她说："那个男人对你有什么好的，为什么我连爱你的权利都没有？"胡洁板着脸道："他跟我好不是一天两天了，你跟我好才几天！咱们再也不能这样下去了，明天你收拾东西离开吧。"庄晓峰绝望了，他觉得自己活着已经没有意义了。他用力摇着胡洁的肩膀吼道："我不走，咱们永远在一起。"胡洁甩开庄晓峰的手，冷静地对他说："这样下去我很累，将来不是你死就是我死。"庄晓峰的心彻底凉了，他用手掐住胡洁的脖子道："好，你要死咱们就一起去死。"胡洁本能地挥动双手挣扎，很快，她就失去了知觉。看到胡洁瘫软地倒在地上，庄晓峰心里猛然惊醒。他俯下身听了听，发现胡洁似乎没有了心跳，以为她已经死了。绝望的心情瞬间充满全身，庄晓峰掏出随身携带的水果刀，跪在胡洁的身旁说："胡姐姐，你等着我，我和你一起走。"说完，他用刀划破了自己的左手手腕，看到鲜血从伤口处汩汩流出，他躺在胡洁身边伸手抱住了她。忽然，他发现胡洁还有微弱的呼吸。犹如黑暗的世界突然露出了一缕曙光，刹那间，庄晓峰的胸膛充满光明。胡洁没有死！他也不能死！庄晓峰立即从地上爬起来，找了块布包扎好自己的伤口，然后开始给胡洁做人工呼吸。胡洁的呼吸声越来越大，胸脯起伏也越来越急促。庄晓峰急忙跑到街上拦截车辆，好心的出租车司机将他们送到医院救治。

庄晓峰供述完之后悔恨地说："我知道我做了犯法的行为，我并不想杀死她，只是她看不起我，说的话太伤人，我脑子一热就控制不住自己。我一定认罪服法，希望……希望老板娘能够原谅我。"听完庄晓峰的供述，民警弄清楚了两人的关系和事情经过。

在案件的侦查过程中，经过民警的说服和教育，胡洁也如实回答了民警的提问，同时，她检讨了自己的过错："我也有责任，不该和他不清不楚，更不该和他保持那种关系，让他心里产生了误会。我不会向他要求赔偿，我愿意出具刑事谅解书。"案件侦查完毕之后，移送到检察院审查起诉，检察机关对庄晓峰具备的量刑情节进行了讨论。有人说，庄晓峰故意杀人后，误以为被害人已经死亡，所以其行为是犯罪未遂，事后抢救被害人的行为可以作为从轻量刑的情节；还有人说庄晓峰可以杀死被害人而不杀，行为属于故意杀人犯罪中止，应当从轻或者减轻刑事处罚。

法律链接>>>

● 故意杀人未遂和犯罪中止

犯罪未遂，是指行为人已经着手实行犯罪，由于犯罪分子意志以外的原因而未得逞。

犯罪中止，是指行为人在犯罪过程中，自动中止犯罪或自动有效地防止犯罪结果发生。

犯罪未遂与犯罪中止的主要区别在于：犯罪未完成是否由于行为人意志以外的原因。由于行为人意志以外的原因而使犯罪未完成的是犯罪未遂，由于行为人意志而未着手实行犯罪或未得逞的是犯罪中止。总而言之，能达目的而不欲时，为犯罪中止；欲达目的而不能时，为犯罪未遂。

在本案中，庄晓峰在发现胡洁并未死亡时，积极施救，自动有效地防止了犯罪结果发生，应当认定为犯罪中止。在量刑方面，对于中止犯，没有造成损害的，应当免除处罚；造成损害的，应当减轻处罚。不久，检察机关以故意杀人罪将庄晓峰起诉至法院，并在法院开庭审理时指出他具备犯罪中止和自首的量刑情节，希望人民法院依法处罚。胡洁也旁听了庭审。被告人庄晓峰表示自己认罪服法，在最后陈述的时候向胡洁表达了歉意，希望她能够谅解自己。法院审理后认为，被告人庄晓峰基于剥夺他人生命的主观故意，实施了杀人行为，公诉机关认定其行为已经构成故意杀人罪的指控成立。被告人庄晓峰发现被害人胡洁未死后，未继续实施杀害行为还自动有效地防止了犯罪结果发生，属于犯罪中止，对其应依法减轻处罚。同时，庄晓峰在警方尚未掌握其犯罪事实的时候，主动承认自己伤害了被害人；虽然犯罪情节有隐瞒，但是最终能够如实供述，依法可认定为自首。鉴于被害人胡洁已对被告人庄晓峰出具了刑事谅解书，法院最终判决被告人庄晓峰犯故意杀人罪，判处有期徒刑三年。一场忘年恋引发的刑事案件随着法院的宣判而落下帷幕。

胡洁与庄晓峰的私情因为案件而暴露后，羞于在当地继续经营下去。庄晓峰的案件判决之后，她低价转让了饭店，同时，也和丁立国断绝了关系。来到女儿工作的地方，和女儿共同生活。

案件感言：感情与理性>>>

恋爱是每个公民都享有的权利，但是，忘年恋更需要理性面对。庄晓峰品尝到了冲动的代价，他要在监狱中度过三年宝贵的时光；而胡洁也在鬼门关上走了一遭。如果不是她行为的放纵，不是庄晓峰爱得海誓山盟，本案不会闹成今天这样的结局。在这场忘年的畸形恋爱中，两个人都伤痕累累。其实，不管是不是忘年恋，谈恋爱在感情投入的同时，不能忽视理性的认知。多少当初爱得死去活来的情侣，在分手后仍然另觅良缘幸福生活。再回首，已经没有了天崩地陷的感觉，才知道平平淡淡从从容容最是真。古人云：天涯何处无芳草。相信就是这个道理。恋爱的人们，应当在爱情和现实中找到感情和理性的平衡点。

宽恕罪人

关键词 故意伤害罪：致人死伤　结果定刑

2012年夏季的一天下午，闷热的天气搅得人心情烦躁。一天傍晚，母亲高玉兰在厨房做晚饭，上高三的儿子宋瑞宁在家中复习功课。突然，客厅里传来玻璃破碎的声音，高玉兰闻声从厨房出来，看见儿子宋瑞宁倒在地板上，手中的茶杯摔碎了，水流了一地。高玉兰急忙上前扶起他，口中喊着他的名字。但是，宋瑞宁毫无反应。高玉兰立刻拨打了"120"急救电话。这期间，父亲宋健也回到了家中。他们左等右等，救护车却迟迟不到；而宋瑞宁一直昏迷不醒。经过几次打电话催促，50分钟以后救护车才姗姗来迟，将宋瑞宁送到医院救治。

少年莫名亡　家人讨公道

宋瑞宁的父母本以为他是因天热中暑了，然而医生检查后却告知他们宋瑞宁颅内大面积出血，生命垂危，需要马上手术。经过漫长的等待，宋瑞宁的父母等来了儿子抢救无效死亡的不幸消息。仿佛天塌了一般，宋瑞宁的父母无法接受活蹦乱跳的儿子已经离去的噩耗。一个好好的人莫名昏倒，送到医院前后不过四五个小时，已经与亲人阴阳相隔。宋瑞宁两天前曾因头痛到这家医院就诊过，但是当时并未查出他颅内出血，为什么短短两天时间就会颅内大面积出血？他的家人要求医院给出合理的解释。难道患者在室内自己摔倒会导致颅内大出血？救护车在报"120"以后50分钟才赶到，是不是贻误了最佳治疗时间并导致患者死亡？

宋瑞宁的家人情绪激动，围堵在医院的挂号大厅讨说法，医院派人反复劝慰，他们仍拒绝离开。无奈之下，医院报警请求警方介入调处纠纷，以避免矛盾激化发生更严重的后果。民警立刻出警赶到医院，看到宋瑞宁的亲属在医院大厅激愤喧哗，就安抚他们冷静下来，告诉他们感情用事不能解决问题，警方不会坐视矛盾激化和医疗秩序被破坏。民警随后听取了双方的意见，主治医生说："患者送到医院时已经深度昏迷且失去意识，救护车的调配可能有些迟缓，但是不至于导致患者的死亡。根据患者的颅内出血情况，不排除生前受到过外力巨大打击。"宋瑞宁的家人否认了医生的说法，父亲宋健激动地说："我儿子摔倒时头没有磕到任何地方。他平时身体很好，也爱锻炼身体。除了前两天他说自己有点头疼，来这家医院看过病。医生给他检查后打了点滴，然后就让他回家休养了，没有想到今天竟然失去了生命。医院医疗肯定有责任！"民警一听宋瑞宁两天前曾经因为头疼到医院看过病，立刻产生了警觉，仔细询问："那天，你们家属谁陪宋瑞宁来看的病？"宋健回答："我陪同儿子宋瑞宁看的病。"他回忆说："那天宋瑞宁从学校放学回来以后，衣服上都是土，嘴角也肿了。我问他怎么回事？他说和同学李铮闹别扭打了一架，男孩子打打闹闹很正常，我听了以后也没在意。"民警马上追问："李铮是什么人？住在什么地方？"宋健说："李铮是宋瑞宁的发小，我们两家是邻居。他俩从小一起长大又一直是同学，关系很好。以往也闹过矛盾，但很快就冰释前嫌重新成了好朋友。"民警了解情况之后，立即决定询问宋瑞宁的同学——李铮。

平时身体健康的少年突然丧命，白发人送黑发人，情断望乡台。宋瑞宁究竟死于何种原因？警方的介入能否揭开这起突发事件所笼罩的疑云呢？

情窦初开季　鲜血染青春

虽然民警对宋瑞宁的亲属进行了规劝，但是他们表示在事情没有调查清楚之前，拒绝将宋瑞宁的尸体送往殡仪馆。警方为了尽快查清事情的真相，一方面决定对宋瑞宁进行尸检，另一方面通知李铮的父母带他到警方接受调查。第二天，当李铮的父母带他到公安局后，承办民警发现这是一个皮肤白净的少年，举止显得有些文弱。他低着头双手不停地搓着衣角，民警告诉他："李铮，你不要紧张，把那天和宋瑞宁发生矛盾的经过给我们如实讲讲。"李铮涨红了脸，开始讲述他和宋瑞宁之间发生的过往心结……

宋瑞宁和李铮两个人光屁股在一个院里长大。当时院里还有一个女同学叫张文静，由于年纪相仿，他们三个人几乎每天一起上学一起放学，从小学到高中一直都在同一个学校。随着年龄的增长，他们到了情窦初开的年纪。张文静出落成了一个楚楚动人的大姑娘，宋瑞宁和李铮也成了腰杆笔直的小伙子。张文静开始有些避讳每天和两个大男孩待在一起，而李铮和宋瑞宁对她的感情也悄然发生了变化。一天放学后，宋瑞宁神秘兮兮地跟李铮说："李铮，有件事我想听听你的意见。"李铮爽快地答应了。但是，让他始料未及的是宋瑞宁告诉他："我想追求张文静，我爱上她了。"说着，他拿出自己写的情书让李铮提意见。宋瑞宁话音刚落，李铮脸上的表情就僵住了。他没有接宋瑞宁递过来的情书，严肃地对他说："宋瑞宁，你如果这样做，咱们今后连朋友都没得做了。"宋瑞宁不明白地问："为什么？我追求张文静错了吗？"李铮点了点头，然后认真地对他说："我跟你说，我也喜欢她。"宋瑞宁听罢当时有些蒙了，愣了片刻他吼道："你为什么要和我争？"李铮辩解道："我没有和你争，她又不属于你一个人。"两个大男孩都知道对方有权利追求自己的爱情，不知道再说什么好了，都陷入了沉默之中。当天晚上，他们不欢而散。

第二天早上上学的时候，张文静、宋瑞宁和李铮又在相同的时间共同去学校。三个人虽然还像往常一样有说有笑，但是他们彼此已经各怀心事，时不时地会尴尬相对。下午放学后，宋瑞宁主动找到李铮说："李铮，今天咱们再聊聊。"李铮欣然应允。两人来到住宅小区附近的花园，宋瑞宁不好意思地开口说道："我以前不知道你也有这样的想法。"李铮咬着嘴唇挤出来一句话："我们都早恋了。"说完，他们两个人相视而笑。为了他们的友谊，二人约定以学业为重，等参加完高考后谁都有权向张文静表白，谁能成为张文静的男友让她自己选择。

像天上的乌云被风吹散了一样，两个人心头的阴影也一扫而光，他们又成为亲密无间的好朋友。但是，没过多久，张文静和李铮的一次谈话使两位朋友的关系再度恶化，并导致宋瑞宁死亡悲剧的发生。

一天下课后，张文静小声对李铮说："李铮，放学后我去你家说个事。"虽然不知道张文静要来说什么，但她毕竟是自己的暗恋对象，李铮连声答应，心里乐开了花。放学后，张文静到了李铮家，把一封信递给他说："李铮，你看看。"李铮打开一看，正是那天宋瑞宁让自己参谋的写给张文静的情书。由于他们两个人已经约定上大学前不向张文静表达爱意，李铮就疑惑地问："张文静，这封信你是怎么拿到的?"张文静说："这是昨天宋瑞宁塞到我书包里的。"原来，宋瑞宁性格外向，难以控制自己内心的感情，违背了他和李铮的兄弟之约向张文静表白了。张文静收到情书之后有些不知所措，就找李铮商量怎么办。李铮听了之后脑袋里也一片空白，一时之间不知道该说些什么好。张文静捅了捅他说："李铮，你想什么呢？快说怎么办啊。"李铮这才回过神来："宋瑞宁太无耻了，说话不算话，大家既是同学也是朋友，他这样做会把我们变成仇人。你不用理他，回头我会教训他的。"张文静虽然听得有些莫名其妙，但是明白李铮要她拒绝宋瑞宁的求爱。

送走张文静之后，李铮心里越想越生气，他必须找宋瑞宁把事情说清楚。他给宋瑞宁打电话让他到花园来，宋瑞宁来了以后笑嘻嘻地对他说："李铮，你干什么神秘兮兮的?"李铮二话不说上去就给了他当胸一拳说："宋瑞宁，你算什么哥们，咱们约好的事情你竟然不遵守。"宋瑞宁也发火了，他上前推搡李铮辩解道："我怎么毁约了？你不要没事找事。"李铮一听宋瑞宁还装糊涂不承认，就更生气了，大声吼道："原来你是个无耻小人，张文静已经把你的信给我看了。"宋瑞宁一听李铮知道了，索性摊牌了："我的事情跟你没关系，你少对我指手画脚。你不服了，咱们单挑。"话音刚落，他们两个人就厮打在一起。李铮不是宋瑞宁的对手，被宋瑞宁推倒在地。李铮在挣扎中从地上摸起一根木棍，连续两次敲击了宋瑞宁的大脑和右额。宋瑞宁仍然没有松手，把木棍夺下来朝李铮身上打了几下，两个人打累了才停手。他们站起来看着浑身是土的对方，想想两个人从好朋友变成了斗架的公鸡，不禁扑哧都笑了起来。李铮冲他摆摆手说：“我打不过你，认输。”宋瑞宁上前拍了下他的肩膀，两人瞬间又和好如初了。他们当即商量，择日不如撞日，干脆二人结拜为异姓兄弟。于是，二人拜天跪地再互拜，之后一起离开公园回家。第二天，两个人还说笑着一起去上学。没有想到第三天晚上，宋瑞宁竟然离世而去。说完事情经过，李铮哭了起来，他抽泣着说：“肯定是我害死了宋瑞宁，我愿意接受法律的惩罚。”

民警把事情经过了解清楚以后，让李铮带着他们辨认了案发现场，询问了证人张文静，她证实李铮的供述是真实的。同时，法医对宋瑞宁的尸检也有了结论，确认他是因外伤致颅脑损伤大面积出血而死亡。受伤的位置与出血处相对应。据此，李铮的行为已经涉嫌故意伤害致人死亡，他被警方刑事拘留。

宽容赦罪人　救赎好少年

两个形影不离的好少年，一个死亡，一个被关押。面对这样残酷的事实，两家人都难以接受；但是，他们又必须面对现实。李铮的父母来到宋瑞宁家赔礼道歉。宋瑞宁的母亲高玉兰痛哭不已，父亲宋健不接受道歉，他悲愤地说：“老李，你儿子杀了我儿子，他必须受到法律的严惩。”在警方的侦查阶段，宋瑞宁的父母递交了控告书，要求将本案定性为故意杀人，依法严惩被告人李铮。警方研究之后认为，根据现有的证据材料，本案的性质应当认定为故意伤害罪。于是，侦查结束后，警方将案件移送至当地区检察院，区检察院以故意伤害（致人死亡）罪向区法院提起公诉。由于案发时李铮未满十八周岁，法院依法通知区法律援助中心为李铮指定了辩护律师张凯。

张律师接受指派后，到法院查阅了卷宗，去看守所会见了这个 17 岁的少年被告人。看到李铮白净瘦弱的形象，张律师无法想象这个文弱书生竟然是故意伤害致人死亡的罪犯。李铮在对案件讲述的过程中，不停地回忆和被害人宋瑞宁的友谊，丝毫不为自己的行为辩护，愿意接受法律的严惩以赎罪。看到被告人与被害人之间存在着真挚的友情，这显然异于通常发生在成年人之间的仇恨犯罪。让张律师心生诸多感慨，同时也产生了许多困惑。被害人宋瑞宁是受伤两天后突然死亡的，既然事先他曾经到医院看过病，颅内出血为什么没有检查出来呢？卷中虽然有宋瑞宁的病历，但是不能全面反映治疗过程与他死亡之间的关系。为此，张律师决心查清案件事实，准确划分责任，以全力维护李铮的合法权益。

经过仔细研究卷宗，张律师发现了对李铮量刑有利的情节。李铮仅因有嫌疑被警方询问后就主动交代了案情，根据法律规定应当认定为自首行为，可以从轻或者减轻处罚。

法点释义：自首>>>

自首，系法定量刑情节。根据相关司法解释，自首既可以是犯罪分子自动投案，也可以是视为自动投案，如向单位负责人投案、委托代为投案、信电投案等。罪行未被有关部门、司法机关发觉，仅因形迹可疑被盘问、教育后，主动交代了犯罪事实的，应当视为自动投案。刑法第67条第1款、第2款规定："犯罪以后自动投案，如实供述自己的罪行的，是自首。对于自首的犯罪分子，可以从轻或者减轻处罚。其中，犯罪较轻的，可以免除处罚。被采取强制措施的犯罪嫌疑人、被告人和正在服刑的罪犯，如实供述司法机关还未掌握的本人其他罪行的，以自首论。"

《中华人民共和国刑法修正案（八）》增加了一款作为第3款："犯罪嫌疑人虽不具有前两款规定的自首情节，但是如实供述自己罪行的，可以从轻处罚；因其如实供述自己罪行，避免特别严重后果发生的，可以减轻处罚。"

张律师研究案件时还发现，宋瑞宁的死亡存在疑点。证据表明，案发当天李铮用木棒连续两次敲击了宋瑞宁的头部和右额，但是并未造成明显的外伤，宋瑞宁当时也没有不适感，并且两个人还和好如初，当场结拜为异姓兄弟。张律师注意到宋瑞宁的病历上面记载他因头部疼痛到医院就诊，医生让其做了检查之后进行了静脉注射，然后叮嘱其回家好好静养，并未检查出来头部有何异常。同时，从宋瑞宁到医院就诊的医药费单据来看，医生开出的是盐水类药物。更令人不解的是，宋瑞宁病发当天病历记载的抢救内容并未体现在实际的交费记录上面，医院为何会出现这样的疏忽？就诊抢救治疗中间有无过错？救护车迟缓对救治有何影响？张律师为此专门进行了调查，主治医生坦承如果在宋瑞宁第一次就诊时能对病情作出正确的诊断和及时治疗，可能会挽救患者的生命；而救护车的晚到和医生未将抢救内容载入病历等疏失都与医疗惯例不符。

原本简单明了的案件通过法律援助律师的调查而变得扑朔迷离，被害人的死亡到底谁应当承担责任？这对于案件的处理至关重要，也关系到李铮要承担什么样的刑事责任。张律师将调查所得证据提交到了法院，引起了检法两院的重视。为了进一步查明案情，检察机关以补充侦查为由向法院提出延期审理申请。

在案件补充侦查期间，张律师带着李铮的嘱托多次到被害人宋瑞宁家，向他父母详细讲述了案件经过以及调查的相关情况，并转述了李铮的期望和忏悔。他诚恳地对宋健和高玉兰说："李铮并不想伤害自己的朋友——宋瑞宁，他只是无心之举酿成了大祸。他希望自己出狱后代替宋瑞宁赡养你们二位，弥补自己犯下的过错。"宋瑞宁的父母听后泪流满面。李铮也是他们从小看着长大的孩子，他们明白李铮不会故意伤害宋瑞宁，更不想造成宋瑞宁的死亡。根据张律师介绍的情况，这个悲剧的发生还与医院的诊断失误和抢救不及时有很大的关系。经过痛苦的反复思考后，他们表示也不想看着一个好孩子的青春年华在高墙里面度过，愿意化干戈为玉帛。他们撤回了刑事控告书，出具了刑事谅解书，希望司法机关对李铮从轻处罚。而李铮的父母也对宋瑞宁家人积极进行了民事赔偿。

案件补充侦查完毕之后，检察院将有关材料提交至法院。开庭当天，李铮的父母和宋瑞宁的父母都到庭旁听了审判。庭审过程中，公诉人确认了李铮的自首情节，建议法院从轻或者减轻处罚。李铮在最后陈述中再次对宋瑞宁的父母表达了忏悔之心，强调自己愿意代替宋瑞宁承担起赡养其父母的责任。辩护人张律师提出被告人李铮犯罪时未满 18 周岁，且有自首行为，具备法定减轻处罚的情节。同时，其系初犯，案发后认罪态度好，积极赔偿被害人家属并获得刑事谅解，建议法院依法对未成年被告人李铮作出最大幅度地减轻处罚。

法院宣判的当天，两家人再次来到法院。法院经过审理后认为，尽管医院在诊疗过程中存在过错，但是宋瑞宁的死亡和李铮的伤害之间存在直接的因果关系，其行为已经构成故意伤害罪。由于李铮犯罪时未满18周岁，又具有自首情节，属法定减轻处罚情节，案发后认罪态度好，又是初犯，并进行了经济赔偿，被害人家属出具了刑事谅解书，属酌定从轻处罚情节，最终判处李铮有期徒刑四年。

法律链接>>>

● 故意伤害罪

故意伤害，是指故意非法损害他人身体的行为。故意伤害的方法不影响本罪的构成。我国刑法第234条第1款、第2款规定："故意伤害他人身体的，处三年以下有期徒刑、拘役或者管制。犯前款罪，致人重伤的，处三年以上十年以下有期徒刑；致人死亡或者以特别残忍手段致人重伤造成严重残疾的，处十年以上有期徒刑、无期徒刑或者死刑。本法另有规定的，依照规定。"《中华人民共和国刑法修正案（八）》增加了一条作为第234条之一："组织他人出卖人体器官的，处五年以下有期徒刑，并处罚金；情节严重的，处五年以上有期徒刑，并处罚金或者没收财产。未经本人同意摘取其器官，或者摘取不满十八周岁的人的器官，或者强迫、欺骗他人捐献器官的，依照本法第二百三十四条、第二百三十二条的规定定罪处罚。违背本人生前意愿摘取其尸体器官，或者本人生前未表示同意，违反国家规定，违背其近亲属意愿摘取其尸体器官的，依照本法第三百零二条的规定定罪处罚。"

在司法实践中应当注意划清故意伤害罪与故意杀人罪的界限，两罪的区别在于行为人是否有非法剥夺他人生命的故意。如果行为人没有非法剥夺他人生命的故意，而只有伤害他人身体健康的故意，即使行为导致了他人的死亡，也只能定故意伤害罪，本案即是如此。

审判长宣读判决后，经他许可被告人李铮在法庭上当场认被害人宋瑞宁的父母为干爹干妈，并行了跪拜礼。宋瑞宁的父亲宋健痛苦地握着李铮的手对法官讲："我们虽然失去了亲生儿子，但是我们又找到了这个儿子，谢谢法庭从轻处罚了我的干儿子。"他话音刚落，法庭内几乎人人眼眶都湿润了。

刑事案件审判结束之后，在张律师的帮助下，宋瑞宁的父母将医院诉至法院，要求医院承担因疏忽大意和未及时救治而加速宋瑞宁死亡的民事赔偿责任，经过法院调解，宋瑞宁的父母得到了 18 万元的赔偿。

案件感言：宽恕>>>

有一种说法叫作我恨的是他犯下的罪行，而不是他这个人。这就叫宽恕。这不仅需要有宽广的胸怀，更需要有对人权、人性的尊重。与其耗费毕生的精力去怨恨，还不如宽以待人，用一种积极向上的态度面对生活，这样既可以救赎别人，也解脱了自己。面对无心之伤，要留一份宽容，或许就是宋瑞宁父母给我们的启示。

类似本案的这种处理，不仅能很好地达到惩罚教育被告人的目的，而且还可以最大限度地弥补被害人的物质损失。所以，在刑事案件的办理中，注重做刑事谅解工作，也是司法人员的职责之一。

大道向前——《法律讲堂》主讲人侧记①

尊敬的各位领导、各位嘉宾：

上午好！广东律协的欧永良会长致词称广州现在是深秋季节，这两天又细雨绵绵。我不禁想起古人的一副楹联：莫放春秋佳日过，最难风雨故人来。在这个美好的时刻我们相聚在一起，要感谢研讨会的主办方央视《法律讲堂》和全国律协，感谢会议的承办方广东律协。

屈指算来，我走上《法律讲堂》的讲台已经8个年头了。近几年，年轻靓丽的主讲人不断涌现，我常想作为一个年过半百的老男人，我是不是赖在讲台上讨人嫌啊。刚才拿了几个奖，感觉自己好像还能混下去。所以，今天对我而言是一个难忘的日子。感谢对我言传身教的《法律讲堂》的领导和编导，感谢和我“比学赶帮”、并肩普法的律师同行们。站在这个讲台上，我感到光荣与责任。

时间具有一维性，从起点到终点，人生是一个不间断的旅行。刚才，权勇主任讲了希望大家在《法律讲堂》享受快乐。元代诗人卢挚就有《七十词》：“想人生七十犹稀，百岁光阴，先过了三十。七十年间，十岁顽童，十载尪羸。五十年除分昼黑，刚分得一半儿白日。风雨相催，兔走乌飞。仔细沉吟，都不如快活了便宜。”可见，人生成就的标准实际上只有一个，就是自己的快乐。走上《法律讲堂》，就是我的人生快乐。这种快乐，让我不觉得写稿件是一种痛苦；这种快乐，让我站在讲台上就想倾诉。如果我在《法律讲堂》上感受了快乐，为什么不让这个快乐一直伴随我呢！因为我们的生命没有回头的机会。

今天我要告诉你们一个秘密，1978年高考的时候，我曾经想报考北京电

---

① 本文是2015年12月《法律讲堂》广州研讨会上作者杨波荣获《法律讲堂》最高出镜奖，最佳表率奖，最高收视提升奖时的发言稿。全文凝聚了作者多年来在《法律讲堂》做主讲人的心血与思考，谨以此文作为侧记，附在书末。

影学院，因为从来没有受过系统的表演训练，最后我产生了畏难情绪，报考了综合类大学。所以走上《法律讲堂》，实际上圆了我的表演梦。站在没有观众的讲台上，面对几个机位的摄像机，刚开始真有点对牛弹琴的感觉，讲着讲着就不由自主地泄气了。相信很多年轻的主讲人都会有这样的感觉，有的时候讲述就是为了把稿件顺利地背下来，只要编导不喊停，状态什么的都不再考虑之中。实际上，能否掌握好讲述的状态，不仅决定了你能不能成为优秀的主讲人，还决定了在这个讲台上你能站多久。

怎样才能成为优秀的主讲人呢？我愿意和大家分享一个笑话。有一个精神病人认为自己是一个蘑菇，每天撑着伞蹲在墙角不吃不喝也不动。心理医生也撑了一把伞，蹲在这个病人旁边。病人很奇怪地问："你是谁呀？"医生回答："我也是一个蘑菇啊。"过了一会儿，医生站起来在房间里走动，病人就问他："你不是蘑菇吗，怎么可以走来走去？"医生回答说："蘑菇当然也可以走来走去啊！"病人觉得有道理，也站起来走动。又过了一会儿，医生拿出汉堡开始吃，病人又问："咦，你不是蘑菇吗，怎么可以吃东西？"医生理直气壮地回答："蘑菇当然也可以吃东西呀！"病人觉得很对，于是也开始吃东西。几个星期以后，这个精神病人就像正常人一样生活了，虽然，他还觉得自己是一个蘑菇。这个笑话讲的就是人的同理心，其中蕴含的道理值得我们深思。如果我们主讲人从观众的角度出发，想一想我看电视时喜欢这样的主讲人吗？喜欢跟一个面无表情的人交流吗？这个案例的悬念吸引我吗？想通了这些问题，才能真正地感知观众，才能更好地掌握讲述的状态。"己所不欲，勿施于人"，就是这个道理。

我自己讲述状态的转变，已经在《生动的普法课堂——"法律讲堂"侧记》一文中写得很清楚，该文受上海市律协分管副会长黄绮之邀刊登在《上海律师》杂志上，后成为《权，为你》一书后记的一部分。如果让我总结一下的话，大致有以下几点：

第一，做一个有梦想的主讲人。因为，没有梦想的生命是不可能有激情的。站在《法律讲堂》的讲台上，节目录完播出后的收视率如何，对于主讲人而言是未知的，这就需要我们做白日梦。晚上的生理梦我们管不了，那是虚无缥缈的。我们的白日梦，要梦见自己的节目为《法律讲堂》这个品牌栏目增光添彩。就像制片人苏大为老师所言，延续《法律讲堂》的辉煌。为了这个梦想的实现，我们需要认真打磨稿件，精心设置情节，情绪饱满讲述。

第二，做一个有思想的主讲人。因为，思想可以使我们脱离低级趣味。作为律师主讲人，仅仅讲一个稀奇古怪的案例还不够，那不过是让观众好奇一会儿，我们还要让观众思索一阵子。借用作家莫言先生的话，要通过这个故事来反省，“让每个人在看待社会问题的时候，在面对社会喧嚣的时候，能够冷静地来想一想喧嚣背后的另一面”。

第三，做一个有爱心的主讲人。因为，热爱可以让我们把工作变成事业。律师之间的差距很大，有日进斗金的大律师，也有著作等身的专家型律师，而我是一个会讲故事的律师。对此，我很满足，也很热爱。我热爱《法律讲堂》的讲台，热爱那些每天坐在电视机前面的忠实观众。讲述案件主人公在时代变迁中的痛苦与快乐，让观众感同身受并思考，是我们对社会法治进步的最好诠释。

这次来到羊城广州，我想到了孙志刚。作为以生命为代价推动中国法治进程的人，他的墓碑上有一段话：“牢记生命之重，人权之重，民主之重，法治之重。”习近平主席指出，每个人都有理想和追求，都有自己的梦想。依法治国已经成为国家治理的基本方略，中国梦就是法治梦。我们在《法律讲堂》的讲述不是让观众消磨时间，而是在启迪他们的法律思维，这关系到中国的未来。马丁·路德·金说过：“我梦想有一天，这个国家将会奋起，实现其立国信条的真谛。”作为《法律讲堂》的主讲人，我相信美好的未来，也愿意为此付出努力。大道向前，让我们一起奋斗吧。

谢谢！

春天的使者——《法律讲堂》主讲人侧记①

尊敬的各位领导、嘉宾、同仁们：

大家上午好！站上这个讲台前，我一直在想讲点什么。我想起了一段歌词："孤独站在这舞台，听到掌声响起来，我的心中有无限感慨。"今年是我走上《法律讲堂》的第十个年头，可能是《法律讲堂》栏目坚持正常录播时间最长的主讲人，估计没有之一。面对各位，我心里有许多话要讲，我想讲自己在《法律讲堂》的嬗变和对栏目先后两位制片人权勇、苏大为及编导们的感激之情，因为没有他们的帮助，就不会有今天的我。我相信在座的主讲人对此都感触颇深，为此，建议在座的主讲人们以掌声对他们表示感谢。不过，今天我想讲一讲小蜜蜂。

半个月前，我去江苏海安开会，田野中油菜田星罗棋布，那金灿灿的花海令人陶醉。我看见一个小生灵在花蕊间翻飞，它就是忙碌而弱小的蜜蜂。在这绚丽的花海里，它一点也不起眼，甚至说微不足道。但是，蜜蜂被誉为资源昆虫，是人类的材料、药物、蛋白、生态和科研资源，具有重大的经济和社会价值。由此，我想到了《法律讲堂》，且不说全国的电视媒体有多少栏目，中央电视台的官方网站称仅央视就开办了529个电视栏目，可见《法律讲堂》不过是这五百分之一；然而，《法律讲堂》却像资源昆虫一样产生了巨大的社会效应。每年我都会收到国内外观众的来信和来电，有意思的是，前些年收到的信件大多是观众自身遇到了不平之事，而现在他们不仅反映自身遇到的法律困惑，更想问在法治国家建设上如何激浊扬清。您要知道，来函者大多是耄耋老人，他们对法治的期盼之情让人不敢怠慢。作为法

① 本文是2017年《法律讲堂》上海研讨会上作者杨波荣获《法律讲堂》年度最高收视率奖、年度最高出镜奖时的发言稿。全文凝聚了作者多年来在《法律讲堂》做主讲人的心血与思考，谨以此文作为侧记，附在书末。

律人的我，在《法律讲堂》能够坚持到今天，同样也是因为这充满民族希望的“法治”二字。

像法律的普及任重道远一样，《法律讲堂》的节目也越做越难。可以吐槽吧？其他编导在微笑背后是否张牙舞爪我不敢讲，作为执行主编刘念麾下的主讲人，我觉得我遇到了一个女版“拼命三郎”。不分新老主讲人，不管谁报的选题，刘念老师不喜欢就“枪毙”，不满意就修改。过去，我半天写一篇稿件，现在我一个星期磨一篇稿件。看到我和刘念老师往来邮件中的第N稿字样，我甚至怀疑过，我是最佳撰稿奖的获得者吗？疑惑我到底是主讲人还是文字作者？但是，稿件不改到满意的程度她不罢休。“你稿件的落点是什么？对观众有哪些启迪？不能太空，要具体。”有时，我遐想或许刘念应改名为刘恋，对我们的不足就不会念念不忘了。当然，主讲人不断被挤压的结果是文稿基础好了，拿来就可以出版了；思考深了，离哲学家不远了，更重要的是我从“自在”转向“自为”。其实，蜜蜂采集花蜜更辛苦，采集1000多朵花才能获得1蜜囊花蜜，平均日采集10次，每次载蜜量平均为其体重的一半，一生只能为人类提供0.6克蜂蜜。讲到这儿您就明白了，或许我们的作用和个体的小蜜蜂一样，对社会的贡献不足挂齿，辛苦也微不足道，但我们对法治精神的传播惠及亿万民众。

《新闻联播》栏目中两位主持人加上画面才半个小时的播报时间，而我们一个主讲人“吧嗒吧嗒”嘴就占据了26分钟。我们滔滔不绝地讲授要传递给观众什么呢？蜜蜂奉献给人们甘之如饴的甜蜜，但作为传粉者它的实际价值比制造蜂蜜和蜂蜡更大。那么，我们主讲人亦是如此，光把受众吸引在电视机旁还不够，还要通过案例讲述献给观众法治食粮。只是我们应当明白，每一期精彩节目的背后，有像蜜蜂一样分工明确、运作高效的栏目团队，有提携、推送我们的律师协会，有不断鼓励我们的观众，我们点滴进步的背后是他们默默无闻的奉献。这就是期盼祖国立于世界民族之林的社会责任，作为其中的一员，我愿意让这样的情怀陪伴我的一生。

各位同仁，我们讲的每一个案例都蕴含着法律知识，传播着法治精神，其实归结到一点：规矩。没有规矩，不成方圆。如果通过我们的故事能使观众明白，不管是什么人，什么事，只有法律才是最终的裁判者，那么，我们所有的付出就会在历史的进步中得到回报。

蜜蜂在春天的花海里采蜜授粉，我们在实现中国梦的征程上解疑释惑。为了祖国的百媚千红，我们要像蜜蜂一样做春天的使者！

谢谢！

后　记

自我出版《法律讲堂》第一本讲稿《权，为你》后，时光已经悠悠过去三载，现在第二本讲稿《罪，红尘》也要与读者见面了。在俗世的滚滚红尘中，饮食男女要想“看破红尘”确也不易。因此，郁达夫曾用“前身纵不是如来，谪下红尘也可哀”来感叹人生。这本书中选择了20个案例，讲述了跌倒在红尘中的人生故事。

从半岛书斋眺望窗外的苏州河，河水不知人间巨变依旧缓缓流淌，两岸的樱花、杜鹃、桂花、茶花却已几番争奇斗艳。斗转星移使我两鬓凭添白发，人生积淀也随着阅历积累愈发厚重。

中央电视台新大楼启用后，《法律讲堂》栏目入驻，我也钻进了“大裤衩”。导演高虹笑侃“大裤衩”里没有哪根柱子是一模一样的，我发现新大楼的奇异造型确实带给人以视觉冲击，去演播室的途经之处建筑构造甚少雷同。新大楼的玻璃幕墙在阳光照耀下熠熠闪光，《法律讲堂》的主讲人也开始旧貌换新颜了。

以往在《法律讲堂》录节目大都是我自己吹风造型，栏目组搬进新大楼之后，精干的执行主编刘念要求化妆师把我头发不要分缝向上吹起来。“高点！再高点！”她盯着化妆师“转转”不停发出指令。她的眼睛一扑闪，我的心里就一忽悠，生怕她把我变成怒发冲冠的李逵。当刘念满意地认可后，镜子里的“我”与生活中的我已几乎判若两人。“转转”看着发楞的我调侃道，您这是韩范大叔的形象，现在的小姑娘特别喜欢。我脑海里马上浮现了鸟叔的形象，但不是他的载歌载舞，而是他的一身肥肉，这大概是我们唯一的共同之处。我没有想到这个挺拔的发型获得了一致好评，外甥女毛婷发微信说你是20岁的发型，40岁的年纪。看过播出的节目之后，我心中也不禁释然，并且联想起“今年20明年18”的广告语。虽然我没有鲁迅先生笔下拔着自己头发要离开地球的幻想，但可以“拔着头发”在新秀迭出的《法律讲堂》实现越讲越年轻的人生梦。

主讲人自身形象变化只是外在的表象，栏目对稿件的质量也提出了苛刻要求。2011年，我曾经获得过栏目“最佳撰稿奖”，自以为对于稿件撰写早已轻车驾熟。但是，执行主编刘念像唐僧一样对我这个组里的大师兄不断念紧箍咒，网络邮箱成了“取经”的坎坷大道，迎来日出送走晚霞间稿件被磨成了金箍棒。一场场酸甜苦辣后，她揭示出了栏目真谛：《法律讲堂》不只是讲一个精彩的案例，重要的是阐述富有人性和情感的故事，通过挖掘主人公的内心世界，讲述他们为什么会触犯法律，从而给观众以启发。如果我写到这里，您认为刘念是个不苟言笑的执行主编，那您就错了。她曾经带着一群主讲人在房间内玩“真心话大冒险”，人人讲述自己的初恋故事，回溯萌动的青春岁月。只可惜我因工作不能脱身没有参加他们的“隐私”披露会，失去了一次“侵犯”他人隐私权的机会。

如果让我形容《法律讲堂》栏目与主讲人的关系，我愿意用兄弟姐妹大家庭来比喻。原制片人权勇当了频道领导还尽职尽责地当好第一观众（审片），英俊小生的制片人苏大为指挥着执行主编们从红男绿女的主讲人身上不断压榨出精彩案例，让这个形式简单的普法栏目收视率位列央视前茅。俗话说男女搭配，干活不累。郝燕飞、杨晖两位男执行主编旗下多是伶牙俐齿的女主讲人，刘念执行主编旗下却多是老爷们。每到录制节目的时间，“念组主讲人”的微信群里，“回眸一笑”（刘念）频发指示，20多个主讲人竞相呼应。大家庭成员在合力为《法律讲堂》的忠实观众奉上一个个情节曲折、耐人寻味的法律故事。许多人比喻央视新大楼为“大裤衩”，我看更像一个向上的烙铁，将一个大大的“V”字烙在蓝天上。

最后，我要表达我的感谢之情。本书的出版首先得益于《法律讲堂》栏目对主讲人的提携，其次还得益于中国民主法制出版社与栏目的紧密合作，两个权威的法律宣传单位以社会责任为己任，推动着法律知识的普及和深入人心。我作为主讲人面对这份沉甸甸的信任，只能一如既往地为法治讴歌，用观众喜闻乐见的形式，将法律知识的普及寓于主人公悲欢离合的命运之中。感谢权勇百忙之中为本书写序，更感谢所有关心、关注、关爱我的人！

今天，微信中纷传北京下了第一场雪。俗话说瑞雪兆丰年，斯言极是。

作者

2015年11月6日于半岛书斋